清末报刊评论与中国外交观念近代化

任云仙 著

本书得到南昌航空大学学术文库出版基金资助

人民出版社

目　录

绪　论

一、学术缘起

20 世纪 80 年代末，中国史学界兴起了文化思潮热，涌现了不少有关晚清社会思潮的专著与论文。商战思潮、学战思潮、自由主义思潮、维新思潮、洋务思潮等都受到了学者的关注，但外交思想的宏观研究却遭到了冷落。近代中国外患频仍，清政府被迫与列强签订了不少屈辱性条约。如何抵御外辱，改善中国外交，一直是近代中国人思索的问题之一。在中国由传统外交向近代外交的转变过程中，国人的外交思想发生了很大的变化。但是，以往研究社会思潮的学者并未将其从各种纷繁复杂的思潮中剥离出来，给予应有的关注与审视。笔者认为，加强近代外交思想的宏观研究，对近代中国思想史研究具有重要意义。首先，可以使我们了解中国人的外交观念是如何由传统向近代转变的。晚清国人的外交观念，是在因袭传统和吸收西方观念的基础上形成的。总体来看，随着中国开放程度的加大和与西方接触的增多，国人外交思想的传统色彩逐渐淡化。在西方国家强势地位面前，中国传统的外交观念逐步让位于西方的原则与理念。在这一过程中，中西外交观念呈现出怎样的变化呢？对中国近代外交思想进行宏观研究，可以使我们进一步厘清中国人是如何对中西文化进行选择的，这无疑对中国思想史的研究具有重要意义。其次，对近代外交思想进行宏观研究，还可以使我们加深对晚清社会思潮的理解。外交是近代中国人关注的重要领域，对其进行研究可以使我们进一步了解近代中国人的思想状态，从而进一步丰富晚清社会思潮的研究。

外交思想是中外关系史的一个重要研究领域，虽然学者对外交思想有过数篇宏观研究的文章，但以近代外交思想的驳杂而言，这些研究是远远不够的。王建朗认为，外交思想史的宏观研究是现在中外关系史研究中极为薄弱的环节①，笔者深有同感。鸦片战争之后，中国传统的外交观念不断遭到了西方外交理念的冲

① 王建朗：《50 年来的近代中外关系史研究》，《近代史研究》1999 年第 5 期。

击，逐步发生了变化，探寻其历史发展轨迹，对其进行宏观考察，对中外关系史研究具有重要意义。首先，可以加深对外交事件的研究。外交活动总是在一定思想指导下进行的，没有离开外交思想的纯粹的外交活动。外交活动的当事人，必然受到当时社会外交观念的制约。加强外交思想的宏观研究，可以使我们进一步明了外交事件产生的观念背景，从而对外交事件的发生、发展及其背后的原因有更深的理解。其次，可以进一步深化近代外交转型的研究。中国在由传统向近代转变的过程中，不仅外交制度、外交机构、外交人员及外交礼仪发生了很大的变化，而且国人的外交观念也发生了很大的变化。外交观念的变化，是近代外交转型的一个重要组成部分，它深深影响到外交制度、外交人员、外交礼仪等的变化，对其进行宏观考察可以进一步深化近代外交转型的研究，把近代中外关系史研究推向深入。正是基于以上原因，笔者认为对外交思想进行宏观研究，也是目前中外关系史研究中亟需重视的课题。

对中国近代外交思想进行宏观研究，是一个非常艰巨的任务，为笔者力所不能及。因此，本书选取了清末十年（1901—1911年）的报刊评论作为切入点，试图透过纷繁复杂的报刊言论揭橥蕴藉其中的外交思想，并探讨报刊传媒与中国外交思想近代化之关系。笔者之所以选取此课题是基于以下两种考虑：第一，清末十年，是近代外交思想变化比较大的时期之一。清政府为了挽救统治危机，在政治、经济、文化等领域内进行了一系列改革。其中，废科举和仿行宪政的举措对社会产生了很大影响。废科举、提倡新式教育，使新式知识分子大量增加。为了挽救中国危亡，他们大规模翻译、介绍西方政治学说，对中国思想界产生了很大的影响。清末政治民主化成为时代的潮流，要求实行宪政成为清末政治领域的一大变化。在这一社会背景下，中国人的外交观念发生了很大变化，国民外交思想开始形成。在国际局势的认识上，国人展开了对华夷观念的批判；在外交主体上，提出应以国家为主体而非以君主为主体，外交活动应以国家利益为旨归；外交策略上，主张在条约体系中文明排外、利用近代舆论影响政府外交、注重对国际法的研究与运用等；在改善中国外交的途径上，进行了革命与立宪、文化启蒙、法律改革等多种方法的思索与讨论。民间人士采取组织新式社团、创立报刊、著书立说、集会等方式，对政府外交进行评论与建议，开启了国民外交之先河。在众多的方式中，报刊作为一种大众传媒，对中国外交产生了很大影响。除了专门关注外交问题的《外交报》外，当时几乎所有的报刊都登载有关外交的文章，作者中不乏知名之士，也有不为人熟悉的普通知识分子。他们论述的问题涉及外交的各个方面，如对世界各国外交政策的分析、对外交主体的思考、对中国外交的整体回顾、中外交涉大事的分析、主权与民心关系的探讨、改善外交行政的思索等，每一问题都渗透着近代国人爱国救亡的热情。第二，报刊评论是透视社会思想的良好视角。报刊是历史学与新闻学都关注的研究领域，到目前为止，无论是宏观研究还是微观研究都取得了长足的进步。报刊是开启民智、介绍西学、传播办报人思想主张的工具，在近代社会文化生活中占有重要的地位。作为报刊核心与灵魂的报刊评论，集中反映了报纸的政治文化倾向。笔者认为，对同一时期的报刊评论进行分析研究，可以透视出当时社会思想舆论的动向，把握存在于社会深处的思想脉搏。检视以往外交思想史的成果，还未发现有人从这一角度系统考察过国人的外交思想。正是基于以上原因，笔者才选取此课题作为研究方向。虽然此选题并非绝对意义上的宏观，但相对于以单个人物的外交思想研究来说，仍是一种宏观，能够在更大程度上体现清末外交思想的变化，从而为近代外交思想的宏观研究增添绵薄之力。

笔者认为此课题除了具有学术上的意义外，还有着现实意义。自从鸦片战争以来，列强将一个个不平等条约强加在中国人的头上，旧中国百年的外交史，浸透了国人的屈辱与血泪。斗转星移，中国遭受列强欺辱的日子已经成为遥远的过去，但是，素有以史鉴今传统的中国人怎能忘记昔日经历过的灾难与苦痛？在世界多极化的今天，经济、技术、文化交流日益频繁，民间组织越来越多地参与到政府外交活动中来，外交范围已经大大地拓展了。新世纪伊始，回望清末国人对于中国外交的思索，回溯近代中国国民外交的源头，感受清末国人在国家存亡之秋参与外交的激情，审视近代国人激荡着民族主义与爱国主义的外交思想，应该对当今外交活动的开展和相关学术研究的深入会有所裨益。

二、学术史

为了充分了解晚清外交思想的研究状况，为本书的展开提供更为广阔的视野，现将有关晚清外交思想和近代报刊评论的研究成果介绍和评述如下。

（一）近代外交思想研究。中国近代外交思想史的研究，在学人的努力下取得了不少成果，主要集中在以下三个方面：重要人物外交思想的研究；特定群体外交思想的研究；晚清宏观外交思想的研究。

第一，单个重要历史人物外交思想的研究。单个人物的外交思想是研究最多的一个方面，在海内外学者的辛勤耕耘下，成绩斐然。除已经出版的专著外，还有几十篇已经发表的论文和十几篇未刊学位论文。

已经出版的专著有，台湾学者李国祁的《张之洞的外交政策》①和李恩涵的《曾纪泽的外交》②二书，这两本专著虽然并非以外交思想命名，但作者在论述张之洞与曾纪泽的外交活动时，已将他们的外交思想充分展示出来了，资料丰富、论述充分，为后人研究提供了有益借鉴。目前大陆还未有晚清人物外交思想的研究专著出版，在出版的人物传记中，大多对外交思想或外交活动有所提及，但并未将其独立出来加以研究，相对于单个人物的学术文化思想研究来说，外交思想的研究就显得有些薄弱和冷寂。

已经发表的论文和未刊学位论文，主要集中在李鸿章、张之洞、曾国藩、伍廷芳、薛福成、郭嵩焘、曾纪泽等重要历史人物上，其余人物则涉及很少。研究者大多从人物外交思想的成因、外交思想的主要内容、外交策略、总体评价等方面展开论述。值得欣喜的是，大部分研究者都能注重中西文化在他们外交思想形成中的作用，对人物的国际法思想、条约观、均势观也进行了有益的探索，为研究的继续深化和拓展提供了有益的尝试。就总体研究来看，研究成果中不乏高质量之作，但也存在一些问题，表现在：文章研究框架、所得结论基本大同小异；研究视野狭小，缺少与同一时期历史人物的横向比较；在研究中也出现一些为了片面求新而与历史事实不符之作。在李鸿章的外交思想研究上，这些问题表现得最为明显。李鸿章是晚清外交史上重要的历史人物，生前毁誉已趋于两极，死后对其评价更是莫衷一是，犹如天渊之别。20 世纪 80 年代以前，中国大陆史学界对李鸿章的评价基本是否定的。80 年代之后，情况发生了很大变化，学者们对其在洋务运动中的积极作用给予了一定肯定。正是在这样的学术背景下，对李鸿章外交思想的评价也出现了变化。有些研究李鸿章外交思想的文章，不仅框架雷同，在评价上也有不顾历史事实而片面求"新"的倾向。学术争鸣反映了文化思想的活跃，有助于研究的进一步深入和拓展，但不顾历史事实，为标新立异而标新立异，这就背离了历史研究的正确方向。

第二，特定群体外交思想的研究。特定群体的外交思想是研究中的薄弱环节，从现有的研究成果来看，还有很大的开拓空间。目前学者对洋务派、维新派的外交思想进行了研究。

---

① 李国祁：《张之洞的外交政策》，"中央"研究院近代史研究所 1984 年版。
② 李恩涵：《曾纪泽的外交》，"中央"研究院近代史研究所 1982 年版。

　　洋务派在20世纪80年代是研究的热点，不过相对于他们的政治活动研究来说，外交思想的研究则较为薄弱，近些年来这种状况已经有了很大的改善。这方面的研究成果主要有蔡永明未刊学位论文《洋务思想家与晚清外交观念的近代化》① 和已经发表的论文《论近代洋务思想家的近代外交观》等几篇文章。

　　蔡永明的未刊学位论文研究最为全面。该文主要从洋务思想家的外交观念和外交实践、洋务思想家传播近代外交观念的活动和评价这几方面展开论述。作者认为，洋务派在世界潮流的冲击下外交观念表现出一种近代化倾向；洋务思想家传播近代外交观念的活动对晚清朝野外交观念向近代转型产生了积极的影响。但洋务思想家自身的局限性、弱肉强食的国际社会以及中国近代社会发展的落后性，制约了他们在近代外交观念传播中的积极作用，从而影响到晚清外交近代化的进程。

　　与洋务派相比，维新派的外交思想目前还未有系统的研究。一方面，由于维新派大多并未参与外交活动，只是作为在野派对政府的外交做出批评和建议，对中国外交的影响远远没有洋务派那么大；另一方面，长期以来史学界较为关注维新派的政治活动与文化思想研究，这使得维新派外交思想的研究还比较薄弱。

　　目前，李育民、李斌的《戊戌时期维新派对不平等条约的认识》② 一文，对维新派对不平等条约的认识作了探讨。该文认为维新派对不平等条约的认识，是中国人民反对不平等条约思想历程的一个重要环节。维新派认识到不平等条约侵害了中国的主权，严重影响了中国的国计民生和民族资本主义发展，主张通过改革内政、运用外交手段以及利用国际法等途径来解决。作者认为，维新派能将不平等条约与民族危亡联系起来，并注重经济方面的危害，这是其值得肯定之处。但不可否认，他们的认识又存在缺陷，缺乏完整性和理论高度，对帝国主义抱有某种幻想。

　　第三，晚清外交思想的宏观研究。外交思想的宏观研究是史学界着力较少的方面，据笔者所见，目前还未有专著出版，只有数篇论文和一篇未刊学位论文。大体来看，研究主要集中在晚清外交思想的演变、外交思想与近代均势理念、经世思想的关系这几个方面。

---

　　① 　蔡永明：《洋务思想家与晚清外交观念的近代化》，藏于厦门大学图书馆。
　　② 　李育民、李斌：《戊戌时期维新派对不平等条约的认识》，《湖南大学社会科学学报》1992年第2期。

关于晚清外交思想的总体演变，台湾学者王尔敏在此方面颇有成就，发表有《晚清外交思想的形成》①、《道咸两朝中国朝野之外交知识》②、《十九世纪中国士大夫对中西关系之理解及衍生之新观念》③、《十九世纪中国国际观念之演变》④四篇文章。他认为晚清的外交观念是在中国传统和西方外交观念二者的影响下形成的。王尔敏的四篇文章虽研究对象各异，但主旨和主要观点基本一致。如他在《晚清外交思想的形成》一文中指出："探讨晚清的外交思想，一方面需顾及到传统的观念和习惯为当时人士所因袭的部分；一方面自须寻究在这七十年间中国朝野对西方外交知识的吸收与讨论。"王尔敏从晚清人士所运用的智术、在长期对外接触中所获得的新外交观念、当时外交政策的思想基础三个方面来探讨，认为中国传统观念与西方近代外交观念的混合，构成了晚清人士的外交观念。晚清七十年的外交思想是中西融合会通的产物，虽然其间免不了有矛盾、错误、幼稚和杂乱，但却真实地表现了这一时期的外交思想状况。王尔敏强调从中国内部出发研究中国外交思想，这种研究的内在理路很值得我们借鉴。

刘增合的《1840～1884年晚清外交观念的演进》⑤一文，研究了1840至1884年晚清外交思想的动向。作者认为1840至1884年是晚清外交观念演化的重要时期，在此时期晚清人士在外交理念上实现了从夷务到洋务的转变，在外交战略上由商务羁縻到商战抗夷转变，在外交原则上则由"以夷制夷"向均势、结盟理论转变。作者认为地理观念的转换和经世思想是此时期外交观念演进的重要原因。该文虽然只是泛泛而论，没有充分展开，但是对外交思想的宏观研究做了初步有益的探索。

均势理论是国际关系学中最重要的理论之一，在近代外交思想的形成中有着重要的作用。学者早就将其引入历史研究领域，并取得了一些高质量的研究成果。但从现有研究来看，对晚清国人均势观的整体发展状况没有系统梳理、对其与中国传统的"以夷制夷"思想之间的关系挖掘不够。兹将研究成果介绍于下：

① 王尔敏：《晚清外交思想的形成》，《晚清政治思想史论》，华世出版社1980年版。
② 王尔敏：《道咸两朝中国朝野之外交知识》，《晚清政治思想史论》，华世出版社1980年版。
③ 王尔敏：《十九世纪中国士大夫对中西关系之理解及衍生之新观念》，《中国近代思想史论》，社会科学文献出版社2003年版。
④ 王尔敏：《十九世纪中国国际观念之演变》，《中国近代思想史论续集》，社会科学文献出版社2005年版。
⑤ 刘增合：《1840～1884年晚清外交观念的演进》，《社会科学战线》1998年第1期。

王存奎在《略论中国近代外交思想中的均势观》① 中认为：晚清均势观念的主要内容是在条约体系下，通过灵活运用西方关于主权和国际法的概念，利用条约体系和西方列强之间的矛盾，以求最大限度地维护清朝的利益。作者对均势观念在清政府外交中所起作用评价偏高，对均势观念与中国传统外交观念中的"以夷制夷"的关系并未予以清楚说明。

田涛的《均势观和洋务时期的对外理念》②，是在均势观念研究方面一篇很有分量的文章。该文认为洋务时期国人的均势理念存在着明显的偏差，即把均势视为维持国际公平的正义原则，并非近代意义上的均势理念，而是历史经验、传统御外方略与西方政治原则共同诱发下形成的混合理念，体现了这一时期国人世界观念的演变形态。

传统文化对近代外交思想的形成具有很重要的作用。王尔敏虽在《晚清外交思想的形成》一文中，对中国传统在晚清外交思想形成中的作用有过探讨，但毕竟只是为研究者提供了一个方向，其中丰富的内涵，如华夷观念、经世思想与晚清外交思想的关系等，还有待于学界做进一步的研究与深化。

经世致用是儒家文化的传统精神，在中国外交由传统向近代的转变过程中，起了很重要的作用。陈双燕的《经世致用与中国近代外交观念的产生》③ 对中国传统经世思想与晚清外交观念的变化做了初步的探讨。他通过研究两次鸦片战争后中国外交的变化，指出在中国近代外交观念的产生过程中，经世致用起了重要的作用。经世致用面向现实、讲求功利、注重实效的核心精神使先进的中国人不断在外交实践中摸索，一步一步地引进了西方近代外交观念。虽然文章还显单薄，但毕竟在此方面进行了有益的探讨，为以后学人的研究提供了有益借鉴。

华夷观念是中国传统外交观念的基础与核心，对晚清外交观念产生了很大影响。目前有关研究主要集中于探讨华夷观念与近代化的关系、华夷观念的崩溃两大方面。由于笔者着眼点在外交思想，故只将与外交思想联系紧密者评述如下。

杨思信在《试论传统夷夏文化观在晚清的蜕变》④ 一文中，考察了传统夷夏文化观在19世纪40到90年代的消退过程及其原因。他认为19世纪90年代之

① 王存奎：《略论中国近代外交思想中的均势观》，《安徽史学》2003 年第 4 期。
② 田涛：《均势观和洋务时期的对外理念》，《社会科学研究》2002 年第 4 期。
③ 陈双燕：《经世致用与中国近代外交观念的产生》，《学术月刊》2000 年第 1 期。
④ 杨思信：《试论传统夷夏文化观在晚清的蜕变》，《中州学刊》1998 年第 4 期。

前，传统夷夏文化观的两大基础——华夏地理中心主义、华夏统治中心主义已经动摇，另一基础——华夏文化中心主义也不断遭到批判，但直至19世纪末，在资产阶级维新派批判下才取得突破。作者指出，夷夏文化观在晚清消退的原因主要有社会经济的变迁、强烈的救亡意识、民族主义三个方面。

宝成关、田毅鹏的《从"甲午"到"庚子"——试论晚清华夷观念的崩溃》[①]，认为从甲午到庚子是中国传统华夷观念的崩溃期，清政府最后一个朝贡国的丧失、顽固派遭到致命的打击、民间对外意识由攘夷排外变为崇洋之风、西学东渐进程的加快，使华夷观念最终崩溃。

华夷观念和经世思想对近代外交观念产生了很大的影响，对其影响和变化进行梳理是研究晚清外交思想不可回避的问题。只有深入研究中国传统在近代外交思想形成中的作用，才会把近代外交思想的研究推向前进，以上几篇文章为我们进一步研究提供了有益的借鉴。

（二）近代报刊评论研究。报刊评论是报刊主要观点的凝结，对其进行深入探究，不仅可以推进报刊本身的研究，而且还可以透视出晚清社会舆论的主要导向，了解国人复杂的思想状态。但是，关于报刊评论的研究，长期以来并未引起研究者的重视，只是散见于有关报刊的研究中，并未将其作为独立的个体进行考察。究其原因，一方面由于近代报刊浩如烟海，资料搜集难度较大；另一方面，关于报刊的个案研究吸引了不少学人的视线，他们在尽力梳理近代报刊时还未将报刊评论纳入研究范围。最近此种状况有所改变，曾建雄专著《中国新闻评论发展史》（近代部分）[②] 在此方面做了有益的尝试。曾建雄系统考察了中国近代报刊评论产生和发展的百年历史（1815—1914年），厘清了各主要评论文体形成和演变的脉络，并对每一重要发展阶段做了综合分析；对一些在评论文体形成演变过程中发生过重大影响的报刊评论家，也做了必要的介绍和剖析。作者认为，中国报刊评论是伴随着近代化报刊的出现而逐渐形成和发展起来的，它经历了一个从无到有、从简单到复杂、从幼稚到成熟的历史演变过程。该文梳理了中国近代报刊评论发展的基本脉络，但并未对报刊评论的思想内容进行评述与深入分析。此外，黄晋祥未刊博士论文《〈申报〉社评与晚清的民族运动（1900—1905）》[③]，

---

① 宝成关、田毅鹏：《从"甲午"到"庚子"——试论晚清华夷观念的崩溃》，《吉林大学社会科学学报》2002年第1期。

② 曾建雄：《中国新闻评论发展史》（近代部分），广西师范大学出版社1996年版。

③ 黄晋祥：《〈申报〉社评与晚清的民族运动（1900—1905）》，藏于北京师范大学图书馆。

以《申报》对义和团运动、晚清教案、庚子议和、拒俄运动、抵制美货运动的评论为重点考察对象，分析了《申报》社评与晚清民族运动之间的关系。总体来看，近代报刊评论研究才刚刚起步，还有很大的开拓空间。

检视以往外交思想研究成果，还存在以下不足：第一，特定群体外交思想的研究亟需加强。群体是审视当时社会变迁的一个很好视角，加强特定群体外交思想的研究可以有利于进一步揭示近代外交思想的变迁。目前只有洋务派有人进行过全面系统的研究，其他众多的社会群体都还未有人涉足。第二，清末国人的外交观念还无人系统研究。甲午战争之后，中国危亡的局势和西方政治学说的输入对中国的外交思想产生了很大的影响，但目前还未有人对此段外交思想进行探究。第三，研究者还未将报刊资料充分利用起来。清末中国知识分子兴起了办报宣传政治主张的热潮，大众传媒的崛起极大地推动了中国人思想观念的转型。但以往研究者并未对报刊资料加以充分利用。正是基于以上原因，笔者决定选取清末报刊评论与中国外交思想近代化这一课题进行研究。

三、学术旨趣、研究范围

学术旨趣：本书试图以清末报刊评论为切入点，以国际法、国际政治学、外交学、社会学理论为指导，梳理蕴含在报刊评论中的外交思想，并对其做横向与纵向比较，探讨各报刊之间外交理念的异同及其与外交实际操作者的观念异同。笔者试图将其放在中国社会由传统向近代转型的历史背景下，探讨报刊评论中所蕴含的外交思想的特点与变化，探究报刊传媒在中国外交思想由传统向近代转型过程中的地位与作用。笔者试图在以下方面有所突破：第一，系统梳理清末报刊评论中所蕴含的外交思想。鉴于前人还未做过此项工作，笔者试图在翻检报刊资料之后，能将其轮廓勾勒出来，并审视其在历史上的地位。第二，探讨西方政治学说与报刊评论中外交思想的关系。社会契约论、进化论、自由民权等政治学说对清末外交思想有着很大的影响，这些在报刊评论中都可以看到印记。笔者希望通过研究能够廓清此问题。第三，从报刊评论分析清末国人外交思想的整体状况。近代活跃于报界的知识分子，在外交思想上表现出了一些共同的特质。同时，由于其政治文化背景的差异，他们的外交思想又表现出不同的倾向。为了揭示清末国人外交思想的整体状况，笔者计划选取典型事件进行分析，并将报刊舆论与清朝官员的观点相比较，以期能够窥视清末外交思想的全貌。第四，分析报刊评论与外交观念近代化的关系。外交思想通过报刊这种大众传媒方式传播，在当时社会无疑有着相当广泛的影响。如对每一报刊的影响都做出分析，在研究上无疑存在着很大的难度，因此，笔者只选取典型大报进行受众分析，以图对此问题有一清楚的阐释。

第一章 清末民族危机与中国报刊评论

清末中国社会出现了一个新变化，知识分子开始以新闻舆论的形式介入外交，他们通过鼓动民气形成巨大的舆论力量从而对政府外交产生影响。报纸干预外交除了对外交事件进行报道外，一个最重要的手段便是评论。各种报刊发表观点鲜明的评论对政府外交进行言说，对中国外交产生了深远的影响。探讨报刊评论与中国外交之间的关系，不仅对近代国民外交与外交思想的研究有着重要意义，而且对近代报刊的研究也有不可忽视的价值。

第一节 清末民族危机与中国外交变迁

庚子事变之后，中国的国际环境进一步恶化，清政府与列强签订了《辛丑条约》，使中国国际地位进一步沉沦，形成了帝国主义各国协同侵略中国的局面。帝国主义在军事、政治、经济上加强了对中国的控制。在军事上，列强在北京以及北京到山海关的铁路沿线的 12 个战略要地派兵驻扎，完全控制了京津地区；在财政上，除田赋以外，清政府的重要税收，几乎全被帝国主义控制。清末十年，中国对外贸易掌握在洋商手中，中国成为帝国主义倾销商品、掠夺原材料的场所。巨额赔款使中国人民背负着沉重的苛税，濒临破产的边缘。

清末十年外患频仍，帝国主义加强了对中国的争夺，中外交涉事件持续不断。庚子和局定后，中国首先面临的是如何收回被俄国占领的东三省。当时俄国在中国东北驻军十余万人，一心想要将东北据为己有。中俄交涉异常艰难，虽然 1902 年 8 月中俄双方签订了《中俄交收东三省条约》，但俄国并没有真正履行。日本早就觊觎中国东北，在与俄国谈判分割中国东北利权未果之后，1904 年 2 月在中国领土上与俄国发生了争夺中国东三省的战争。日俄战后，清政府于 1905 年 12 月 22 日与日本签订了《中日东三省善后事宜》，承认俄国因战败让与日本在满洲的各种权利。此后，东三省的形势更加错综复杂，除了俄、日侵略外，美国与日本在南满展开了激烈的争夺，中外交涉事件接连不断。除了东北问题外，中国边疆地区频频遭到列强的侵略。日、俄交恶期间，英国趁机侵略西藏，1904年8月3日攻陷拉萨。英军上校荣赫鹏强迫哲蚌、色拉、噶尔丹三大寺寺长在拉萨签订《拉萨条约》。由于清政府拒绝承认该条约，中、英谈判转移到北京进行。1906年中、英双方签订了《印藏续约》六条，英国获得了在西藏的一系列特权。英国除了侵略中国西藏外，还侵犯云南。清末十年，中、英滇缅界务交涉时断时续，一直没有结果。列强除了侵略中国东三省、西藏、云南等地区外，还在中国内地展开了激烈的争夺。中国的矿山、铁路利权是帝国主义掠夺的重要目标。关于铁路的争夺尤为激烈，列强攫取路权可以伸张势力范围，扩大政治、经济侵略。正因列强在华争夺激烈，清末十年中外关于铁路、矿山的交涉持续不断。清末领土交涉、边界谈判、路矿权交涉、教案事件等互相交织，使清政府常常捉襟见肘，难以应付。

国民外交的产生是清末外交领域的新变化。软弱的清廷在外交中常常处于劣势，很难维护国家主权，引起广大民众的强烈不满。国人通过集会、演讲、创办报刊、组织社团等多种方式干预外交，希望通过自身的努力维护国家主权。在国民意识兴起的背景下，人们认识到国家并非属于君主一人，而属于全体国民。既然清政府无法维护国家主权，那么，国民就应该参与外交以挽救中国危亡。国民外交是近代社会的产物，其直接的理论根源是卢梭的主权在民思想。国民外交与官方外交的显著区别是：外交公开化、民众享有外交权、在外交中重视民众的力量。杨振先教授认为："与秘密外交相对待者，即为国民外交。国民外交者，指一国的外交事务，如订立条约，办理交涉，甚至使节的派遣等，国民均须参与之。简言之，国民应享有一切外交权也。"① 清末国民外交的参与者主要为知识分子与绅商。他们通过演说、著书立说、创立报刊、组织社团、集会、通电、抵制外货等方式形成强大的舆论，从而影响政府外交。清末国民外交思想萌芽于中俄东三省交涉中，中美工约交涉时开始凸显，国会请愿运动高涨时达到高潮。据笔者所见，"国民外交"一词最早出现于1903年11月。《浙江潮》刊登了《国际法上之新国家观》，对君主外交和国民外交进行了介绍："十八世纪，欧洲列国之外交为君主外交，盖以国家为君主一己之私有物，凡割让土地，亦视为君主之赠与品，国民不得而干涉之。故甲国欲乙国之死命，惟以笼络君主，利用政府，为最巧妙之政策焉。降至十九世纪，各国人民不堪其痛苦，遂昌言国民外交，以

---

① 杨振先：《外交学原理》，商务印书馆1936年版，第29页。

国家非君主之私有，国政非君主之私事，君主苟袭代表国家之资格，国民得起而颠覆之，改造之。"① 该评论只是对国民外交进行了简单介绍，并没有系统地展开论述。总体来看，在1905年之前，国民外交思想并不普遍，只是在革命色彩浓厚的报刊中才有对国民外交思想的零散论述。1905年由于抵制美货运动的影响，国民外交开始凸显。《申报》、《大公报》等以改良为宗旨的报刊也开始刊登一些论述国民外交的文章，如发表在《申报》上的《论抵制美约之结果》一文，已经明确地表明了国民外交思想。1907秋后国会请愿运动持续高涨。与此相适应，报刊上有关国民外交的文章增多，对国民外交也进行了系统的论述。如1907年11月15日《政论》第2号、1908年1月27日《申报》刊登了《论订约权在朝廷之误想》，提到"扫除其所谓专制的朝廷外交之误想，一变而为立宪的国民之外交。"该文系统表述了国民外交的内涵，即国民应该享有外交权、国家应该以国民为外交后盾。《大公报》1908年3月18日刊登的《为辰丸事敬告政府》指出："处今日国民的外交时代，而守秘密压制之手段，不令国民与闻外交者，其不至以国民之权利尽断送于其手不止矣！"《大公报》于1908年4月22日刊登了《所谓国民的外交者何》，从国民应该享有外交权方面对国民外交进行了解释，提出使"政府的外交变为国民的外交"。1909年9月9日《外交报》刊登了《论国民外交与官僚外交之别》一文。作者在文章中说："惟执政之视外交，以为此官府事尔，无与于局外。维新以来绝对秘密主义，墨守不变，国民仅得藉外国电文，以诊其事件真相。国民所处地位如此，可谓不合今日时势之甚。夫我国今日之外交，得力于官吏，盖已仅见，全恃国民之意志能力以为后盾。……盖行国民外交之主义，非必如美利坚、意大利将未决之外交事件尽示内容于公众也，但常令公民得监视大体，知其事实，官僚之义务固应尔矣。"从国民的权利和义务两方面对国民外交进行了系统论述。

　　报刊在清末国民外交中所起作用最大，是知识分子宣传国民外交思想和干预政府外交的最主要手段。当时影响较大的外交类报刊为《外交报》，该刊于1902年1月创刊于上海，1911年1月停刊，共出300期。《外交报》的主编为张元济，该刊物以增进国人的外交知识，文明排外为宗旨。《外交报》共分8类，"首论说，选择东西外交家所著，间由自撰，或登来稿。次谕旨，即不涉外交者，亦恭录之。次文牍，凡奏章、条约、规则、报告之类，皆隶之。次本国外交纪

---

① 《国际法上之新国家观》，《浙江潮》1903年第9期。

闻。次译东、西各报，以各国对我国政策为第一类，各国互相交涉者为第二类，各国内政为第三类，次要电汇录。"①《外交报》汇录国内外外交事件、分析世界形势、介绍各国外交政策、研究外交新思潮、反思中国的不平等条约等，涉及内容丰富，"可说是我国在这段时期的一部外交编年史"②。《外交报》发行广泛，在官员、知识分子中间很有影响。除了《外交报》外，《申报》、《大公报》、《时报》、《中外日报》、《东方杂志》、《新民丛报》、《国风报》、《政论》、《广益丛报》、《政法学报》、《民报》、《民立报》、《浙江潮》、《江苏》等报刊也刊登了不少外交方面的评论。报刊通过导向性很强的评论分析外交问题，对社会舆论产生了很大的影响。清末知识分子对报刊舆论的作用有很清醒的认识。如梁启超认为："报馆者，政本之本，而教师之师也！"③《国民日日报》认为，"舆论者，造因之无上乘也，一切事业之母也。故将图国民之事业，不可不造国民之舆论。"④知识分子正是认识到报刊对社会改造的巨大力量，因此，纷纷创办报刊进行思想文化宣传。清末民办报刊在整个报刊总量中所占比例很大。如以 1905 年为例，《大公报》对中国报刊做了一次调查，其中标明商办、官办、外资报刊的数量分别为：189、17、95，民办报刊占据主导地位。⑤ 民办报刊在数量上居于绝对优势，为国民外交的展开提供了广阔的舆论空间。戊戌维新时期，报刊受众以官吏为主。20 世纪以后，报刊受众开始由以官吏为主转向以社会公众为主⑥，这无疑增加了报刊的影响范围。清末知识分子在报刊刊登有关外交的消息、评论，引导民众采取相应的对策以影响中外交涉。清末报刊大规模干涉外交开始于 1905 年中美华工条约交涉，在此次交涉中，《申报》、《大公报》、《时报》、《有所谓报》等报纸都进行了有力宣传。姚公鹤在《上海报纸小史》中记道："自美禁华工之案起，我国以抵制美货为对抗之策，斯时舆论中间，实为报纸。"⑦ 美国驻广州

---

① 《〈外交报〉叙例》，《外交报》1902 年总第 1 期。
② 丁守和主编：《辛亥革命时期期刊介绍》第 3 集，人民出版社 1983 年版，第 7 页。
③ 梁启超：《〈清议报〉一百册祝词并论报馆之责任及本馆之经历》，《饮冰室合集》第 1 册文集之 6，中华书局 1989 年版，第 50 页。
④ 《〈国民日日报〉发刊词》，1903 年第 1 期。
⑤ 《报界最近调查表》，《大公报》1905 年 5 月 11—25 日。
⑥ 桑兵：《清末民初传播业的民间化与社会变迁》，《近代史研究》1991 年第 1 期。
⑦ 姚公鹤：《上海报纸小史》，杨光晖等编：《中国近代报刊发展概况》，新华出版社 1986 年版，第 267 页。

领事抱怨说："如不准广州的报纸刊登煽动性文章，抵制运动将自行消亡"①。报纸在中外交涉中的影响由此可见一斑。

利用新式社团组织民众也是清末国人影响外交的一个重要手段。近代新式社团具有规范性的组织网络，对社会与国家政治具有一定的影响力。新式社团与组织作为社会联系的纽带，它能够成为政府与民众的中介，对国家政治生活产生影响力。20 世纪初年，随着新式知识分子群体、商人群体的迅速壮大，中国的新式社团与组织大量涌现，这为国民外交提供了有利条件。清末较有影响力的社会团体为资产阶级革命派、改良派和商会组织。20 世纪初的资产阶级革命派，成立了统一的政党——中国同盟会。同盟会总部设在日本，并在香港、东南亚、北美、欧洲各国以及中国国内陆续建立了 45 处分支机构，形成了一个联系广泛的组织网络。康有为、梁启超自变法失败流亡海外后，于 1899 年 7 月在加拿大温哥华成立了保皇会，总局设在香港、澳门，在美洲、日本和东南亚各地建立了总会、支会 100 多个。20 世纪初的中国商人也已成立了商会组织，至 1906 年已形成商务总会、商务分会、商务分所三级体制，遍及各大商埠及各州、县、村镇；全国 30 个商务总会和 147 个商务分会中，会董数达 6000 人，会员多达 586000人。至 1912 年，全国商务总会、分会总计已经拥有会员 20 万人以上。② 20 世纪初兴起的新式社团，在国民外交中发挥了重要的作用。新式社团可以利用其组织网络有效地组织民众，进行思想宣传，实行统一行动，造成巨大的声势影响政府决策。如在 1905 年抵制美货运动中，"据不完全统计，先后参加抵制美货运动的社团组织约有 40 个左右"③。利用新式社团组织是国民外交又一重要方式。

清末国民外交肇始于拒俄运动，在抵制美约、南昌教案、间岛交涉、收回路矿权等交涉中发挥了重要作用。20 世纪初的中国国民外交活动，直接影响了中外商约谈判、中美华工禁约交涉和路矿权交涉。如 1905 年的抵制美货运动，最终迫使美国政府做出了一定承诺，并撤换了商务和劳工部长，移民局也出台了缓解国内排华气氛的新规则④。由于国民坚持收回路矿利权，中英《沪杭甬铁路借款合同》未能生效，沪杭甬铁路也由中国民间集股修筑而成。20 世纪初中国国民的外交，尽管未能废除不平等条约，也未能根本改变中国外交的不利局面，但

① Margaret Field, "The Chinese Boycott of 1905", *Papers on China*, No. 11 (1957), pp. 63—98.
② 徐鼎新：《旧中国商会溯源》，《中国社会经济史研究》1983 年第 1 期。
③ 王立新：《美国对华政策与中国民族主义运动》，中国社会科学出版社 2000 年版，第 70—71 页。
④ 中国社会科学院：《国外中国近代史研究》第 17 辑，中国社会科学出版社 1990 年版，第 94 页。

毕竟已在一定程度上起着影响、制约政府外交的作用。民众在国家外交生活中的失语现象已经不存在了。

第二节　清末报刊评论概况

庚子事变之后，外交在国家政治生活中日益凸显，成为人们关注的重要问题之一。面对清政府的外交失败，国人纷纷通过集会、演讲、办报等方式发表自己的主张，抨击政府外交。在此诸多方式中，通过报刊舆论关注并影响外交是时人参与外交的重要方式。下面拟从报刊评论的主要形式、主要内容以及作者群三个方面分析清末报刊评论概况。

一、报刊评论的主要形式

清末报刊都注重评论，将评论视为宣传自己思想观点的重要方式。大体来看，清末报刊评论主要有三种形式：政论、短评、按语。

政论是报刊最常采用的评论方式。政论体制较为宏大，容易完整阐述作者的观点。政论文章一般较长，往往连载好几期，才能将一个问题论述完整。清末政论在整个报刊评论中居于主导地位，政论的好坏和影响大小成为衡量报纸发行量的一个重要标准。知识分子往往通过在报刊发表政论来表达自己的政治观点、思想主张，政论成为各派知识分子传播自己政治观点与文化主张的最有力的工具，格外受到知识分子的青睐。政论文说理充分，观点完整，是本书的主要资料来源。清末政论主要在以下几个栏目出现："论说"、"来稿"、"代论"、"论著"、"演说"、"汇论"、"萃论"、"社说"、"时论"、"杂纂"、"舆论一斑"、"评议"等栏目。"来稿"、"代论"栏目的稿件一般都采自来稿或约稿，是报刊利用和自己观点相同的评论阐明自己立场的一种方法。如《大公报》、《申报》经常采用此种方式来表明自己的观点。"论说"、"社说"、"时论"栏目的文章一般都由本社撰稿，表明该报社的主张。"论著"栏目在名称上与"论说"栏目有些不同，但该栏目实际也以政论文为主导，只不过学术气息更加浓厚一些。一般来说，"论著"栏目经常以连载的方式在期刊出现，在论证上更加具有学理深度。

除政论外，短评也是清末报刊外交评论采用的一种形式。报刊短评是清末才开始出现的一种评论文体，此类文章一般一事一议，篇幅短小，能迅速对新近发生的事件做出评论，成为政论的有效补充形式。短评篇幅短小，有较强的现实针对性。短评的出现弥补了政论时效性较差的缺点，能够使报刊对新近发生的事件迅速表明自己的观点，扩大在读者中的影响。清末不少报刊都辟有刊载时事短评的栏目。如《新民丛报》、《浙江潮》、《时报》、《江苏》等报刊的"时评"栏；《河南》、《神州日报》的"时事小言栏"；《复报》的"批评"栏目。短评在清末产生了很大的反响，很好地发挥了针砭时政的作用。

此外，按语也是清末报刊品评外交时较常采用的一种方式。按语是报刊编辑在刊登的稿件中所做的评论。按语一般较短，常常为几句话，或在文章开头表明对此文章的主要观点，或者在文中对某一观点进行点评。按语虽然只是短短几句话，但经常借助所介绍的内容来阐发系统的观点。按语这种评论形式一般在期刊中较为常见。如《外交报》在每期论说之后，都有"译报第一类"、"译报第二类"、"译报第三类"栏目，刊登外国报纸的评论文章，并加以编者按的形式来阐述观点。按语撰写比较省时，可以借助别人的文章，方便、灵活地表达编者的观点。按语这一形式在介绍国外外交学理论与外交新思潮中发挥的作用最大，是清末报刊外交评论的重要形式。

二、报刊评论的稿件来源

从时人留下的回忆录以及报刊评论作者的署名，我们可以看到清末报刊评论的来源有以下几个途径：

（一）由本社主笔或编辑所写，这是清末报刊评论最主要的来源

清末几乎所有的报纸都在重要的位置刊载政论。[①] 报刊评论是否符合时代潮流成为报刊发行量的关键。各报都非常重视评论，往往在创刊之前就已经找好固定的撰写评论者。各报刊设有编辑部，除了刊载新闻之外，一个重要的任务就是为本社撰写评论。姚公鹤在《上海报纸小史》中指出："编辑部，撰著社论，编辑新闻属焉！"[②] 方汉奇在《中国近代报刊史》中也提及："清末每个报刊都有一支相对稳定的政论作者队伍。"[③] 一般来说，清末政党报刊一般都由党内人士主

---

① 方汉奇：《中国近代报刊史》，山西人民出版社1994年版，第644页。

② 姚公鹤：《上海报纸小史》，杨光辉等编：《中国近代报刊发展概况》，新华出版社1986年版，第259页。

③ 方汉奇：《中国近代报刊史》，山西人民出版社1994年版，第644页。

持笔政，负责撰写评论。如革命派机关报《民报》，评论大都为胡汉民、汪精卫、章太炎等人所撰写；改良派的报刊《新民丛报》、《政论》、《国风报》，评论大都出自梁启超、蒋智由等之手。政党报刊因为其政治宣传的目的，评论的作者群相对固定，基本以党内人士为主。商业化色彩较为浓厚的报刊也有较为稳定的评论作者群。清末中国思想界非常活跃，为了增加销售量，商业性报刊非常重视评论。商业性报刊有固定编辑群，主要负责评论的撰写与新闻的编辑。如《申报》评论基本出自编辑部。1901 到 1905 年之间，《申报》主笔为黄协埙。在其主持笔政几年中，《申报》评论思想落伍，受到世人诟病。于是在 1905 年，《申报》进行了一次大改革，"推举金剑华总其成，并添张墨专任论著"①。《申报》作为商业化的报纸，以盈利为目的，有固定的管理机制。评论作为报刊最重要的部分，是否符合市场需要是主办者考虑的首要问题，自然也被纳入了统一管理之中。因此，设有稳定的编辑部撰写评论，以确保其稿源。此外，没有党派色彩的知识界自创报刊的评论也主要由编辑部撰稿。知识界自己创办报刊大都出于宣传新思想的目的，此种报刊没有严格的管理机制，发行时间也比较短，但其也有比较稳定的作者群。此种报刊的评论主要由创办者自己撰稿，宣传自己的思想主张。如《译书汇编》，以传播西方文明为旨趣，致力于宣传西方资产阶级政治法律知识。报刊论说的主要作者是杨荫杭、杨廷栋、雷奋、戢翼翚。总体来看，无论何种性质的报刊，对评论都非常重视，都由该报馆组成稳定的作者群以确保稿源。

（二）从其他报刊转载，是清末报刊评论另一重要来源

清末报刊从其他报刊转载评论的现象非常普遍。大致来看，或者国内报刊之间互相转载，抑或从外报转载。从外报转载评论是清末报刊评论的一个重要稿件来源。清末报刊转载外报的现象以国外创办的报纸和上海的报纸较为突出。在国外创办的报纸，有得天独厚的条件，选取外报评论加以按语刊载自然成为扩大稿源的一条途径。上海是一个通商大埠，有许多外报出版，这为上海报刊转载外报提供了很便利的条件。"上海报纸，于不受政治暴力之外，尤得有一大助力，则取材于本埠外报是也！"②《外交报》、《东方杂志》等刊物，转载外报评论比较

---

① 徐载平、徐瑞方：《清末四十年〈申报〉史料》，新华出版社 1988 年版，第 26 页。

② 姚公鹤：《上海报纸小史》，杨光晖等编：《中国近代报刊发展概况》，新华出版社 1986 年版，第 263 页。

多。《外交报》转载外报评论最为显著，其转载的外报有英国、日本、德国、法国、美国等国报纸。除上海外，国内其他地方的报刊也有转载外报评论的现象，只不过与上海相比，数量上较少而已。清末报刊转载外报，可以扩大评论的视野，将国外最新的外交动态传入国内，使国人较快地了解整个世界的局势。

除了从外报转载报刊评论外，清末报刊互相转载评论的现象也比较普遍，一篇社说往往会在不同的刊物出现。报刊转载其他报刊的文章，也将其放在"社说"或者"论说"栏目中刊登。为了能对清末国人自办报刊评论转载情况有一较为清晰的了解，现根据所掌握的资料，将转载情况统计于下：

表 1　清末报刊评论转载情况表

文章	最初发表的刊物	转载的刊物
《中国不宜委弃西藏》	《外交报》1904 年总第 73 期	《东方杂志》1904 年第 2 期
《书法国禁约教会事后》	《外交报》1904 年总第 69 期	《东方杂志》1904 年第 2 期；《北京杂志》1904 年第 2 号
《论中国要事不可全付外人》	《外交报》1904 年总第 74 期	《东方杂志》1904 年第 3 期
《论今日与战国时之异同》	《外交报》1904 年总第 78 期	《广益丛报》1904 年总第 44 号；《东方杂志》1904 年第 4 期
《论欧洲外交之机巧》	《外交报》1904 年总第 77 期	《东方杂志》1904 年第 4 期
《论列国邦交之险》	《中外日报》1904 年 3 月 16 日	《东方杂志》1904 年第 4 期
《论兵力足以转移外交》	《外交报》1904 年总第 80 期	《东方杂志》1904 年第 5 期
《中国宜设法勿使列强干涉远东》	《外交报》1904 年总第 82 期	《东方杂志》1904 年第 6 期
《论外交之真相》	《外交报》1904 年总第 84 期	《东方杂志》1904 年第 6 期
《论英人外交之巧》	《外交报》1904 年总第 90 期	《东方杂志》1904 年第 8 期
《论挽救西藏之策》	《外交报》1904 年总第 93 期	《东方杂志》1904 年第 9 期
《论壬寅以来外交之变迁》	《外交报》1905 年总第 100 期	《东方杂志》1905 年第 1 期
《论瓜分变相》	《外交报》1905 年总第 100 期	《东方杂志》1905 年第 1 期

（续表）

文章	最初发表的刊物	转载的刊物
《论民气之关系于外交》	《外交报》1905 年总第 130 期	《申报》1906 年 1 月 11 日；《东方杂志》1906 年第 1 期
《论各国保全中国之不可恃》	《外交报》1905 年总第 104 期	《东方杂志》1905 年第 3 期
《论交际与交涉之界限》	《外交报》1905 年总第 107 期	《东方杂志》1905 年第 4 期《申报》1903 年 6 月 11 日
《论政府宜竭力援助外交官》	《外交报》1905 年总第 109 期	《东方杂志》1905 年第 8 期
《中俄于世界之关系》	《外交报》1905 年总第 114 期	《东方杂志》1905 年第 7 期
《续论中俄于世界之关系》	《外交报》1905 年总第 119 期	《东方杂志》1905 年第 12 期
《论抵制美约》	《外交报》1905 年总第 117 期	《东方杂志》1905 年第 12 期
《论考察政治之专使之大有关系于外交》	《外交报》1906 年总第 136 期	《东方杂志》1906 年第 5 期
《论俄约之不可轻许》	《外交报》1906 年总第 142 期	《东方杂志》1906 年第 6 期
《论国民当略知外交》	《外交报》1906 年总第 160 期	《东方杂志》1907 年第 13 期
《论立宪与外交之关系》	《外交报》1907 年总第 167 期	《申报》1907 年 2 月 3 日
《赔款还金驳议》	节录自《中外日报》	《新民丛报》1902 年总第 12 号
《中国二千年外交通论》	《外交报》1907 年总第 171 期	《东方杂志》1907 年第 4 期
《苏杭甬铁路借债之不可许》	《外交报》1907 年总第 191 期	《东方杂志》1907 年第 10 期
《论列强竞争之前途与应付之法》	《外交报》1907 年总第 198 期	《东方杂志》1907 年第 12 期
《国民的外交之时代》	《大公报》1908 年 1 月 23 日	《政论》1907 年第 2 号
《论自强而后有持平之约》	录自《苏报》	《新民丛报》1902 年总第 16 号
《特别利益说》	录自上海《新闻报》	《新民丛报》1902 年总第 20 号
《论朝廷奉行英国谕旨》	录自上海《中外日报》	《新民丛报》1902 年总第 20 号
《论外国待中国之现情》	录自旧金山《文兴日报》	《新民丛报》1902 年总第 20 号

（续表）

文章	最初发表的刊物	转载的刊物
《论中外又不能相安之势》	录自上海《同文沪报》	《新民丛报》1902 年总第 20 号
《论外交之祸》	录自上海《新闻报》	《新民丛报》1902 年总第 21 号
《德国与扬子江沿岸》	录自德国《伽尔尼雪报》	《新民丛报》1903 年总第 29 号
《俄罗斯大藏卿查视东亚细亚之报告》	录自东京《外交时报》	《新民丛报》1903 年总第 29 号
《英法之接近》	录自《日本报》	《新民丛报》1903 年总第 30 号
《满洲朝鲜交换论》	日本《外交时报》	《新民丛报》1903 年总第 35 号
《论俄谋东三省》	译自美国三月《而利费报》	《经济丛编》1902 年总第 6 册
《论俄约》	删润自《新闻报》	《经济丛编》1902 年总第 6 册
《英特和约慨言》	节录自《新闻报》	《经济丛编》1902 年总第 8 册
《论中国赔款过巨之害》	译自英国《格露报》	《经济丛编》1902 年总第 14 册
《论中英商约》	《外交报》1902 年总第 23、24 期	《经济丛编》1902 年总第 17 册
《俄国宜拒英日以图韩》	译自俄国《西克姆报》	《经济丛编》1902 年总第 18 册
《英美日三商约得失论》	录自上海《新闻报》	《经济丛编》1903 年总第 37 册
《守护满洲之新约》	《新民丛报》1903 年总第 29 号	《鹭江报》1903 年总第 34 册
《论商约移入北京办理之可怪》	录自《中外日报》	《鹭江报》1903 年总第 38 册
《论造就外交人材》	《外交报》1903 年总第 47 期	《鹭江报》1903 年总第 38 册
《弱国无公法辨》	录自《顺天时报》	《鹭江报》1903 年总第 39 册
《论德国外交》	《外交报》1903 年总第 47 期	《鹭江报》1903 年总第 40 册
《论外交不可专主秘密》	录自《中外日报》	《鹭江报》1903 年总第 47 册
《论国家轻薄中国多由中国自召说》	《大公报》1904 年 6 月 11 日	《东方杂志》1904 年第 8 期
《敬告中国外交家》	《大公报》1904 年 7 月 6 日	《东方杂志》1904 年第 7 期

文章	最初发表的刊物	转载的刊物
《一千九百五年寰瀛大事总述》	《外交报》1906 年总第 133 期	《广益丛报》1906 年总第 107 号
《春秋列国国际法与近世国际法异同论》	《河南》1908 年第 2、3 期	《广益丛报》1909 年总第 198—207 号
《论俄日侵略满洲》	录自《神州日报》	《广益丛报》1909 年总第 200 号
《论日本外交界之言论》	录自《神州日报》	《广益丛报》1910 年总第 236 号
《论英国经营西藏之政略》	《中外日报》1904 年 5 月 26 日	《东方杂志》1904 年第 6 期
《论中外大臣宜讲求外交之术》	《中外日报》1904 年 5 月 21 日	《东方杂志》1904 年第 6 期
《论胶济铁路与德国权力之关系》	《时报》1904 年 5 月 20 日	《东方杂志》1904 年第 6 期
《论列强太平洋之势力》	《警钟日报》1904 年 7 月 9 日	《东方杂志》1904 年第 8 期
《论延聘外人不可牵涉外交》	《中外日报》1904 年 7 月 10 日	《东方杂志》1904 年第 8 期
《论挽回利权》	《新闻报》1904 年 7 月 10 日	《东方杂志》1904 年第 8 期
《论列强将变均势之说为纷争》	《警钟日报》1904 年 7 月 24 日	《东方杂志》1904 年第 9 期
《论英国预筹永租威海卫事》	《中外日报》1904 年 7 月 22 日	《东方杂志》1904 年第 9 期
《论法国在中国之举动》	《警钟日报》1904 年 8 月 2 日	《东方杂志》1904 年第 10 期
《论欧洲各国和好之隐谋》	《警钟日报》1904 年 8 月 25 日	《东方杂志》1904 年第 10 期
《论全国人对外之意见》	《时报》1904 年 10 月 4 日	《东方杂志》1904 年第 11 期
《论美国在中国之举动》	《警钟日报》1904 年 8 月 16 日	《东方杂志》1904 年第 11 期
《论法人有侵略两粤之近因》	《时报》1905 年 10 月 5 日	《东方杂志》1905 年第 12 期
《论禁阻兵舰入湖》	《新闻报》1904 年 10 月 1 日	《东方杂志》1905 年第 12 期
《论外务部》	《新闻报》1904 年 11 月 13 日	《东方杂志》1905 年第 12 期
《论外人在中国之势力》	《时报》1904 年 12 月 13 日	《东方杂志》1905 年第 2 期
《论国权关系》	《汇报》1905 年 2 月 21 日	《东方杂志》1905 年第 4 期
《中国外交家请注意》	《大公报》1905 年 7 月 25 日	《东方杂志》1905 年第 6 期

（续表）

文章	最初发表的刊物	转载的刊物
《论日俄战局结束后中国之危险》	《时报》1905 年 5 月 8 日	《东方杂志》1905 年第 7 期
《论东三省终宜开放》	《时报》1905 年 5 月 29 日	《东方杂志》1905 年第 8 期
《论列强海面权力说》	译自美国《格致报》	《东方杂志》1910 年第 2 期
《论中俄交涉之因果》	《中外日报》1905 年 5 月 14 日	《东方杂志》1905 年第 8 期
《论外交与国力之关系》	《时报》1905 年 4 月 29 日	《东方杂志》1905 年第 8 期
《论联俄派主意之变迁》	《中外日报》1905 年 5 月 25 日	《东方杂志》1905 年第 8 期
《日本箟握亚东全部之霸权》	《福建日日新闻》1905 年 6 月 6 日	《东方杂志》1905 年第 9 期
《论中国内政外交失败之原因》	《时报》1905 年 8 月 4 日	《东方杂志》1905 年第 10 期
《论外交机关急宜整理》	《南方报》1905 年 8 月 27 日	《东方杂志》1905 年第 11 期
《俄国议和大臣威第于中国外交上关系之历史》	《中外日报》1905 年 8 月 24 日	《东方杂志》1905 年第 11 期
《论日俄议和后中国之外交》	《时报》1905 年 10 月 8 日	《东方杂志》1906 年第 12 期
《我国与日俄两国之交涉》	《时报》1905 年 10 月 15 日	《东方杂志》1906 年第 12 期
《读日本外交史感慨》	《南方报》1905 年 11 月 26 日	《东方杂志》1906 年第 1 期
《论英以土耳其铁路赠俄》	《时报》1905 年 12 月 2 日	《东方杂志》1906 年第 3 期
《论我国近日宜与暹罗缔约》	《中外日报》1906 年 5 月 7 日	《东方杂志》1906 年 6 期
《论治外法权不合于国际法理》	《北洋学报》1906 年第 14 期	《东方杂志》1906 年第 9 期
《论今日世界所研究国际法之要端》	《外交报》1906 年总第 139 期	《东方杂志》1906 年第 10 期
《论治外法权与领事裁判权性质之区别》	《北洋官报》1906 年 10 月 12 日	《东方杂志》1906 年第 13 期；《广益丛报》1907 年总第 133 期
《中日改约问题与最惠国条款》	《新民丛报》1906 年总第 85 号	《东方杂志》1907 年第 2 期
《外交之新局面》	译自日本《太阳报》	《东方杂志》1911 年第 3 号
《列强瓜分中国之势已成》	《中外日报》1907 年 6 月 19 日	《东方杂志》1907 年第 8 期

（续表）

文章	最初发表的刊物	转载的刊物
《论今日所处之世界》	《天津报》1907 年 7 月 4 日	《东方杂志》1907 年第 10 期
《治外法权释义》	《南方报》1907 年 7 月 3 日	《东方杂志》1907 年第 11 期
《论日英俄法各协约与中国之关系》	《神州日报》1907 年 9 月 3 日	《东方杂志》1907 年第 11 期
《论保守土地主权及路矿利权为国民惟一之天职》	《神州日报》1907 年 7 月 16 日	《东方杂志》1907 年第 11 期
《关于传教条约之研究》	《黔报》1907 年 11 月 13 日	《东方杂志》1908 年第 2 期
《论国民宜改良对外之性质》	《神州日报》1908 年 4 月 8 日	《东方杂志》1908 年第 5 期
《论间岛确系中国领土》	录自《东三省日报》	《东方杂志》1908 年第 5 期
《论粤督缉获二辰丸案》	1908 年 2 月 15 日《岭东日报》	《东方杂志》1908 年第 5 期
《中国宜速谋对俄之方法》	录自《神州日报》	《东方杂志》1910 年第 6 期
《论英美公断条约》	《民立报》1911 年 8 月 24 日	《东方杂志》1911 年第 7 号；《祖国文明报》1911 年总第 172 期
《日俄开战与中国之地位》	《大陆报》1904 年第 1 号	《萃新报》1904 年第 1 期
《外国足恃乎》	录自《警钟日报》	《萃新报》1904 年第 1 期
《国民外交之常识论》	录自《民立报》	《孔圣会星期报》1911 年总第 171 期
《论南昌教案》	节录自《时报》	《通学报》1906 年总第 11 册
《论外务部内容之腐败》	节录自《中外日报》	《通学报》1906 年总第 5 册
《俄人最近经营中国之新政策》	节录自《时敏报》	《通学报》1906 年总第 23 册
《记某星使之辱国》	录自《时报》	《通学报》1906 年总第 25 册
《论政府近日之政策》	《申报》1907 年 1 月 7 日	《通学报》1907 年总第 36 册
《日法协约之深意》	录自《京报》	《通学报》1907 年总第 52 册
《订约权在朝廷之误想》	《政论》1907 年第 2 号	《申报》1908 年 1 月 17 日
《国民的外交之时代》	《政论》1907 年第 2 号	《大公报》1908 年 1 月 23 日

（续表）

文章	最初发表的刊物	转载的刊物
《读英拟商约感言》	录自《商务日报》	《南洋七日报》1901 年总第 12 册
《论会订商约事》	录自《商务日报》	《南洋七日报》1901 年总第 10 册
《论将来外交》	录自《新闻报》	《南洋七日报》1901 年总第 10 册
《辟满洲为通商公地说》	录自《商务日报》	《南洋七日报》1901 年总第 9 册
《论俄日将联盟之关系》	录自《苏报》	《南洋七日报》1901 年总第 7 册
《英国实有期望中国之意》	录自《中外日报》	《南洋七日报》1902 年总第 21 册
《论英日联盟事》	录自《中外日报》	《南洋七日报》1902 年总第 22 册
《论英日联盟》	录自《新闻报》	《南洋七日报》1902 年总第 22 册
《论英日联盟事》	录自《同文沪报》	《南洋七日报》1902 年总第 22 册
《感英日联盟事》	录自《苏报》	《南洋七日报》1902 年总第 22 册
《论英日对待中国政策》	录自《苏报》	《南洋七日报》1902 年总第 23 册
《论各国公办满洲矿务》	录自《苏报》	《南洋七日报》1902 年总第 26 册
《论德美宜有联约》	录自《苏报》	《南洋七日报》1902 年总第 26 册
《论各国待中国之狡》	录自《新闻报》	《南洋七日报》1902 年总第 27 册
《闻圣彼得堡行文各国谓英日之约于俄多违碍感而书此》	录自《苏报》	《南洋七日报》1902 年总第 27 册
《论俄法联盟》	录自《新闻报》	《南洋七日报》1902 年总第 27 册
《论俄法订结同盟之始末》	录自《苏报》	《南洋七日报》1902 年总第 27 册
《闻俄约已定感言》	录自《中外日报》	《南洋七日报》1902 年总第 29 册
《汇论各国商约事》	录自《商务日报》	《南洋七日报》1902 年总第 29 册
《论商约重于和约》	录自《苏报》	《选报》1902 年第 18 期
《帝国主义之得失如何》	录自《苏报》	《选报》1902 年第 36 期

（续表）

文章	最初发表的刊物	转载的刊物
《论日本归我东三省之难》	《外交报》1904 年总第 76 期	《华北译著编》1904 年第 29 卷

主要资料来源：《外交报》、《大公报》、《东方杂志》、《通学报》、《申报》、《政论》、《民立报》、《警钟日报》、《新民丛报》；上海图书馆编：《中国近代期刊篇目汇录》，上海人民出版社 1965—1984 年版。

从上表不难看出，清末期刊转载日报评论的现象比较多。日报一般每天都有论说，信息量比较大，这无疑为期刊提供了丰富的稿源。《中外日报》、《神州日报》、《时报》、《苏报》、《新闻报》、《警钟日报》是清末几种转载率较高的报纸。如《东方杂志》、《南洋七日报》、《新民丛报》、《经济丛编》、《广益丛报》的不少文章都是从这些报纸转载而来的。此外，清末转载期刊评论的现象也存在，不过没有转载报纸那么普遍。期刊中《外交报》转载率最高。《外交报》是当时国内唯一以外交为宗旨的报刊，其刊登的外交评论有着较高的专业性，因此，与其他期刊相比转载率比较高。转载过《外交报》的刊物有《东方杂志》、《广益丛报》、《华北译著汇编》、《申报》、《大公报》等，其中以《东方杂志》最多。《东方杂志》和《外交报》都由商务印书馆出版，而《东方杂志》在创办初期是一种选报性质的综合刊物，自然会较多转载《外交报》的评论。此外，《申报》也转载过《外交报》较有影响的评论，如《论立宪与外交之关系》、《论民气之关系于外交》等篇。通过上表还可以看出，清末报刊在转载外交评论时，并无革命报刊与改良报刊的严格区分。以改良为宗旨的报刊也会转载革命色彩很浓的报刊的文章，而以改良为宗旨的刊物也会转载革命派报刊的评论。这一现象表明在一些外交问题上二者存在一定程度的契合。

（三）采自来稿或约稿

清末报刊评论除了以上两种稿件来源外，有时也用来稿和约稿。清末报刊为了扩大稿源，有的报刊组织征文活动并选登来稿，有的报刊则刊登广告希望读者投稿。如《大公报》曾经在 1902 年 8 月举行教案问题的征文，并于 1902 年 8 月 18 日、1902 年 9 月 5 日、9 月 6 日刊登了来稿。此外，报刊还邀请当时社会名流撰稿。报刊为了扩大本报的影响，除了由本报编辑撰写评论外，还请当时名流撰写评论。最为典型的是《外交报》，除由《外交报》自己撰述的论说外，还有几篇严复撰写的论说。严复为当时学界名流，刊登其文章自然会增加《外交报》的影响。

　　总体来看，报刊评论采用来稿和约稿的现象比较少，由本报编辑部撰写和从他刊转载是清末报刊评论的两种主要来源。

三、报刊评论的主要内容

　　清末报刊外交评论的内容相当丰富，涉及外交的各个方面。总体来看来，主要有以下几个方面：

　　第一，密切关注外交事件。

　　清末报刊对外交事件的评论所占的比重最大。20世纪初年，帝国主义在中国角逐更加激烈，中外交涉事件也非常频繁。清末国人舆论监督意识增强，他们认为报刊有责任评论外交。如《大公报》指出，"舆论者，主张公理者也。对于政府，则代表国民之意思而贡献之；对于外交，则为政府之后盾而拥护之。此舆论之天职也。"① 正是在此思想背景下，报刊对外交事件也增加了评论的力度。清末各报刊都密切关注中外交涉进展，并及时配合新闻与消息发表评论，使民众能够及时了解外交形势。清末报刊几乎对每个交涉事件都曾进行过评论。报刊对外交事件的密切关注是以前从未有过的，充分展现了国人的忧患意识与爱国热情。报刊对外交事件的评判与言说往往伴随着整个交涉过程，包括外交事件的起因、进展、缔结的条约等。报刊围绕一个事件展开评论，使社会大众通过读报就可以了解交涉进展及相关背景知识。如发生于1906年2月24的南昌教案，便有各种报纸给予了及时评论。《京话日报》在南昌教案发生之后，即发表了《南昌知县是真死了》、《江西教案的结果》、《江西地方官真冤》等演说，对中国政府的懦弱外交进行了抨击；针对南昌教案，《大公报》除了发布相关新闻外，还刊载了来稿《南昌教案实在情形》、代论《南昌教案纪略》等论说表明对南昌教案的态度；《外交报》则发表《论南昌教案》、《论教案及耶稣军天主教之历史》、《续论教案及耶稣军天主教之历史》、《论南昌教案善后之方》等论说；《广益丛报》刊载了《论教案及耶稣军天主教之历史》、《南昌教案议结感言》；《复报》发表了《南昌教案之感情》；《申报》刊登了《论南昌县令被刺事》、《论天主教在华传教宜速订新约》、《论南昌教案提京议结之迅速》；《通学报》刊载了《调和民教救急良方》、《论南昌教案之愤叹》、《劝和平者言》、《论南昌教案》、《南

---

① 《舆论与外交之关系》，《大公报》1908年1月19日。

昌教案说略》、《论欲弭教案宜讲求吏治》等评论。各个报刊观点并不一致，从文化启蒙、国家主权、政治腐败、如何解决教案等方面切入进行评论，在社会上形成了一个议题，使人们能够将各种评论进行对比辨别，加深对外交事件的认识。清末报刊对外交事件的评论，虽然由于各报政治立场、思想观念不同而在某些事件上存在一些分歧，但是在救亡图存的基本主旨上是一致的。

第二，讨论如何改善外交。

如何改善中国外交是清末报刊外交评论的一个重要主题。自鸦片战争以来，列强利用炮舰政策将一个个不平等条约强加于中国人身上，中国近代外交史几乎是一部失败史。中国国势衰弱固然是外交失败的根本原因，但中国外交行政的落后也是一个重要的因素。如何改善中国外交，如何使外交能够为国家生存发挥更大的作用？这是清末十年间从未间断的一个重要话题。清末国人主要从外交官的素质、合理制定外交政策、改革内政等几个方面来思索这一问题的。

外交官是国家外交政策的执行者，外交官素质的高低对外交成败至关重要。清末中国外交官的素质虽然有一定改善，但与职业化的外交官还有很大的差距。外交官必须熟谙外语、国际惯例、国际法，明了世界大势、各国政治法律、风俗习惯等，如果以此标准来看，清末外交官还有很大的距离。因此，清末报刊对外交官的素质、选拔、任用等展开了多方面的评论，主要有如下评论：

《重视使职说》，《申报》，1901 年 2 月 9 日；

《慎重佐使人才说》，《申报》，1901 年 7 月 15 日；

《地方官宜明交涉之道》，《申报》，1903 年 10 月 29 日；

《敬告中国外交家》，《大公报》，1904 年 8 月 16 日；

《书外务部奏续调人员办法折后》，《新闻报》，1906 年 8 月 7 日；

《论外务部内容之腐败》，《通学报》，1906 年总第 5 册。

《警告外交官》，《大公报》，1909 年 8 月 12 日；

《安得起死回生之外交家》，《大公报》，1909 年 8 月 23 日；

《外交家手段如是》，《大公报》，1909 年 9 月 18 日。

他们在抨击中国外交官素质低下、人员选拔过滥的同时，要求按照职业外交官的标准严格选拔中国外交官，提高外交官的总体素质，以便在外交中更好发挥作用。

外交政策与方针是国家进行外交活动的指导，对国家外交的成败起着很关键的作用。制定合理的外交方针与政策是近代国家外交的重要组成部分，清末报人对外交政策与方针也进行了探讨，发表了不少此方面的评论：

《论外交当审定宗旨》，《外交报》，1907 年总第 179 期；

《内治及外交政策》，《学海》，1908 年第 1、3 期；

《慎重外交政策》，《半星期报》，1908 年第 9 期；

《论外务部议设外交研究所》，《大公报》，1910 年 1 月 3 日；

《今日中国外交政策之方针》，《大公报》，1910 年 5 月 21 日；

《中国外交方针私议》，《国风报》，1910 年第 24、25 期。

他们主张按照西方的外交制度来改善中国的外交行政，建立完善的外交决策机制、制定稳定的外交政策，希望国家外交运行机制建立在科学、理性的基础上。

此外，清末报刊还从改革内政的角度对如何改善外交进行了思索。内政与外交密不可分，内政是外交的基础，外交是内政的延续。清末国人也从国家内政改革的角度对外交进行了思索，发表了如下评论：

《论立宪与外交之关系》，《申报》，1907 年 2 月 3 日（《外交报》，1907 年总第 167 期）；

《速开国会以为外交助力说》，《大公报》，1907 年 11 月 15 日；

《论国会为治外交之本》，《外交报》，1908 年总第 216 期；

《论中国外交之改良办法》，《大公报》，1909 年 8 月 24 日；

《论中国外交之改良办法》，《盛京时报》，1909 年 8 月 24 日；

《论吾国外交及其补救之术》，《大公报》，1909 年 10 月 7 日；

《国会与外交》，《国风报》，1911 年 3 月 30 日。

外交是内政的延续，国力衰弱自然对外交造成很大制约。清末报人对外交与内政的关系进行了思索，主张改革内政为外交提供坚强的后盾。立宪派人士将国会视为改善外交的根本之道。尤其在 1906 年清政府宣布仿行宪政之后，立宪派的报刊对立宪与外交关系的评论与日增多。20 世纪初年，中国国际局势严重恶化，因此，国人从外交行政、改革内政等视角来思索改善中国外交，以期挽救中国日益沉沦的国际地位。清末报刊对如何改善外交的思索，展现了清末人士的爱国情怀和民族主义情结。

第三，反思不平等条约体系。

随着清末政法研究热潮的兴起，清末报刊对中外缔结的不平等条约也进行了有学理深度的评析。近代国人由于不谙国际法，在与西方进行外交谈判时，轻易地在一些重要问题上做出让步，这给中国外交带来了消极影响。早在洋务运动时期，王韬、郑观应、薛福成、黄遵宪等人就已经认识到不平等条约对中国的危害，但是从国际法理的深度进行反思是在清末。

清末报刊纷纷聘任熟谙法律的人才撰写论说，对不平等条约的危害、如何废除、废除的关键问题等进行了思索，构成了清末报刊的一大景观。《外交报》自1908年以后专门聘任政法专业毕业生撰写论说，刊登了《述我国改正条约之先例》、《论利益均沾之约》、《论外人入内地游历之条约》、《论改正条约与编订法律有连接之关系》、《论裁撤领事裁判权之预备》、《论收回利权之宜有根本解决》、《中国与各国定结条约性质上之解释》等评论；《申报》于1908年以后刊登了《收回领事裁判权与改良法律之关系》、《领事裁判权问题》、《论司法上陪审制度之地位》等有关不平等条约的评论；《东方杂志》发表了《论治外法权与领事裁判权性质之区别》等评论，对不平等条约进行了深度评析。总体来看，清末报刊都主张借鉴日本经验，利用国际法，通过外交谈判废除不平等条约。他们希望中国通过政治法律改革，在国家制度上与西方资本主义国家保持一致，从而达到修订不平等条约的目的。

第四，系统阐述国民外交。

清末报刊最为突出的是对国民外交的评论。以1905年为界，报刊对国民外交的评论有很大的不同。1905年之前，革命色彩比较浓厚的报刊对国民在外交中的作用有所认识，并且提出了外交权的诉求，但对国民外交并没有系统论述。1905年发生了大规模的拒美运动，报刊舆论普遍认识到民众在外交中的重要作用，国民外交思想已经非常明朗了。1907年秋以后，随着立宪思潮的高涨和国会请愿运动的开展，报刊对国民外交的评论明显增多，并进行了系统论述。1907年前后，报刊刊登的有关国民外交的评论主要有：

《论民气之关系于外交》，《申报》，1906年1月11日；

《论国民当略知外交》，《外交报》，1906年总第160期；

《论今日国民宜要求参与外交之权利》，《政论》，1907年第2期；

《国民的外交之时代》，《政论》，1907年第2期；

《订约权在朝廷之误想》，《申报》，1908年1月17日；

《舆论与外交的关系》，《大公报》，1908年1月19日；

《国民的外交之时代》，《大公报》，1908年1月23日（《政论》1907年11月15日）；

《论国际交涉所有条约急宜公布于国民》,《大公报》,1908 年 4 月 17 日;

《所谓国民的外交者何》,《大公报》,1908 年 4 月 21 日;

《论国民宜有对外的精神》,《大公报》,1909 年 5 月 7 日;

《外交政策之与国民》,《盛京时报》,1909 年 5 月 28 日;

《国民与外交》,《大公报》,1909 年 11 月 18 日;

《论今日国民宜要求参与外交之权利》,《申报》,1911 年 3 月 26 日;

《国民外交之常识论》,《孔圣会星期报》,1911 年 8 月 26 日。

清末报刊舆论认为,国民为外交的主体,国民应该享有外交权、国民是国家外交的后盾。国民外交思想的提出是近代中国外交思想的一个重要变化,也是1905 年以后外交评论的一大变化。

第五,关注世界外交大事。

清末报刊不仅关注中国外交问题,而且也纵论世界国际局势的变化。他们除了关注中国外交大事外,还对世界外交事件、各国外交政策的变迁、世界外交思潮的变化做出评论。

对世界外交局势的关注是清末报刊评论的一个重要内容。清末国人在世界局势的认识上基本脱离了天朝观念的影响,能够以近代的眼光来看待世界大势。报刊舆论对各国外交政策的调整、世界外交大事、国际间缔结的条约、国家纷争离合关系等都有所关注。20 世纪初年,英、法、俄、德、意、美、日等国为了在世界范围内争夺利益,在国际社会形成了错综复杂的同盟和协约关系。清末报刊对此非常关注,他们对世界各国的外交政策和世界各国之间关系的变化进行了评论。清末报刊中关于同盟与协约及介绍各国外交政策的文章比比皆是:

《论英日联盟事》,《南洋七日报》,1902 年第 22 册;

《俄东亚之新政策》,《浙江潮》,1903 年第 1 期;

《日本朝野名士对俄日开战之意见》,《政法学报》,1903 年第 3 期;

《东亚外交之前途》,《大陆报》,1905 年第 1 期;

《再论日俄和约》,《外交报》,1905 年总第 122 期;

《论英日俄三国同盟与中国之关系》,《外交报》,1907 年总第 173 期;

《论法日协约之可危》,《外交报》,1907 年总第 175 期;

《论列强国际之变动》,《外交报》,1907 年总第 194 期;

《论近时列强大势之推移及其注目》,《关陇》,1908 年第 2、3 号;

《日法日俄英俄协约关系中国及西北之危机》,1908 年第 3 号;

《论列强国际之新现象》,《外交报》, 1908 年总第 201 期;

《论列强竞争大势趋于平和之原因》,《外交报》, 1908 年总第 207 期;

《论美日协约于中国前途之关系》,《外交报》, 1908 年总第 228 期;

《欧洲最近外交事情》,《国风报》, 1910 年第 17 期;

《美国之外交政策》,《国风报》, 1910 年第 19 期;

《一千九百零九年欧洲外交大事论》,《外交报》, 1910 年总第 273 期;

《最近外交界大势变迁论》,《民立报》, 1910 年 11 月 23 日。

清末人士往往将国际局势与中国外交联系起来进行评论。中国报刊评论世界局势不仅是为了使国人了解世界, 而且更重要的是为中国外交提供借鉴。总体来看, 清末报刊对国际局势的评论更多集中在英、美、日、俄等强国上, 这是由当时中国的国际形势决定的。当时, 中国面临着被各强国瓜分的危险, 列强之间关系的变化自然会对中国造成影响。因此, 清末报刊对列强的外交纷争自然给予了较多的关注。

第三节　报刊评论作者群概况

笔者认为, 分析报刊外交评论中所蕴含的思想, 必须对评论作者的政治倾向与文化背景有一定了解。只有这样, 才会更加深刻地认识其外交思想产生的原因以及何以会形成此种思想。清末报刊评论几乎一半以上没有署名, 即使署名者, 也大多为笔名, 署真实姓名者很少。清末报刊作者笔名很多, 同一个作者就有好几个甚至十几个笔名, 这为考察作者群带来一定的困难。不过, 根据《中国近现代人物名号大辞典》、《笔名引得》和报刊评论有固定作者群这一事实, 还是可以对报刊评论的作者群有大致的推测。

清末报刊外交评论有一部分有署名, 根据《中国近现代人物名号大辞典》、《笔名引得》以及报刊资料, 现将有署名的作者列表如下:

表2　清末报刊外交评论作者表

作者	教育背景	笔名	文章	刊物
钱承志	留日学生	攻法子	《第十九世纪外交通论》	《译书汇编》1902 年第 10 期
			《对外观念之适当程度》	《译书汇编》1902 年第 11 期
杜国庠	留日学生	守肃	《论国际公法关系中国之前途》	《译书汇编》1903 年第 3 期
			《日俄战争及于中国之影响》	《译书汇编》1903 年第 6 期
			《论中国之局外中立》	《译书汇编》1903 年 7、8 期合本
吕志伊	早年就读于昆明经正书院，后留学日本	天民	《论满洲问题及各国对满政策》	《译书汇编》1903 年 7、8 期合本
			《论列国外交大事及中国外交上之失败》	《译书汇编》1903 年第 2 期
		侠少	《滇缅疆界谈判》	《云南》1907 年第 4 号
严复	留学欧洲	严复	《论南昌教案》	《外交报》1906 年总第 137 期
			《论近日外交之困难》	《广益丛报》1906 年总第 108 号
		严几道	《有强权无公理此语信欤》	《广益丛报》1906 年总第 103 号
		严复	《一千九百五年寰瀛大事略述》	《广益丛报》1909 年总第 107 号
孟森	廪生，后留学日本学习政法	孟森	《论中国之国际私法》	《外交报》1909 年总第 238、239、240 期
			《述我国改正条约之先例》	《外交报》1909 年总第 244 期
			《论利益均沾之约》	《外交报》1909 年总第 245 期
			《论内地杂居之预备》	《外交报》1909 年总第 246 期
			《论外人入内地游历之条约》	《外交报》1909 年总第 248 期
			《论国际公法之得为法律正与吾国学说相合》	《外交报》1909 年总第 249 期
			《论中外国籍法性质之不同》	《外交报》1909 年总第 250、251 期
			《论国家之取缔外国人》	《外交报》1909 年总第 252 期
			《新商约加税免厘后土货可征抽销场税之研究》	《外交报》1909 年总第 253 期
			《论中国近日圜法之入国际》	《外交报》1909 年总第 255 期
			《间岛纪略》	《申报》1907 年 3 月 30 日

（续表）

作者	教育背景	笔名	文章	刊物
汪廷襄	日本明治大学商科大学修学业学生	汪廷襄	《弭教祸说》	《外交报》1909 年总第 262 期
			《新关税与外交上之关系》	《外交报》1910 年总第 265、266 期
			《扬子江之国际观》	《外交报》1910 年总第 275、276、277、278 期
王倬	法政毕业生	王倬	《中国与各国订结条约性质上之解释》	《外交报》1910 年总第 274 期
			《国定税法与协定税法之研究》	《外交报》1910 年总第 280 期
			《论中国最近之外交》	《外交报》1910 年总第 287 期
			《论今日中国对于国际投资之可危》	《外交报》1910 年总第 290 期
			《论各国之国际商业政策》	《外交报》1910 年总第 294 期
			《论责任内阁之外务大臣》	《外交报》1911 年总第 300 期
林砥中	越山书院	林砥中	《赵宋一代外交得失论》	《南洋七日报》1902 年第 19 册
			《中国宜联英日以抵制强俄》	《鹭江报》1902 年总第 20 册
施景琛	东亚同文书院	施景琛	《外交论》	《南洋七日报》1902 年总第 20 册
杨廷栋	举人、后在早稻田大学学习	杨廷栋	《论改正条约与编订法律有连接之关系》	《外交报》1909 年总第 254 期
			《拟上外务部书》	《时报》1907 年 11 月 8 日
汤一鄂	日本政法大学	汤一鄂	《论裁撤领事裁判权之预备》	《外交报》1909 年总第 256、257 期

（续表）

作者	教育背景	笔名	文章	刊物
孙观圻	日本中央大学大学部法科学生	孙观圻	《论永世中立国》	《外交报》1910 年总第 279 期
			《论国际公法之各种关系》	《外交报》1910 年总第 282 期
			《论国家之自卫权》	《外交报》1910 年总第 281 期
			《论历史上中日两国之交际》	《外交报》1910 年总第 284 期
			《论条约与议会协赞法案之关系》	《外交报》1910 年总第 285 期
			《论国际上之仲裁裁判》	《外交报》1910 年总第 286 期
			《论法律上之胶州湾》	《外交报》1910 年总第 289 期
			《论最惠国条款》	《外交报》1910 年总第 292 期
			《论战时禁止品》	《外交报》1910 年总第 293 期
			《论我国二十四时间规则及其与他国规定之比较》	《外交报》1910 年总第 295 期
蒋智由	受业于康有为，曾到日本留学	观云	《极东问题之满洲问题》	《新民丛报》1903 年总第 35、36、37、38、39、40、41、42、43 号，1904 年第 46、47、48、51、52、55、56 号
			《国民的外交之时代》	《政论》1907 年第 2 号
			《订约权在朝廷之误想》	《政论》1907 年第 2 号
蒋方震	秀才，1901 年留学日本学习军事	飞生	《俄罗斯之东亚新政策》	《浙江潮》1903 年第 2 期

（续表）

作者	教育背景	笔名	文章	刊物
梁启超	举人，后游历日本	梁启超	《论民族竞争之大势》	《新民丛报》1902 年总第 2、3、4、5 号
			《日俄战役关于国际法上中国之地位及各种问题》	《新民丛报》1904 年总第 50 号
			《粤汉铁路交涉之警闻》	《新民丛报》1904 年总第 51 号
			《抵制禁约与中美国交之关系》	《新民丛报》1905 年总第 68 号
		远公	《中日改约问题与协定税率》	《新民丛报》1906 年总第 86 号
		饮冰	《旅顺逃窜俄舰之国际交涉》	《新民丛报》1904 年总第 52 号
			《治外法权与国民思想能力之关系》	《新民丛报》1905 年总第 64 号
			《关税权问题》	《新民丛报》1906 年总第 81 号
			《中日改约问题与最惠国条款》	《新民丛报》1906 年总第 85 号
		沧江	《锦爱铁路问题》	《国风报》1910 年第 3 期
			《满洲铁路中立问题》	《国风报》1910 年第 3 期
			《再论锦爱铁路问题》	《国风报》1910 年第 7 期
			《德国胶州湾增兵问题》	《国风报》1910 年第 19 期
			《中国外交方针私议》	《国风报》1910 年第 24、25 期
			《中俄交涉与时局之危机》	《国风报》1911 年第 2 期
			《对外与对内》	《国风报》1911 年第 13 期
黄节	受传统教育，出自经学简家，问学东名朝亮	黄节旭初群	《论公法之不可恃》	《新世界学报》1902 年第 3 号

作者	教育背景	笔名	文章	刊物
孙翼中	浙江绍兴人，是求是书院、东城学堂、兴艺学堂学生，曾在通艺学院任教，曾留学日本	独头	《国际法上之新国家观》	《浙江潮》1903 年第 9 期
留美学生学计会	留学美国	美国留学生学计会	《今日中国外交政策之方针》	《广益丛报》1910 年总第 237 期
汤叡	受业于康有为	明水	《新瓜分论》	《广益丛报》1910 年总第 248 期
		茶圃	《各国外交事件之大小观》	《国风报》1910 年第 28 期
			《日本之对外政策》	《国风报》1910 年第 34 期
			《今后之中葡交涉》	《国风报》1910 年第 26 期
			《三国输入外债问题》	《广益丛报》1911 年总第 283 期
孙中山	毕业于香港西医书院	逸仙	《支那保全分割合论》	《江苏》1903 年第 6 期
宋教仁	曾就读南京武普通学堂、漳江文普通学堂，1904 年留日	渔父	《政府借日本债款十兆圆论》	《民立报》1911 年 3 月 30 日
			《最近亚东二十年时局论》	《民立报》1911 年 3 月 25、27 日
		宋教仁	《二百年来俄患篇》	《民立报》1911 年 2 月 20、22、23、24、26、27、28，3 月 1、2、3 日
刘师培	博览传统典籍，旁及西方哲学	申叔	《中国对外思想之变迁》	《江苏》1904 年第 9、10 期合本
			《四国协约后之中国》	《申报》1907 年 11 月 29 日
			《论日美协约后东方之时局》	《申报》1908 年 12 月 17 日
杨毓辉	法政专业	杨毓辉	《论改籍协约为国际最要之问题》	《东方杂志》1908 年第 7 期

（续表）

作者	教育背景	笔名	文章	刊物
杜亚泉	少年博学，诗文甲午后自学，时经同书之学科然览午改之学科然	伧父	《论俄德协约》	《东方杂志》1911 年第 9 期
孔昭焱	日本法政大学毕业	希白	《上海领事裁判及会审制度》	《新民丛报》1906 年总第 73、74、75 号
周宏业	受业于康有为，后到日本游历	伯勋	《今后之满洲》	《新民丛报》1905 年总第 66、67 号
熊崇煦	附生、后在日本早稻田师范部学习	知白	《中亚问题与西藏问题之参究》	《新民丛报》1906 年总第 92 号
张大卓	江阴公立中学毕业、淮北	倚剑	《勉吾粤同胞挽救国权勿稍懈毅力》	《振华五日大事记》1907 年第 45 期
陶成章	曾在义塾读书、后留学日本	起东	《春秋列国国际法与近世国际法异同论》	《河南》1908 年第 2、3 期
余荣昌	在日本帝国大学学习	余荣昌	《战争与国际法》	《学海》1908 年第 2 号
胡汉民	举人、留学日本	汉民	《排外与国际法》	《民报》1906 年总第 4、6、7、8、9、10 号，1907 年总第 13 号
			《关于最近日清之谈判》	《民报》1905 年总第 1 号
			《清政府与华工禁约问题》	《民报》1905 年总第 1 号
		辨奸	《清俄谈判之延迟》	《民报》1906 年总第 4 号

（续表）

作者	教育背景	笔名	文章	刊物
蔡锷	秀才，后在东京大学同高等学校及东正学横滨商业学校学习	脊椎生	《云南外交之失败及挽回》	《云南》1907 年总第 4、5、6、8、9、11 号，1908 年第 12 号
孙家政	秀才	醒	《对付满洲铁路中立之方针》	《申报》1910 年 1 月 25 日
			《论中国今日之内情外势》	《申报》1909 年 11 月 24 日
			《论英美日三国将行联盟之关系》	《申报》1911 年 4 月 2 日
			《论不废鸦片条约禁烟万无收效》	《申报》1911 年 4 月 9 日
			《对于今岁内政外交之希望》	《申报》1910 年 2 月 13、14、15 日
王广圻	留学生	王广圻	《论中和交涉》	《申报》1911 年 2 月 25 日
孙东吴	英文翻译	东吴	《论外务部致豫抚电文》	《申报》1909 年 6 月 29 日
			《论中美联盟之机会》	《申报》1911 年 5 月 29 日
			《论美国争借粤汉路矿款事》	《申报》1909 年 7 月 15 日
邵羲	日本政法大学	邵羲	《论改订通商条约与中国前途之关系》	《外交报》1908 年总第 223、224、225 期
			《释势力范围之意义》	《外交报》1908 年总第 226 期
			《论政府亟宜制定国籍法》	《外交报》1908 年总第 229 期
			《论借外债筑路之利害》	《外交报》1909 年总第 232 期
			《论欧亚外交大局之趋势》	《外交报》1909 年总第 233、234、235 期
			《述英美二国于上海设立领事裁判权制度》	《外交报》1909 年总第 236 期
			《述国际法发达之由来》	《外交报》1909 年总第 241、242243、244 期
			《论日本对于大东沙岛不得主张先占之理》	《外交报》1909 年总第 247 期
			《论渤海湾渔业权》	《外交报》1910 年总第 283 期

（续表）

作者	教育背景	笔名	文章	刊物
陈彦彬	日本明治大学法学学士	陈彦彬	《论收回利权之宜有根本解决》	《外交报》1909 年总第 263、264 期
			《国际法上领空问题之趋势》	《外交报》1910 年总第 267、268、269 期
			《释国际法上干涉之范围》	《外交报》1910 年总第 270 期
雷瑨	举人	间	《论日本对付中国不宜太过》	《申报》1908 年 4 月 28 日
杭辛斋		夷则子	《论俄人密约之用意》	《大公报》1903 年 10 月 2 号
刘崇佑	举人，后在早稻田大学学习政法	刘崇佑	《论第二辰丸案敬告我国人》	《大公报》1908 年 4 月 12 日

主要资料来源：上海图书馆编：《中国近代期刊篇目汇录》，上海人民出版社 1965—1984 年版、张泰谷编：《笔名引得》，台湾文海出版社 1971 年版、陈玉堂编：《中国近现代人物名号大辞典》，浙江古籍出版社 1993 年版、徐友春主编：《民国人物大辞典》，河北人民出版社 1991 年版。

　　除了有名字、身份可考的作者外，清末报刊评论将近一半以上没有署名。由于报刊一般都有固定的作者群，由此也可以对评论作者进行大致判断。改良倾向比较明显的报刊有《新民丛报》、《国风报》、《政论》、《外交报》、《东方杂志》。其中，《外交报》是清末影响较大的外交类报刊，由张元济担任主编，其他分任撰述、译事、编辑的有蔡元培、赵从落、杜亚泉、温宗尧、徐珂、沈幼珊、王耕三、马裕藻等人，多为沪上硕彦或南洋公学成员。张荣华经过考证认为，张元济在《外交报》上发表了不少评论，未署名论文《〈外交报〉叙例》、《论民气之关系于外交》等重要文章出自于张元济之手。①《东方杂志》是清末影响比较大的期刊，专门辟有外交专栏，介绍外交动态、进行外交评论。《东方杂志》的主要撰稿人为徐珂、孟森、杜亚泉等。②《新民丛报》、《政论》由梁启超主办，刊登过不少有影响的外交评论，主要由梁启超、蒋智由等撰写。《申报》、《大公报》是清末发行量较大的商业报纸，其评论作者比较固定。从 1901 年到 1911 年长期

----

① 张荣华：《引导舆论与权力制衡的追求——张元济与〈外交报〉》，《编辑学刊》1996 年第 6 期。
② 方汉奇主编：《中国新闻事业通史》第 1 卷，中国人民大学出版社 1992 年版，第 763 页。

在《申报》担任笔政的人有金剑花、雷瑨、张墨、陈冷、孟森等人。而《大公报》则由英敛之兼总理、撰述、编辑等职务。在清末十年间，先后担任主笔的有：方守六、刘孟扬、黄与之、郭定森等人。① 此外，《时报》是近代中国颇有影响的大型日报，总主持为狄楚青。该报最富有特色的"时评"栏目，主要由陈景韩、雷继兴等编辑撰写。② 留学生创办的报刊在外交方面比较突出的有《政法学报》（最初创刊时名为《译书汇编》）。《政法学报》刊登了不少有关外交的评论，其主要撰稿人为戢翼翚、杨廷栋、杨荫杭、雷继兴等。③ 革命派报刊评论外交力度较大的有《民报》、《神州日报》、《民呼日报》、《民吁日报》、《警钟日报》等。《民报》大部分外交评论出自胡汉民之手。《神州日报》主要由杨笃生、王无生、于右任撰稿。《民呼日报》、《民吁日报》则主要由于右任、王无生等人撰写评论。④ 清末报刊评论虽然将近半数没有署名，但由于其有固定的运行机制，我们可以确定评论大都出自各报的主要撰稿人。

清末报刊评论作者群的知识结构呈现出中西合璧的特点，他们大都既具有传统文化素养、又具有近代西方知识。中西文化在他们各自知识结构中呈现的状态是不同的，或者近代西方文化知识居于主导地位，或者中国传统文化成分更多一些。

清末报刊评论作者都有一定的传统文化底蕴，熟知中国历史。他们大都在青少年时，受过传统文化的教育与熏陶，其中不乏科举出身者。蔡元培、张元济为进士；梁启超、于右任、汪康年、杨毓麟、胡汉民、杨度、蒋智由、吕志伊是举人；孟森、蔡锷、秦力山为秀才。清代科举考试主要内容为四书、五经，致力于科举者必须从小就学习《诗经》、《尚书》、《礼记》、《易经》、《春秋》等中国古代典籍，接受了较为完整的传统文化教育与熏陶，自然有较为深厚的传统文化底蕴。科举出身者在作者群中毕竟还是少数，大多数人主要通过私塾或者书院接受传统文化教育。私塾在晚清非常普遍。私塾教学内容主要为《三字经》、《千字文》、《百家姓》、《千家诗》以及四书、五经等传统文化典籍。晚清书院教育内容虽然已经发生了一些变化，增加了一部分西学知识，但总体来看还是以中国传统文化为主。在书院或者私塾读书无疑会积累一定的传统文化知识。

---

① 方汉奇主编：《中国新闻事业通史》第 1 卷，第 759 页。
② 包天笑：《钏影楼回忆录》，香港大华出版社 1971—1973 年版，第 407 页。
③ 冯自由：《革命逸史》初集，中华书局 1981 年版，第 99 页。
④ 方汉奇主编：《中国新闻事业通史》第 1 卷，第 868 页。

在接受传统文化的基础上，他们又通过不同的途径接受了近代西方文化。有的在国内外的新式学堂学习；有的通过自学的途径获取西学知识。他们大都有在国外留学、游学、考察和居住的历史，其中以在日本者居多。出国留学、游历使他们有更多的机会接触和深入了解西学，加深对西方资本主义文明的认识。甲午战争之后，日本由东方小国一跃成为资本主义强国，成为中国知识分子宣传与仿效的对象。日本与中国一衣带水，资费便宜，自然成为中国学生留学的首选国度。在日本的留学生，学习法律与政治的比较多。梁启超在1902年指出，留日学生所学者"政治也，法律也，经济也，武备也，此其最著者也。"① 如汤一鄂、邵羲、秦毓鎏、林白水、孟森、陈彦彬、孙观圻、王倬所学专业为法政。未习法政的知识分子，对西方近代政治法律知识大都有浓厚的兴趣。如梁启超，到达日本之后，阅读了大量的西方政治法律著作，创办《新民丛报》宣传新思想。留日学生戢翼翚、杨廷栋、杨荫杭、雷奋等，创办《译书汇编》，以发表政法论著为主，致力于宣传西方法律政治。在他们的主编下，刊登了孟德斯鸠《万法精理》、卢梭《民约论》、斯宾塞的《政治哲学》、伯伦知理的《国法泛论》、有贺长雄《近世政治史》、《近世外交史》、加藤弘之《物竞论》、井上毅《各国国民公私权考》等著作。总体来看，西方民主政治学说是评论作者知识结构的重要组成部分。他们大都读过卢梭的《民约论》，熟知天赋人权、自由平等、进化论等近代西方资产阶级政治学说，与传统士大夫的价值取向完全不同。旧式士大夫都希冀在封建统治结构中找到合适的位置，以经义说解来帮助封建统治者驾驭民众，以此来实现其价值。所谓"立德"、"立功"、"立言"、"不废"，乃是旧式士大夫最高的境界。而评论作者群大都属于新式知识分子，价值取向有了根本的变化。他们独立性较强，致力于建立近代国家、追求自由、民主与独立。

报刊评论作者群在政治派别上呈现出多元化的趋势：既有立宪派又有革命派、还有无政府主义者和无党派人士。总体来看，报刊评论的作者有不少人分属于资产阶级革命派和改良派这两大政党。革命派知识分子有胡汉民、蔡锷、于右任、孙中山、宋教仁、陶成章等。立宪派有梁启超、蒋智由、张元济、严复等人。除了这两大派别外，无党派人士也占有一定份额，不过相对于这两大派系来说，所占比例较小。在政治态度上，他们基本上可以分为两种趋向：革命与立宪。20世纪初年，革命与立宪已经成为中国思想界的两大潮流，在知识分子中

---

① 梁启超：《敬告留学生诸君》，《饮冰室合集》第2册文集之11，第22页。

有着广泛的影响。虽然有些无党派人士并没有隶属于任何派别，但大多倾向于立宪。

　　通过对清末报刊评论的主要形式、稿件来源以及作者群进行分析，可以得出，清末报刊评论在当时具有多元化的特征，传递出了不同政治派别知识分子的观念。评论的作者群已经不限于地域界限，而以政治纽带与商业纽带或者共同的价值观结合在一起，这表明报刊已经成为沟通政府与社会的第三种力量。清末报刊评论在报刊编辑中居于非常重要的地位，这是中国民间力量初步登上政治舞台必然性所致。古代中国一直实行高度集权的君主专制制度，建立了由中央到地方的严密的社会控制系统，并没有独立于国家之外并与之相抗衡的社会力量。20世纪初年随着新政的实行，传统的社会结构有所松动。随着清政府控制力的削弱，各种社会团体纷纷涌现，并通过大众传媒发表自己的政治文化主张。清末报刊评论的繁荣是近代文化发展的必然，是近代大众传媒日益民间化与普及化的重要表现。

第二章　从天下中心到丛林世界：
报刊评论视野下的国际观念

中国传统的世界秩序观念以和谐为主旨。甲午战争之后，在严重的民族危机意识中，传统的王道与德化理念并不适合民族的生存，进化论的传入为中国人解释世界提供了一种有效的工具。在清末报人利用进化论、帝国主义等西方理论描述世界的过程中，原来模糊的"天下"在中国人的视野中越来越清晰。从天朝上国跌落到世界弱国的残酷现实，让中国人彻底从世界中心的传统观念中警醒。随着中国屈从于西方国际关系体系，以和谐为主旨的国际观念逐渐让位于丛林秩序观，以德性为基础的世界秩序观念被彻底解构了。

第一节　词汇演变：国人世界观念变化的微观考察

词汇在观念表达中占有重要地位，是人们传播思想的基本单位。词汇使用的变化可以清晰地反映出思想观念的变化，这在社会转型时期表现得尤为显著。因此，考察整个社会的思想状态首先应该注意词汇的变化。清末国人描述世界形势的词汇有着自身的特点。20 世纪初年，西方政治法律知识在中国的广泛传播，使得清末报刊舆论描述世界的语汇更加具有现代性与科学性。为了能够凸显清末国人描述世界词汇的特点，现将整个晚清的国际关系词汇作一考察。

一、20 世纪之前的国际关系词汇

鸦片战争之前，清朝在对外关系上实行朝贡体制。华夷观念是中国人描述世界局势的固定思维方式。在中国人的视野中，世界格局是简单的，只有华夷之区分，而没有近代复杂的国家关系。中国人习惯将中国称为"天朝"、"天朝上国"，而将中国以外的国家称为"夷狄"、"蛮夷"、"藩国"、"戎"、"逆夷"、"番鬼"等。其中，"夷"和"夏"是最基本的词汇。"夷"从最初的字义上讲，

乃带弓之人，后来指华夏族或汉族之外的其他众多民族。由于汉族长期以来在经济、文化、政治等方面处于优势地位，因此在历史发展中，"夷"逐渐带有贬义。孔子认为："夷狄之有君，不如诸夏之亡也"①。孟子也指出："吾闻用夏变夷者，未闻变于夷者也。"② 在华夏族的眼里，"夷"是不知礼仪的野蛮人。明朝西方传教士东来之后，中国人将西方各国称为"泰西"。"泰西"，即遥远的西方之义。同样，中国人也将"泰西"各国列入"夷"的范围之内。

　　鸦片战争之后，西方列强的船坚炮利给中国人造成了强烈的震撼，但大多数中国人仍然用华夷对立的语汇来描述世界。在鸦片战争之后很长一段时间内，此种情况都没有大的变化。如姚莹在《康輶纪行》中将外国视为"鬼蜮"。在与西方仓促遭遇的年代，深受华夷观念影响的中国人不可能在较短的时间内建立一套新的解说话语。在鸦片战争之后的一段时期里，国人基本局限于对世界地理格局的描述，而未能对国际社会进行更深入的分析。翻检第二次鸦片战争前人们遗留下来的奏折、文集等资料，"夷"、"番鬼"等词语比比皆是，就连清政府办理外国事务的奏折、上谕等，都命名为《筹办夷务始末》。由此可见，华夷对立的思维在当时中国的影响之大。英国对"夷"的称谓颇为不满，认为"夷"带有鄙视的口吻。于是，在1858年6月26日签订的中英《天津条约》中，明确规定："嗣后各式公文，无论京外，内叙大英国官民，自不得提书'夷'字"③。虽然在条约中对此做了规定，但是直到19世纪70年代中期，仍有人称西方各国为"夷"。

　　第二次鸦片战争之后，随着中国人对世界了解逐步增多，他们描述世界的词汇也发生了相应变化。虽然称西方为"夷"者仍然存在，但是"泰西"、"西洋各国"的使用也在逐渐增多。"泰西"最初只是单纯表示地理方位的名词。"泰西"一词早在《北史·杜弼传》中就已经出现："仪同窦泰西伐，诏弼监军。"④ "泰西"主要指西方，只是一个粗略的方位词。此后，《明史·艺文志三》曾经提到利玛窦所带来的"《泰西水法》六卷。"⑤ 在此处，"泰西"一词主要指欧洲各国。"泰西"在明朝运用并不广泛，在清朝也是如此。人们在指称这些国家时，

---

①　朱熹：《四书章句集注·论语集注》，岳麓书社1985年版，第68页。

②　朱熹：《四书章句集注·孟子集注》，第323页。

③　王铁崖编：《中外旧约章汇编》第一册，三联书店1982年版，第102页。

④　李延寿：《北史》第7册卷55《杜弼传》，中华书局1974年版，第1986页。

⑤　张廷玉：《明史》第8册卷98《艺文志》，中华书局1974年版，第3439页。

还是习惯用"夷"或者"番"等词汇。第二次鸦片战争之后，"泰西"、"西洋"等词汇的使用明显增多，而且在词义上也发生了变化。"泰西"、"西洋"已经没有贬义，不再属于"夷"的范围。在中国传统国际视野里，世界是华夷二元对立的格局，凡是华夏民族以外的民族都属于"夷"的范畴。历代中国史书在提及少数民族时便将其另放一类加以介绍，如《隋书》有东夷、南蛮、北狄传。随着历史的发展，"夷"字已经在人们心目中沉淀为一种固定的文化心理，"泰西"、"西洋各国"、"欧西"等词汇使用的增多与词义上的变化，表明了中国人的文化心理有了转变。除了对欧洲各国的称呼有所变化，人们还用"中外联属"、"春秋"、"战国"来描述变化了的世界形势。如薛福成认为，中国现在由"华夷隔绝之天下，一变为中外联属之天下"①。郑观应指出："夫地球圆体，既无东西，何有中边。同居覆载之中，奚必强分夷夏。"② 对以华夷秩序来描述世界的话语进行了批评。春秋战国是大变动的历史时期，中国在晚清的衰落地位和历史上的东周有着相似之处，因此，人们用"春秋战国"这一话语来解释当前的世界形势。王韬认为西方各国"几有与中国鼎立之势，而有似春秋战国时之列国。"③彭玉麟说："当今日之时势，强邻日逼，俨然成战国之局，虽孔孟复生，亦不能不因时而变矣。"④ 一位不知名的士人指出："按泰西大小各国以数十计，而不能统一于一尊。最大者为俄，为英，为法，为美，而普鲁士后出，亦其间，与中土从前之战国绝相似。"⑤ 中国向有以史鉴今的传统，西方资本主义各国争雄世界的形势，自然使得中国人想到了春秋战国。王尔敏解释道："将 19 世纪世界和春秋战国比较，乃反映一种新的国际意识，自然地放下中国中心观念，以古史的镜子，重新思考中国所面对的新世界。……从这种历史比较，以至于古代邦交经验的参考引用，却正是由中国中心的国际观念转变为对等国际观念的一个天然的有效通道。"⑥ 以春秋战国来描述世界，表明了中国人承认了从天朝上国跌落的这一事实，同时也表明了华夷观念已经开始崩溃。

---

① 丁凤麟、王欣之编：《薛福成选集》，上海人民出版社 1987 年版，第 555 页。

② 郑观应：《论公法》，夏东元编：《郑观应集》上册，上海人民出版社 1982 年版，第 67 页。

③ 王韬：《变法自强下》，王韬：《弢园文录外编》，上海书店出版社 2002 年版，第 32—33 页。

④ 彭玉麟：《盛世危言》"彭序"，夏东元编：《郑观应集》上册，上海人民出版社 1982 年版，第 227 页。

⑤ 殷兆镛：《密陈夷务疏》，葛士濬：《皇朝经世文续编》卷 101，台湾文海出版社 1972 年版，第 9 页。

⑥ 王尔敏：《十九世纪中国士大夫对中西关系之理解及衍生之新观念》，《中国近代思想史论》，第 21—22 页。

　　甲午战争之后，华夷二元对立的词汇虽然已经处于衰落地位，但并没有在中国人的话语系统中彻底消失。战后日本作为一个强国进入了中国人的视野，但仍有人在谈到日本时称其为"倭"。"倭"作为"夷"的一种，表现了国人以天朝大国自居的文化心态，即使甲午中战败，此种文化情结也一下难以消除殆尽。但总体来看，"夷"在整个中国人的世界词汇中已经微乎其微了。与此同时，"泰西"、"西洋各国"、"西洋"等词汇居于主导地位，以"强国"、"列强"指称英、法、美、德、日等资本主义国家的现象也开始增多。在描述世界形势方面，除了"春秋战国"这一词汇之外，"瓜分"一词也是这一时期的主流话语。

　　"西洋各国"、"西洋"、"泰西"等词语在描述西方资本主义国家时被广泛运用，这表明国人的华夷观念发生了根本变化。"列强"、"强国"词汇的使用开始增加，表明中国人对西方国家强势地位的认同和对自身弱国地位的定位。"列强"、"强国"等词语渗透着浓厚的危机意识，表明了国人对世界大势有了比较清晰的认识。在描述世界形势上，"春秋战国"以及"弱肉强食"是此时期中国人的主流话语。自从第二次鸦片战争之后，国人便开始以春秋战国来比附现实，这一描述世界形势的话语在甲午之后仍占主导地位。翻检甲午之后的报刊、文集，时人以"春秋战国"一词解释世界者比比皆是。《申报》论说中以春秋战国来描绘世界形势者很多，如"欧西列邦，出其全力，约纵连横，冀与俄抗然"[1]；"今天下时势一如战国，战国之世将以兵战，士以舌战"[2]；"夫今日泰西大局，大小相维，强弱相制，绝似周末战国形势"[3]；"时局又与春秋相仿"[4] 等。这表明以春秋战国来解释世界形势的变化在当时相当普遍。除了以传统史例解释世界外，用进化论观察世界各国也是当时描绘世界的一种重要方式。"竞争"、"弱肉强食之世界"、"瓜分"等词汇在当时较为流行。如，"世界竞争之运，至今日而极矣"[5]；"瓜分之图，腾布宇内"[6]；"彰彰西报日播瓜分之谣，渺渺中州将踵波兰之辙"[7]；"瓜分在即，罔知死所"[8] 等。"竞争"、"瓜分"等词汇在报章的广

---

① 《论英俄不洽非中国之福》，《申报》1898 年 8 月 14 日。

② 《阅报纪俄人之论有感而书》，《申报》1898 年 1 月 19 日。

③ 《论瓜分中国非泰西各国之本心》，《申报》1898 年 9 月 16 日。

④ 《论俄法同盟为德国所忌》，《申报》1898 年 10 月 28 日。

⑤ 梁启超：《论近世国民竞争之大势及中国前途》，《饮冰室合集》第一册文集之 4，第 57 页。

⑥ 《论阻挠新法》，《申报》1898 年 9 月 6 日。

⑦ 《八月六日朝变十大可痛说》，《知新报》1898 年总第 74 册。

⑧ 《联英策》，中国史学会主编：《戊戌变法》（3），上海书店出版社 2000 年版，第 92 页。

泛运用充分表明了中国人的危机意识，传递出了亡国的紧迫感。甲午战争将清王朝的天朝迷梦彻底击碎了，对弱肉强食、丛林法则的认同使国人意识到中国所面临的异常危险的国际形势。时人认为中国在世界中没有优越感，已经沦为了一个贫弱不堪的国家。

综上所述，20 世纪之前国人描述世界的词汇发生了巨大变化，表示华夷观念的词汇已逐渐退出国人的话语系统，国人国际观念的古代色彩在渐渐变化。与此相适应，国人对近代世界形势的认识日渐清晰，对中国的地位也有较为准确的定位。这是我们考察清末国人国际关系词汇的起点。

二、20 世纪初报刊评论中的国际关系词汇

八国联军侵华战争再次给中国人以沉重的打击，透过列强的炮火让人们看到一个即将灭亡的中国。在 20 世纪初年救亡图存的呼号中，不仅知识分子大量译介西方政治学说，宣传自由民权，清政府也在有限度地推行宪政、废科举、倡留学。在人心思变的社会背景下，中国人的国际词汇也发生了变化，最为显著之处表现在能够准确应用西方国际政治词汇分析世界形势。"国民外交"、"帝国主义"、"强权"、"同盟"、"协约"词汇的流行表明中国人国际政治观念有了巨大的进步。

20 世纪初年，清末报刊中充满危机意识的词汇明显增多，用"列强"来指称西方各国的现象比较普遍。"列强"一词在甲午战争之后开始使用，到 20 世纪初年得到普遍应用。这表明在经历了甲午战争、八国联军之役后，国人对自己的弱国地位有更加清醒的认识。清末报刊评论中"列强"一词比比皆是，成为当时指称欧美各强国与日本的代名词。"列强"一词使用的普遍性从报刊评论的标题上即可以看出，如仅仅以《东方杂志》为例：

《论太平洋列强之势力》，1904 年第 8 期；

《论列强将变均势之说为纷争》，1904 年第 9 期；

《中国宜设法使列强不干涉远东》，1904 年第 6 期；

《论日胜俄后列强于东亚之现象》，1905 年第 9 期；

《论列强瓜分中国之势已成》，1907 年第 8 期；

《论列强竞争之前途与应付之办法》，1908 年第 12 期；

《欧美列强海政论》，1910 年第 1 期；

《列强海面权力说》，1910 年第 2 期。

从文章题目不难看出"列强"一词使用之频繁。翻检清末报刊评论，"列强"一词更是普遍："列强在中国实行强权"①；"弱肉强食之世界"②；"今日为列强角逐之世界"③。在国人眼中，"列强"包括英国、法国、德国、俄国、美国、意大利、日本这几个主要资本主义国家。"列强"一词不仅传递出国人对西方各国的强势地位认同，也隐含着对自身弱国地位的反省。《辛丑条约》签订之后，中国的国际地位日益沉沦，形成了各帝国主义国家协同侵略中国的局面。中国被瓜分被宰割的地位使国人意识到异常严峻的国际形势，从而对自身的国际地位有了更加清晰的定位。

国人在用"列强"指称 20 世纪主要资本主义国家的同时，还用"帝国主义"、"强权"来渲染世界列强的现实威胁。在对国际大势的描述中，"帝国主义"和"强权政治"成为最常用的语汇。"帝国主义"是近代以来才出现的新名词。人们最初以"帝国主义"来"称呼法国拿破仑三世（路易·波拿巴）的扩张主义。"④ 19 世纪末，资本主义自由竞争为垄断所取代，欧美政界、外交界、思想界遂广泛把帝国主义看作是解决国内政治危机、经济危机、社会危机的办法。清末国人对帝国主义一词做了诸多解释：

《开智录》最早对"帝国主义"一词进行解释："帝国主义之名，何自昉乎？乃起于当时拿破仑党之欲谋恢复帝政，故称其主义为 Imperialism（Opiniondesimperialistes），此真帝国主义也。至今日之所谓帝国主义，实大有不同。如北亚美利加洲所行之帝国主义，乃膨胀主义也，扩张版图主义也，侵略主义也。总而言之，今世界之帝国主义，实狄塔偏 DickTurpin 主义，即强盗主义也。"⑤《开智录》不仅解释了"帝国主义"一词的最初意义，而且指出侵略与掠夺是帝国主义的本质。

《外交报》刊登了《世界政策》一文，对"帝国主义"一词进行了介绍："'世界政策'，原文作 Weltpelitik，德人最所喜用新词也，此字创见未久，其解说言人言殊，与所谓 Imperialism 译为帝国主义者相似，或谓殖民，或谓保商，或

①　《时报》1904 年 12 月 13 日。

②　《论二十世纪国际竞争败胜之总原因及中国于世界上之位置》，《东方杂志》1907 年第 8 期。

③　《中国外交家请注意》，《大公报》1905 年 3 月 30 日。

④　卢明华著：《当代国际关系理论和实践》，南京大学出版社 1998 年版，第 87 页。

⑤　《论帝国主义之发达及二十世纪世界之前途》，张枬、王忍之编：《辛亥革命前十年间时论选集》第一卷上册，三联书 1978 年第 2 版，第 53 页。

谓侵袭工业，或云扩充属土，甚有谓兼此数端者。"① 此后，在《读埃及近世史感言》中进一步对其进行了解释："欧洲有新名词曰'帝国主义'，曰'民族主义'，今之言政治学者，莫不宗尚之矣。呜呼！其亦知此两言者，即欧人兼并弱国，歼除异族之具乎？帝国主义以推广势力为尚，故不妨逞强以凌弱。"② 从《外交报》的解释来看，他们认为帝国主义的本质是通过在国外殖民、扩张领土、商业利益等手段进行侵略。

《湖北学生界》认为："帝国主义者何？即野蛮人无开发土地富源之能力，文明人必须代为开拓之；又曰优等人种虐待劣等人种，为人道之当然着是也。各国挟此主义如贪狼饿虎，四处搜索，不顾天理，不依公法，而惟以强权竞争为独一无二之目的，杀人如草不闻声，此帝国主义之本领也。"③ 同样，他们将帝国主义的本质归结为强权和侵略。

《新民丛报》提出了民族帝国主义的概念："民族帝国主义者何？其国民之实力，充于内而不得溢于外，于是汲汲焉求扩张权力于它地，以为我尾闾，其下手也，或以兵力，或以商务，或以工业，或以教会，而一用政策以指挥调护之也。"④

《国风报》解释道："近世有一至可畏怖之名词，日悬于各国政治家之口者，则'帝国主义'是也！'帝国主义'之解释，虽言人人殊，语其概要，则国家务扩张其政治的及生计的领域而已。"⑤"盖今日之帝国主义，其动机虽起于生计的攘夺，其结果必归于政治的侵略。"⑥

《国民日日报》指出："世界中所谓'帝国'、'民族'、'民族帝国'种种主义，无一非自强盗主义胚胎而成。强盗主义者，粗用之，则为强盗；精用之，则所谓武装和平，无施而不可者。"⑦

《浙江潮》认为："帝国主义者，民族主义为其父，经济膨胀之风潮为其母也。"⑧

① 《论世界政策》，《外交报》1903 年总第 34 期。
② 《读埃及近世史感言》，《外交报》1903 年总第 46 期。
③ 《论中国之前途及国民应尽之责任》，《湖北学生界》1903 年第 3 期。
④ 《新民说》，《新民丛报》1902 年总第 1 期。
⑤ 《日本之对外政策》，《国风报》1910 年第 34 号。
⑥ 《日本之对外政策》，《国风报》1910 年第 34 号。
⑦ 《箴奴隶》，《国民日日报》1903 年第 8 号。
⑧ 《国魂篇》，《浙江潮》1903 年第 1 期。

由以上材料不难看出，知识分子虽然对"帝国主义"一词的解释存在差异，但是，他们对帝国主义的本质概括基本一致：帝国主义就是资本主义强国在全世界范围内运用军事、经济等手段扩张势力，其本质是侵略主义。他们基本上准确地诠释了帝国主义的本质。19世纪末20世纪初，是世界各主要资本主义国家疯狂扩张的年代，清末"帝国主义"一词的流行表明了知识分子能够及时把握西方思想潮流，能够及时对西方国家侵略方式进行政治学理的把握。"帝国主义"一词的引入和运用，是国人在国际政治观念上的一大进步，表明国人除了从国力认识各列强之外，而且还从本质上把握世界各资本主义国家的共同特征，对世界政治有了更加科学理性的认识。

除了用"帝国主义"来描绘世界政治外，时人还用"强权"来解释国际竞争的本质。他们认为20世纪的世界是强权世界，此种表述在报刊中比比皆是："已酿一强权世界"①；"呜呼！生存竞争之剧烈，优胜劣败之确凿，而强权世界之可畏"②；"居此有强权无公理之时代，与帝国主义之民族相遇，安所往而不居劣败之数耶"③；"天下谁谓有公理哉？强权而已"④ 等。20世纪初年，列强环伺的国际形势加重了中国人的危机感。他们以进化论观察时事，认为当今世界各资本主义国家在全世界范围内占领殖民地、划分势力范围，弱国面临着被强国灭亡的危险，世界处于强权主导的时代。在此时代中，国际社会的规则体现为国家的实力，强权是维系国际社会的重要依据。

20世纪初年，英、俄、法、美、德等资本主义国家，在全世界范围内抢占殖民地、划分势力范围。他们为了维护各自的利益互相缔结条约，形成了各种错综复杂的外交关系。报刊在描述世界各国纷争离合的关系时，经常采用的词语是"同盟"与"协约"。

"同盟"、"协约"早在甲午战争时期就已经见诸报端，但其盛行是在20世纪初年。"同盟"一词在中国古代指共同盟会之意，如"伐宋，以其不同盟。"⑤到了甲午战争之后，"同盟"一词基本与古语意思相同，指结盟之意。"协约"基本与"同盟"意义相同。20世纪初年，"同盟"、"协约"除了指各国结盟的

---

① 《论国权之关系》，《汇报》1905年2月21日。
② 《论世界惟有强权》，《大公报》1905年1月25日。
③ 《俄人干预兵权之恶感》，《通学报》1906年总第25册。
④ 《论俄公使诘责外部》，《申报》1906年12月2日。
⑤ 《史记》第2册卷14《十二诸侯年表第二》，中华书局1974年版，第593页。

外交关系外，还有指帝国主义的侵略方式之意。清末报刊中关于"同盟"、"协约"的解释很多：

《外交报》认为："协约者，战争之新法也，强国之战弱国也。"①

《夏声》指出："吾国甲午战后，瓜分极盛之时代也；庚子以降，为保全侵略两派竞争时代也；日俄战局告终，则又变而为协约时代矣。盖列强深恐中国利权为甲国所独占垄断，乙、丙等国不得援机会均等，利益均沾之利，则愁云杀气，暗中潜伏，鹬蚌相争，终非各国之福。故视线既皆倾注于一途，遂求所以实行保全，实行均势。各国势力范围之确定，同认为彼此权利之所在，互相默契，而不妨碍进行之方法。即使偶有祸机伏在之处，亦无不为之预防其危险，而期保证其和平。一言蔽之，欲免其政治上、经济上、军事上竞争经营之冲突耳，必经此数层阶级而始发明其灭国新，新名词'协约'二字者，亦灭国新法进化之公例使然。"②

再如《申报》也评论道："呜呼！观于法日协商、日俄协商、英俄协商，亦可以察世界之潮流矣。今日之时代，一协约极盛之时代也。由同盟而生协约，又由协约而生协约，苟有危机伏在之处，无不为之预防其危险，而期保证其平和。"③

《国风报》指出："今日所谓世界和平者，一言以蔽之曰，此列强均势之别名也。有誉之为正义公正之和平者，有诽之为腐败秽浊之和平者，随各人所观而异。故权利平均之说，谓能防止世界之动乱，不论何人不能定之。又今日之所谓确保均势，交换利益者，非恃'协约'之新名词以维持现状乎？"④

通过以上材料不难看出，清末国人将"协约"与"同盟"引申为列强扩张势力的一种方法，与古意相比有所变化。"协约"、"同盟"二词的流行表明了中国人国际观念的变化。中国古代在描述纷繁复杂的外交关系时，经常使用"合纵"、"连横"、"远交近攻"等词。"合纵连横"是战国中后期各诸侯国为争取盟国，孤立敌国，对夹在中间的国家实行分化瓦解的外交策略。通常情况下，所谓"合纵"，指苏秦游说六国诸侯联合拒秦；所谓"连横"，指张仪游说各诸侯事秦。清末国人在描述列强之间的纷争关系时，用"同盟"与"协约"代替了传

---

① 《论法日协约之可危》，《外交报》1907 年总第 175 期。
② 《日法日俄英俄协约关系中国及西北之危机》，《夏声》1908 年第 1 号。
③ 《论各国协约》，《申报》1907 年 10 月 4 日。
④ 《各国外交事件之大小观》，《国风报》1910 年第 28 号。

统的"合纵"、"连横"，成为他们阐述国际关系的常用词汇。这不仅表明了国人对西方国际政治词汇的吸收与运用非常迅速，而且还反映出他们对西方国际观念的认同。

黄兴涛认为："从思维方式和基本价值观念变化的角度，来探究中国近代思想史或现代思想在中国的兴起史，实不能不在一定程度上优先考虑近代中国新名词的大量产生、传播及其功能问题。这是因为，就其大众化、社会化效应而言，近代中国人思维方式和基本价值观念的变化，可能正开始于和被强化于大量带有'现代性'品格的各种新名词的流行与潜移默化，尤其是双音节以上的词汇和抽象概念的大量引入、创造、广泛传播与社会认同之中。"① 同样，解读国人国际观念的变化也应该重视他们描述世界词汇的变化。清末"帝国主义"、"强权"、"协约"、"同盟"等属于西方文明体系词语的流行，表明了国人描述世界的词汇更加科学和具有现代性。这显示出中国人国际观念深层次的变化：中国传统国际观念已经走向崩溃，近代国际观念在逐渐占据主导地位。

第二节　清末报刊评论中的国际观念

一、强权与秩序：国际秩序观

在以中国为中心的东亚朝贡体制中，儒家的礼仪和文化是维系国际社会的主要原则，整个国际社会以和平为主旨。庚子国变以后，中国面临着日益危急的国际局势，这对中国人造成了强烈的震撼，从而使他们的国际秩序观念发生了很大的变化，主要有以下方面：

（一）竞争：维护世界秩序的丛林规则

现代世界体系主要以 16 世纪之后诞生的欧洲近代国际体系为原型发展起来的。"欧洲近代体系以国家主权、国际法、势力均衡为其理论基石"②，这一体系经过内部的演变发展，最终瓦解了古代世界的国际关系格局，扩展为全球性的国

---

① 黄兴涛：《近代中国新名词的思想史意义发微——兼谈对"一般思想史"之认识》，《开放时代》2003 年第 4 期。

② ［日］山本吉宣编，王志安译：《国际政治理论》，三联书店 1993 年版，第 14 页。

际体系。现代以主权国家为单位构成的民族国家体系是一种多元和充满竞争的国际体系。20 世纪初年，报刊舆论对这一无政府状态的世界秩序有着清醒认识。人们认识这一世界秩序所借助的理论是社会进化论。纵观清末报刊评论，无处不渗透着进化论的影子，通过进化论来解释世界成为清末国人世界秩序观的一个重要内容。

甲午战争之后，进化论开始在中国广泛传播，这引起了中国思想界的强烈震动。"优胜劣汰"、"适者生存"成为了思想界的主流话语，影响非常广泛。《东方杂志》的一篇评论描述了进化论在中国思想界引起的震撼。"自吾国士夫歆新学，读译籍，得天演之说，于是'物竞天择'、'优胜劣败'、'自然淘汰'、'适者生存'等语，遂宣传于学子之口。而报纸之论说、青年之课文，或开卷以此为大前提，或结论以此为总段案。其学说播布之广，流传之速，出人意外。至于今日，谓天演之说，支配学界全体之思想，殆非过论。"① 清末中国空前的民族危机，使进化论有更广阔的传播空间，成为国人观察世界的重要理论依据。

清末报刊舆论的主流观点是：现在是一个弱肉强食的世界，充满了激烈的竞争。如《东方杂志》指出："二十世纪之国际竞争为尤烈"②，"盖优胜劣败者，天演之公例，强存弱亡者，世界之常情。"③《通学报》慨叹道："呜呼！处竞争剧烈世界，物竞天择，适者生存，以故列强莫不虎视眈眈，求伸势力于东方大陆。"④《夏声》杂志有评论指出："处此天演竞争剧烈场中，优胜劣败，适者生存。"⑤《中国日报》评论道："天演竞争，优胜劣败，列强帝国主义，膨胀大陆，各伸其外交手段，以攫人利权，占人土地，为彼殖民地之政策。"⑥ 当时发行量较大的《申报》、《大公报》，认为世界充满激烈竞争的话语比比皆是。

资料内容	来源
寰球竞争之世界。	《论国民义务之范围》，《大公报》1906 年 11 月 29 日。

① 《论二十世纪国际竞争败胜之总原因及中国于世界上之位置》，《东方杂志》1907 年第 8 期。
② 《论二十世纪国际竞争败胜之总原因及中国于世界上之位置》，《东方杂志》1907 年第 8 期。
③ 《对于英日新协约之感言》，《大公报》1911 年 7 月 21 日。
④ 《俄人干预兵权之恶感》，《通学报》1906 年总第 25 册。
⑤ 《日法日俄英俄协约关系中国及西北之危机》，《夏声》1908 年第 1 号。
⑥ 《粤隶对于澳门地界办法之迟缓》，《中国日报》1907 年 12 月 2 日。

（续表）

资料内容	来源
盖优胜劣败者，天演之公例，强存弱亡者，世界之常情。	《对于英日新协约之感言》，《大公报》1911年7月21日。
呜呼！生存竞争之剧烈，优胜劣败之确凿，而强权世界之可畏。	《论世界惟有强权》，《大公报》1905年1月25日。
弱肉强食，日促天地开明发泄之机，欧风亚雨，半由豪侠心血熔铸而来，既已国于天地，即当随物竞进化之例以与世界相争，有背此公例者，必至绝其根。	《论政府急宜召集国会》，《大公报》1908年5月13日。
今之天下为弱肉强食之时代，欧洲诸强国恃其内界膨胀之力，一意注重于亚洲大陆之东方。	《中国衰弱非日本之福说》，《大公报》1904年9月11日。
今之世非弱肉强食，优胜劣败之世哉！	《公法关系论》，《申报》1903年10月9日。
思当此优胜劣败，弱肉强食之顷，惟势均力敌者可以互相联盟。	《悲无人》，《大公报》1903年9月6日。
鉴于进化之原理，天演之公例，知坚执古法，泥守祖制之不足与列强竞争也！	《论世界今日之真相》，《大公报》1909年12月9日。

从以上材料可以看出，清末国人认为世界充满了激烈的竞争，优胜劣败是国际社会的根本准则，整个国际社会呈现出无政府状态。在社会进化论的视野下，竞争和弱肉强食是世界的常态，这与中国传统的国际秩序观念形成了巨大的反差。

在中国传统的国际观念中，崇尚和谐有序的国际秩序，儒家文化和礼仪是维护世界秩序的主要原则，此种国际秩序观念在中国有着很深刻的思想渊源。孔子思想中便蕴含着"仁"的国际观念。如《中庸》中便有"柔远人则四方归之，怀诸侯则天下畏之"。"送往迎来，嘉善而矜不能，所以柔远人也；继绝世，举废国，治乱持危，朝聘以时，厚往而薄来，所以怀诸侯也。"① 主张通过德与仁的原则达到世界和平的理想境界。孟子的国际关系思想也以"崇王道，抑霸道"为主流，如"不仁而得国者，有之矣；不仁而得天下，未之有也。"② 孔孟思想对中国的国际秩序观念影响很大，成为汉代以后中国对外观念的主流。自从秦汉大

---

① 朱熹：《四书集注·中庸章句》第19章，第48—49页。
② 朱熹：《四书集注·孟子集注·尽心下》，第464页。

一统之后，中国在对外关系上实行朝贡制度。此种制度从秦汉时期开始，经过隋唐时期的发展，直到明清时期进入完善期。清朝时，浩罕、阿富汗、塔什干、朝鲜、安南、琉球、缅甸、暹罗、苏禄等国定时向中国进贡。在强大的中央王朝周围，很少有与其抗衡的民族国家。正是这一历史原因，使中国人有着优越感，认为自己是秩序的体现者，在其观念中缺乏强烈的国际竞争意识。中国古代虽然与周边国家也曾有过冲突与竞争，但这种竞争因民族之间的联系不普遍而有很大的间隙性、短暂性。在朝贡体制中，中国的地位长期保持稳定，是东亚国际社会的秩序象征和权威体现。凡是被纳入中国朝贡体制的国家，都必须定期向中国朝贡，接受中国皇帝的册封。在这一国际秩序中，中国虽然是国际社会的权威，但中国并不崇尚武力与霸道，"和平"维护等差有序的世界秩序是其主流。滨下武志认为："中华世界秩序的前提是将德治视为至高无上。""尤其皇帝是德治的体现，其威光四及，沐浴其恩惠者便自发地纳贡，这种中华理念也可以认为是一种世界秩序观。"① 这一崇尚和平的国际观念在清末彻底瓦解了，让位于以丛林规则和崇尚实力为主要特征的国际秩序理念。在清末国人的观念中，世界没有秩序，弱肉强食、优胜劣败是国际社会的生存准则。从和谐有序的国际秩序观转向以丛林规则为特征的国际秩序理念，表明了国人对西方国际观念的进一步接受。"无政府状态是西方国际关系理论主流学派的一个基本假设，也是多数西方学者思考国际关系理论的一个出发点。"② 如"霍布斯传统把国际关系看作是处于《利维坦》中所描述的自然状态中的一种所有人反对所有人的战争状态。国际关系是一个每个国家都在其中依据零和博弈论规则反对所有其他国家的竞技场。"③清末国人对国际社会无政府状态的认同表明其国际观念与西方主流观念趋同，在逐渐实现国际秩序观念从传统向近代的转变。

近代资本主义向全球发展，推动着民族竞争向全球性、经常性、普遍性、持久性和内容多样性方向转化。随着资本主义国家在全球的扩张，国家间竞争日益激烈。正是在此背景下，国人普遍运用进化论来解释国际社会、人类社会发展过程。在进化论的影响下，世界在国人眼中是无序的，国家在国际中的地位要通过

---

① 山本吉宣编：《国际政治理论》，三联书店 1993 年版，第 54 页。

② 叶自成：《自律、和谐、有序：关于老子无政府状态高级形式的假设》，《国际政治研究》2002 年第 1 期。

③ [美] 熊玠著，余逊达、张铁军译：《无政府状态与世界秩序》，浙江人民出版社 2001 年版，第 214 页。

激烈的竞争来实现，这成为清末报刊解读国际秩序的主流。清末报刊用社会达尔文主义解释世界的发展与变化，从根本上偏离了人类社会的公平和正义，有其自身的局限性。但是，在资本主义大肆扩张时期，这能够更大程度地激发中国人的国际竞争意识，避免被瓜分的危险。

（二）强权与公理：对国际秩序的矛盾心态

20世纪初年，世界各主要资本主义国家都进入了帝国主义阶段。英、法、美等国家在全世界范围内争夺殖民地和势力范围的现实，使得清末知识分子在国际秩序的思考中，融入了更多的强权因素。

清末中国所面临的形势已经不容乐观。"强权"、"列强"词汇的流行，表明了中国人对世界残酷竞争的认识。近代资本主义在全世界范围内划分殖民地，印度、波兰等各个国家失去独立的情况，自然对中国人是一种警醒。此外，庚子国变之后中国国际地位日益沉沦，英、法、俄、德等列强无视中国的国家主权，肆意提出各种侵略要求，这使国人对近代国际社会秩序的本质有了更加清醒的认识。他们意识到所面对的是一个弱肉强食的世界，强权才是国际政治生活的准则。如《大公报》认为："生存竞争之剧烈，优胜劣败之确凿，而强权世界之可畏。"[1] "今之天下为弱肉强食之时代，欧洲诸强国恃其内界膨胀之力，一意注重于亚洲大陆之东方。"[2]《申报》指出：中国正"处此弱肉强食之时"[3]，"今之世非弱肉强食、优胜劣败之世哉！"[4] 清末报刊不仅指出现在是一个强权世界，同时他们还对"强权"进行了阐释：

首先，"强权"的本质就是世界各强国置条约国际法于不顾，肆意侵夺弱国的国家主权。国际法是维系近代国际社会的准则，但它在国际政治生活中的作用是有限的，并不能约束所有国家的行为。在帝国主义扩张的时代里，国际法一方面被强化，另一方面又被强权政治虚拟化，成为强国侵略弱国的工具。《警钟日报》对强权政治进行了解释，认为强权政治的理论基础有二："一由于乐利派也，乐利派以求乐避苦为宗旨"，"二由于进化论也"。[5] 边沁的功利主义学说和达尔文的进化论是强权政治产生的学理根源，"强权"的本质就是实现自己国家利益

---

① 《论世界惟有强权》，《大公报》1905年1月25日。

② 《中国衰弱非日本之福说》，《大公报》1904年9月11日。

③ 《论危地马拉与英德构兵事》，《申报》1902年12月24日。

④ 《公法关系论》，《申报》1903年10月9日。

⑤ 《论强权之说之发生》，《警钟日报》1904年3月27日。

的最大化。《申报》指出：欧美各国"假设所谓公法、和约等名目以愚他人，阳为遵约，阴实背之，自相矛盾，不可理喻。其他姑置不论，即以和约一端观之，可以睹其全豹矣。……自立约以来，我国则如约遵守，不敢成废约，而外人则犯约自由，违章任意，蹈瑕抵隙，层出不穷。可见国际之交涉必不能仅恃和约而可保太平也！"① 指出西方列强违背国际公法、任意践踏国际条约，国际法与条约并不能保证中国的安全。《大公报》评论指出："强权之世，强国有公法，弱国无公法；强国可以援和约以均沾利益，弱国不能援和约以抵制要求；强国着着争先，不妨有非分之觊觎；弱者步步落后，每苦于因应之无方。强存弱亡，优胜劣败，固天演之公理使然也。"② 认为国际法只是强国操纵的工具。《外交报》也认为："二十世纪之外交，不恃公法而恃铁血，固人人奉为建言矣！"③ 资本主义强国置国际条约、国际法于不顾，国际法并不能起到维护弱国主权的作用，他们的言论有着一定的合理性。国际法是为了满足国际社会对秩序的需求而产生的，它能够将主权国家政治上的一致转变成为法律上的制度。国际法不同于国内法，它的产生和发展是以主权国家的存在和活动为前提的，没有独立的主权国家，就没有国际法。从本质上讲，国际法是不同实力地位的国家出于维持彼此间正常关系，实现共同利益的需要而相互较量、妥协的结果，它只能是在得到世界各国承认的基础之上，才能对国际社会产生法律上的约束力。但是，清末中国与资本主义列强在国际政治生活中地位是不平等的，国家实力有着很大的差距，因此，这样的现实情形必然造成列强破坏国际法的行为。因而，清末人士认为不能仅仅依靠国际法维护国家主权。国际法虽然在国际社会中有着一定的有效性，但国际法的效力经常和国力的强弱联系在一起。"两强相遇，兵力在后，乃有国际法可言。若夫一强一弱，则弱者直可谓无言国际法之资格。"④ 清末人士对国际法的怀疑是基于现实情形得出的判断。他们指出要维护国家主权不能只依靠国际法，必须独立自强。"立国之道，仍需自谋富强，断不可专恃公法以自为解免之道。不然，以暹罗之变法自强，仍不免垂涎于法，以塔浪斯华列之民气固结，而仍不免强属于英。所谓强者每取盈于公法，弱者每受损于公法之中者。"⑤ 清末资本主义瓜

① 《阅本报纪英轮驶入鄱阳湖事后》，《申报》1905 年 5 月 12 日。
② 《阅本报纪英轮驶入鄱阳湖事后》，《申报》1905 年 5 月 12 日。
③ 《论日本二辰丸案》，《外交报》1908 年总第 202 期。
④ 《论今日所处之世界》，《东方杂志》1907 年第 10 期。
⑤ 《公法关系论》，《申报》1903 年 10 月 9 日。

分中国的残酷现实使国人对国际法产生了一定程度的怀疑，认为其并不能维护弱国的权利。但他们对国际法的怀疑并没有发展到彻底否定和拒绝国际法的程度，仍然将运用国际法作为外交的重要手段。如《二十世纪之支那》评论道："国际法者，所以保各国之生存，增民族之福祚，而制造世界之和平者也。"① 清末文明排外思潮的盛行充分说明了国人的此种矛盾心态。国人对国际法的怀疑包含了他们愤激的情绪，另一方面也表现出了对西方外交规则的屈从和无奈。晚清知识界无论是群体还是个人，面对国际法都表现出既承认又否定的矛盾心态。

其次，清末报刊对强权世界的认识还表现为对"弭兵会"、"国际公断"等国际组织的评价上。清末人士认为弭兵会和国际公断等都服从于列强侵略扩张的需要，并不能保障弱国的安全。如《申报》评论道："强权鸱张时代，几几无公法之可言，谓欲凭公断以定是非，则眈眈诸国，方各保其均势之局势，谁肯伸公论以见憎于友邦？哀哀弱国，几几于二十世纪上无可立足之地！"② 在 20 世纪初年，列强都将扩张自己的利益放在首位，都不会为弱国伸张正义。在朝鲜问题上，国人体会非常深刻："不观最近之朝鲜乎？日本迫韩让位，韩廷派遣密使，哀求和平会保护，会中拒而不理。盖保和会之所谓和平者，为列强相互间之平和，非弱国所恃以保其和平也。强国愈平和，弱国愈不平和。二十世纪之弱国将来类于朝鲜者，益复何限！奈何不早为计耶？"③ 此外，第二次海牙平和会的情形也使得他们对国际会议等组织有了清醒的认识。在第二次平和会上，英、美国家不顾国际道义的行为让中国人非常愤慨："平和会者，固以万国平等为宗旨也。英、美皆堂堂望国，竟悍然不顾，蔑弃公理。"④ 他们在观察世界现实情形之后，指出这些国际组织是列强操纵的工具，并不能真正起到维持和平的作用。正是各帝国主义国家的侵略行径，使国人认识到国际社会并没有道德的存在。如《时报》评论道："西士有恒言曰：两平等之国遇，以道理为势力，两不平等之国遇，以势力为道理。吾诵其言，然后深信国际之果无道德而愈怵。"⑤《江苏》杂志也指出："凡不平等国相遇，无所谓道德，权力即道德也。"⑥ 从以上材料看出国人

---

① 《国际法上之国家》，《二十世纪之支那》1905 年第 1 期。

② 《论近日外交上应接不暇之现象》，《申报》1909 年 5 月 27 日。

③ 《论保和会之不可恃》，《申报》1908 年 3 月 14 日。

④ 《论海牙第二次平和会专使力增订公断条款事》，《外交报》1907 年总第 192 期。

⑤ 《论外交与国力之关系》，《时报》1905 年 4 月 29 日。

⑥ 《俄国撤兵事件》，《江苏》1903 年第 1 号。

对国际秩序有着强烈的失落感。

由于国际社会强权政治流行，使清末国人对国际法、条约、国际公断组织产生了幻灭感，认为世界只有强权而没有公理。他们慨叹道："自吾论之，今日有文明国而无文明世界。今日各国对于国内则皆文明，对于外则野蛮；对内惟理是言，对于外惟力是视。故自国而言之，则文明之国也；自世界而言之，则野蛮之世界也。"① 清末国人在愤慨世界有强权无公理之时，将世界强权政治归结为天演的必然结果。如《外交报》认为："平等之国，有公法有公理；不平等之国，无公法无公理，言势而已。强者并弱者，尤强者并强者，理绌势绌，强者无如强者何？理胜势绌；弱者无如强者何？昧者曰：此世界之勉强。达者曰：此天演之自然。惟理与势并存其说，而图强之策得间也。"② 清末人士用进化论来解释强权的形成，这无疑在一定程度上肯定了帝国主义强权的合理性。中国人在世界秩序观念上贯彻社会达尔文主义，这在很大程度上与传统文化发生了疏离。在中国传统国际观念中，虽然也有"王道霸道"之间的冲突，但占主导性的观念则是儒家的"王道"、"德治"理想。中国较为注重以和平的方式处理国际关系，虽然也曾经有武力干涉的先例，但并不是国际社会的主流。20 世纪初年处于严峻的国际形势下，国人的国际秩序观发生了很大的裂变，他们在谴责强权的同时又在用进化论证明残酷竞争的合理性。国人此种矛盾心态既表明了他们对公平正义社会秩序的向往，同时为了自身的生存又不得不肯定弱肉强食的丛林规则，以激发中国人的爱国热情并进而提升中国的国际地位。

社会思想观念是非常复杂的，不可能只存在一种单一的状态，在清末国人的国际秩序观念上也是如此。虽然有强权无公理成为清末人士解读世界秩序的主流话语，但不可否认，还有少数人认为国际社会并非由弱肉强食的丛林规则所主导。此种观念在当时报刊杂志上非常少见，就据笔者所掌握的材料来看，仅有 4篇。现将其主要观点阐述如下：

首先，认为强权政治只能运用于一时，而不能成为主导世界政治生活的准则。他们在批判强权的同时，继而指出维系国际社会的准则应该是"忠恕"之道。如《国风报》有文章指出，只有"忠恕"之道才能够使国际社会保持和平稳定。"夫以条约上交让之事项，而指为友邦之侵我主权，则天下万国之主权，

---

① 《论今日所处之世界》，《东方杂志》1907 年第 10 期。
② 《论东三省天津京榆铁路不还之实情》，《外交报》1902 年总第 17 期。

亦安有一焉？而不被侵者人之相处，惟忠恕乃可久，国交亦何莫不然。"① 霸权在国际社会中并不能长久，只有仁义才可能使国家关系融洽。在此问题上阐述最为详细的是胡礼垣。他认为有强权而无公理的说法并不正确，指出："或又谓：世间只有强权，何有公理？力所在即权所在，奈何舍权力而言他？曰：此非见道远到之言也。稽诸历史，考诸人事，上下五千年，纵横九万里，而知一切强权实无足恃。权力即法律。斯言也，为哲学未明时言之可耳。哲学既明，可为下一转语曰：天下只有情理之，当绝无强权。夫权力孰有大于忠恕，自然平等实验而以持平得之者哉！天下之争，以胜为强。而争于人者，其胜未可定，争于己者，其胜有必然持平者。争之于己，而非争之于人，故持平之争也，非自以为是也。"② 认为强权并不足恃，世界的最终秩序仍然是公平与正义，强权并不能一直得逞于国际政治生活中，此种观点与强权主流话语迥然相异。"忠恕"之道是儒家的基本原则，宽容和仁爱是其本质，它是古代中国维持国际秩序和平稳定的重要指导思想。"忠恕"之道在处理国际关系上有着一定的合理性，是构建和谐公平世界秩序的重要思想源泉，有利于人类理想世界的最终建立。但此种观念在帝国主义大肆扩张的时期，显得过于苍白乏力。在强权政治面前，"忠恕"之道并不能维护弱国的国家主权，同时也不能成为国际社会所共同遵守的准则。

其次，认为帝国主义国家实行强权政治有一定的限度，并非无止境地实行强权，国际社会还存在公理。他们指出："有强权无公理，不过弱国激愤之言词。若必见之实行，恐不特中国受其祸，抑非东西各国之福也。"③ 国际社会并不完全按照强权从事，在一定程度上还存在公平和正义。毕竟国际社会是由有道德感情的人类组成的，虽然在利益争夺时呈现出残忍的一面，但并非完全赤裸裸地行使强权。"今日国际之交涉，虽曰无道，然终究为人类与人类之交接，苟是非之极致，彼强弱亦终不得而掩之。观彼强权之用事，必有所以为口舌者，则强弱不能无藉于是非。"④ 强权总要借助于道德的外衣，为其披上正义、合法的色彩。

对"忠恕"之道的提倡与对强权世界一定程度的否定，表明一部分国人对世界公平、正义合理的世界秩序并没有彻底丧失信心。公平正义的世界秩序是人类憧憬的梦想与终极追求，在东西方都有着思想渊源。在中国，和谐有序的国际社

① 《中俄交涉与时局之危机》，《国风报》1911 年第 2 号。
② 《胡君礼垣中美约款平议》，《大公报》1905 年 10 月 24 日。
③ 《论恢复利权》，《申报》1906 年 2 月 14 日。
④ 《论挽救西藏之策》，《外交报》1904 年总第 94 期。

会一直是中国古代人的理想。而在西方也有不少思想家主张建立公平正义的国际社会。如德国哲学家康德主张建立"普遍政治安全的世界大同体系"。① 但是，在近代资本主义大肆扩张的时代背景下，和谐有序的国际秩序的理想被边缘化了，在各资本主义强国中居于主导地位的是强权即秩序的理念。因 20 世纪初年中国极度贫弱的国际地位，公正的世界秩序对于中国来说几乎是一个遥不可及的梦想。

　　理想主义学派的重要理念是"通过法律获得和平"，主张通过道德、法律的规范构建国际秩序，实现世界和平。现实主义学派认为国际关系是弱肉强食的丛林世界，国际社会的基本原则是权力政治和国家利益，本质上是无序和缺乏权威的，国际法只是徒有虚名。清末国人在世界秩序的认识上，也同样表现出了相同的矛盾与冲突。清末国人一方面是对国际社会平等成员角色的期望，另一方面，则是难以摆脱的不公平现实，这使得他们长期徘徊在国际政治中是否有正义、有道德、有理性的思考圈子里难以解脱。他们一方面在谴责强权政治，另一方面却在大倡天演之道。谴责强权就表明了对世界正义公平秩序的向往，提倡进化论又在一定程度上肯定了强权的合理性。20 世纪国人一方面在否认国际法，但同时由于帝国主义的强势地位，又不得不屈从于西方的游戏规则，依靠国际法来挽回中国的国际地位。总体来看，清末国人在认为世界是强权世界的同时，仍然期待公平与合理的国际秩序，不过此种期待在强权话语流行的时代氛围中显得非常微弱。20 世纪中国知识分子更相信强权才是世界各国的生存准则，优胜劣败，适者生存是世界发展的本质。清末在民族危机的强烈刺激下，新知识分子从天演竞争的话语体系理解世纪之初的国际生存环境，对仁义和道德的否定，表明了传统的国际秩序理念已逐渐退出了中国人的视野。清末人士以社会进化论解释世界秩序存在着一些缺陷，陷入了社会达尔文主义，但是，此种解释框架比中国古代传统的观念更适应于充满激烈竞争的近代社会。在帝国主义大肆扩展的时代里，进化论在很大程度上促进了中国人的觉醒，使他们对世界秩序的解释更为理性，更加有益于本民族的生存。

二、中国与世界：全球观念

　　国际关系学家认为："古代国际关系在空间上局限于一定地域性文明圈，在

---

　　① 陈乐民：《欧洲观念的历史哲学》，东方出版社 1988 年版，第 70 页。

时间上则限制于必要的接触，缺少常设性的关系。"① 在古代国际社会中，国际秩序是以若干文明的发祥地为核心，不断向外辐射而逐步形成发展起来的。在欧洲国际体系扩张之前，主要存在着西方基督教、东亚儒教、伊斯兰国际社会。"它们有自己独特的世界秩序观念，构成相对完善的国体体系。"② 在古代人的视野里，外交圈锁定了其国际社会的视野，远远没有形成全球性的国际社会观念。古代人们对世界局势进行分析时，基本以一个文明单位来考虑，而近代世界观念则具有全球视野，这是中世纪与近代的一个重要区别。

（一）认为世界联系日益紧密

19 世纪之前，中国一直在东亚相对孤立的政治环境中发展，虽然曾经与外界有过交往，但并未建立经常性的联系。中国只在朝贡体系中与亚洲各国保持外交联系，与世界其他部分则相对隔绝。因此，中国人的视野相对集中在亚洲地区，并未形成一个全球性的国际社会观念。"19 世纪末 20 世纪初真正全球性的国际体系开始形成"③，清末国人通过对世界的观察，认识到这一变化。

地理大发现之后，各国、各洲之间的政治经济联系日益频繁和复杂，从而改变和结束了地区性的国际格局，形成了世界性的国际关系体系。当西方列强开始向海外扩张时，这种彼此隔离的区域性国际交往不得不让位于一个史无前例的全球统一过程。清末报刊评论中"世界"一词运用明显增多，表明了人们更加关注于整个国际社会。20 世纪初年，世界各主要资本主义国家在全世界范围内争夺殖民地，它们之间的斗争经常会牵涉到世界局势的变动，此种国际背景使得清末人士认识到世界各国之间联系日益紧密。如《大公报》社论指出："今之天下将有大一统之象，无处不互有关系。精于外交者，凡世界之一动一静，无不随时注目，以潜窥其用意。"④ 再如《申报》指出："处兹四海大通之世，一言一动皆惹他人之注目，一进一退实关国际之位置。"⑤ 世界各国政策变化非常迅速，一起事件往往会引起全局的变化，因此，对世界范围内外交事件应该给予关注。"世界之大势，各国政策之变迁，其机甚速，全局之翻转恒基于一事，而其枢纽出于

---

① ［日］山本吉宣编，王志安译：《国际政治理论》，第 13 页。

② ［日］山本吉宣编，王志安译：《国际政治理论》，第 68 页。

③ 时殷弘：《国际政治——理论探究·历史概观·战略思考》，当代世界出版社 2002 年版，第 287 页。

④ 《敬告中国外交家》，《大公报》1904 年 8 月 16 日。

⑤ 《论中美联盟之机会》，《申报》1911 年 5 月 29 日。

一约。"① 正是从全球视野出发，他们指出世界各国联系非常密切，每一个国家都不可能游离于世界之外，正"所谓世界大同，万物一体者"。② 国人指出将世界各国联系在一起的关键是帝国主义的膨胀。19 世纪未 20 世纪初，世界主要资本主义国家进入帝国主义阶段，几个大国都想争夺霸权，想在全球范围内建立其政治控制与经济剥削的世界体系。清末国人对此已经有一定的认识，如《中国日报》指出："列强帝国主义，膨胀大陆，各伸其外交手段，以攫人利权，占人土地，为彼殖民地之政策。"③ 正是帝国主义在全球的扩张与争夺使世界联系越来越紧密。

20 世纪初年，国人的全球观念与古代天下观念有所不同，他们是在对世界科学观察的基础上所得出的结论。中国古代天下观念虽然也有囊括整个宇内的视野与胸怀，但它与近代世界全球观念迥然不同。任何一种世界观念都构建于一定的地理知识基础之上。清末国人已经具备了最基本的世界地理知识，认识到各大洲、各国的具体地理位置，他们的国际观念正是建立在科学的地理知识基础之上。中国传统天下观念中的世界具有虚幻性与空想性，缺乏近代科学知识的支撑。如古代中国人以为中国是世界的中心，世界各国都围绕在中国的周围。世界地理知识的贫乏，使得国人对世界缺乏完整、理性的认识。清末国人不仅具备了基本的世界地理知识，而且可以运用西方政治学说对国际社会进行分析，这使他们的世界观念表现出相当的科学性。

（二）世界已经分裂为两个对立体系

清末国人通过对世界各国的观察，清楚地认识到世界日益形成了两大体系，这两大世界体系存在不平等性。19 世纪最后 30 年，随着资本主义由"自由"向"垄断"阶段过渡，列强分割世界的步伐加快了。到 20 世纪初，世界各大洲的殖民地基本上被瓜分完毕，广大的亚、非、澳地区已经被纳入了资本主义的轨道。清末国人在对世界形势的观察与评论过程中，已经清晰地认识到世界已经日益分裂为两个对立的体系。

他们认为这两个体系是不平等的。"随着欧洲向世界各地的进军，国际体系

---

① 《论日美协约》，《申报》1908 年 12 月 2 日。

② 《陆星使密奏书后》，《大公报》1908 年 4 月 1 日。

③ 《粤隶对于澳门地界办法之迟缓》，《中国日报》1907 年 12 月 2 日。

的扩张是同时以等级化和不均衡为特征的。"① 近代国际体系在形式上主张国家平等，通过缔结条约建立国际关系。虽然条约体系预设形式平等的主权概念，但实质上被纳入这一体系的亚洲非洲国家，并不能享受平等。欧美国家通过不平等条约体系将亚非国家置于被支配的地位，欧洲列强则处于主导地位。欧洲和亚洲、非洲俨然两个文明体系。《东方杂志》指出："今日之世界，白种人之世界也！"②《通学报》认为："二十世纪以来，白色人种挟其民族帝国主义，各以吾国为几上肉。"③ 进入 20 世纪以来，广大的亚、非国家都"将瓜分豆剖，为欧美征战场，为列强殖民地。"④ 西方列强"见域内之无可染指也，于是各出其外交之政策，伸权力于亚、非两洲。"⑤ 亚、非国家与资本主义列强在国际社会中的地位是不平等的。国人认为西方列强与亚、非国家的不平等性表现在国际法的使用上。国际法是近代欧洲国际体系得以构建的重要基石，也是国际社会应该遵守的准则。但是，弱国与强国相遇时，弱国有时被排除于国际公法之外，不能享受平等待遇。他们感慨道："所谓两不平等国相遇，有强权无公理者，盖几成为交涉之公例也！"⑥ 现在世界已经不是全球所有国家的世界，而"不啻为白种人所独有之天下"⑦。亚非等国家与帝国主义国家之间是不平等的，"因为它是建立在垄断资本对全世界的剥削和压迫基础之上的，与帝国主义的殖民扩张和争霸战争是紧密联系的。"⑧

（三）关注世界各国外交变化

既然世界已经由于帝国主义的扩张而联系日益密切，那么世界各国的政策变动就应该给予充分的关注。"民族国家"（Nation—state）是构成近代国际体系的基本要素之一，也是全球国际局势变化的重要原因。因此，清末国人不仅关注世界整体，而且还关注世界各国的外交政策变化。清末人士关于世界各国外交政策的评论很多。总体来看，他们更多地关注资本主义强国，这主要是由于资本主义

---

① （英）戴维·赫尔德等著，杨雪冬等译：《全球大变革——全球化时代的政治、经济与文化》，社会科学文献出版社 2001 年版，第 53 页。

② 《论黄祸》，《东方杂志》1904 年第 2 期。

③ 《论政府近日之政策》，《通学报》1907 年总第 36 册。

④ 《外侮篇》，《童子世界》1903 年第 32 号。

⑤ 《论保全之实祸》，《申报》1905 年 6 月 9 日。

⑥ 《论政府急宜召集国会》，《大公报》1908 年 5 月 13 日。

⑦ 《论第十四次国际议会会议》，《外交报》1906 年总第 161 期。

⑧ 冯特君、宋新宁主编：《国际政治概论》，中国人民大学出版社 1992 年版，第 51 页。

列强的对外政策和国内政策的变动会影响到世界格局的变化，从而对中国的国际地位产生影响。

首先，关注列强对中国的外交政策。中国是列强争夺的焦点所在，各国都将对中国政策作为其外交政策的重要环节，这是列强对外政策的共同之处。

《申报》评论道："各国订立之协约，其冠冕之条文，则为尊重中国主权。其紧要之主义，则曰列国机会均等而已。曰机会则一事有机可乘者，他国即可乘机而入；曰机会均等，则一国乘机可入者，各国即可援例而求。"①

《新民丛报》指出："二十世纪之大问题，则中国之兴亡是也。方欧洲内治已定，列强务均势以保平和，于是各移野心于局外，为飞而食肉之举。当非洲、南洋各岛略定之余，而尚有天气温和，物产丰富，土地饶沃，人民柔弱之支那一片土，遂视为鼎中之脔，俎上之肉。"②

《外交报》也评论道：在世界上"立国于地球之上，而最易惹起国际间之竞争者，易生纷扰者，惟非洲之摩洛哥与跨欧、亚二洲之土耳其及亚洲之中国而已。此三国者，素称为地球上之守旧国，当此国际竞争时代，内政不修，外交不振，其所处地位，又关系欧、亚、非政局之迁移，故为列邦所注目。"③

《民呼日报》慨叹道："现代世界竞争之剧烈之点，以亚东一隅为甚，高丽既亡，中国遂为集矢之的。"④

《新闻报》认为："十年以前，列国外交竞争之趋势在非洲，至近年，则列国外交竞争之趋势实在中国。"⑤

在侵略中国的手段上，由于各国国情不同，导致其在对中国扩张策略上也有所不同。清末报刊对此有所评论，指出："世界各国对中国之政策有二：一曰保全，二曰瓜分。保全政策者美、日、英之所以揭橥也。瓜分政策者，俄法之所以怀抱也。而德国之目的最为不明。德国者……视时势之宜行某种政策，而遂行之者也。凡倡保全政策者，必其工商业大发达，能以生计问题制中国之死命者也。倡瓜分政策者，则异。是要之，两者皆足以亡中国。"⑥ 他们认为，工商业发达

① 《论美国争借川粤汉路款事件》，《申报》1909 年 7 月 15 日。
② 《中国兴亡一问题论》，《新民丛报》1903 年总第 26 号。
③ 《论欧亚外交大局之趋势》，《外交报》1909 年总第 233 期。
④ 《中国外交危机之愈迫》，《民呼日报》1909 年 10 月 31 日。
⑤ 《外交保全派之与中国立宪》，《新闻报》1906 年 10 月 20 日。
⑥ 《论胶济铁路与德国权力之关系》，《时报》1904 年 5 月 12 日。

者对中国持保全态度，而不发达者则主张瓜分中国。美国、英国工商业比较发达，因此，在侵略中国的政策上主张实行保全主义，以经济侵略为主要侵略手段。而俄国工商业落后，在对外政策上则以侵略别国领土为特征。清末人士对沙俄贪婪的本性有着一定的认识。

清末报刊舆论对美国比别的国家更有好感，认为美国较少侵略性，多采用温和政策。如《申报》指出："英也、法也、德也、日本也，增殖国外之权利，多用侵略主义，而美向守孟罗主义。……各国之于中国多用强硬手段，而美则纯用和平手段。"① 再如"美人颇重人道主义，素无强暴不法之行为，故以日、俄横行东省之不合公理也，曾倡铁路中立之议，虽其志所在亦为扩张势力计，然藉此可保列强相持之局势，而于我国亦未尝无益也。盖数年来列强对我之态度，惟美人尚称平和。"② 美国到19世纪90年代，工业生产超过了英国，跃居世界第一位。美国在经济实力增长之后，想要重新分割世界。但美国的军事实力却远远落后于英、法、德、俄等国，海军力量在世界上仅居第六七位之间，陆军力量更是微不足道。正是以上原因，才使美国采用比较平和的侵略手段，而较少武力干涉。尽管国人对美国有一定的好感，但也能够认识到其侵略本质。如在美国提出保全中国之后，报人分析道："保全者，为公共之奴隶……今知老中国死中国决无能为，则莫若保全之，名至可感也，保全之实不可思也。"③。此外，在铁路借款问题上，《申报》也对美国的侵略本质有所揭示："各国之于中国多用强硬手段，而美则纯用和平手段。鸦片战争以后，中国对于欧西列强，几无一国不有剧烈之抗争，困难之交涉，而于美国独否。……今于俄顷之间，忽一变其方针而为攘夺。"④ 对美国并没有仅仅停留在表面现象的认识之上，而通过对现实的分析看到了美国的侵略实质。

俄国与日本在中国人的视野中占有很重要的地位。由于地缘政治的关系，中国人较多地关注俄国与日本的外交。俄国和中国有着长达几千公里的边界线，这种地缘关系不仅影响着中俄之间的关系，而且对世界总体格局有着深远的影响。俄国侵略成性，义和团运动中，沙俄派10万大军侵入中国东北，妄图实现"黄俄罗斯"联邦的计划。俄罗斯有"吞并八荒，席卷天下之势，时人比之战国之

① 《论美国争借川粤汉路款事件》，《申报》1909年7月15日。
② 《论英美日三国将行联盟之关系》，《申报》1911年4月2日。
③ 《论美使照会政府联合六国保全中国领土论》，《申报》1905年4月9日。
④ 《论美国争借川粤汉路款事件》，《申报》1909年7月15日。

秦，殆有过之无不及。"① 清末报人指出，俄罗斯早就有侵略远东的政策："俄罗斯者，世界上最尚武力之大国，而为侵略派之代表也，其侵略远东政策，早定于二百年前。"② 《夏声》认为："俄罗斯素怀侵略主义，以开疆拓土为惟一之趣。"③ 俄国侵略成性，因此国人把俄国比作秦国，认为对外扩张是其主要特征。

明治维新之后，日本走上了资本主义的发展道路。明治初年，日本制定了向亚洲大陆扩张的"大陆政策"。大陆政策的第一步是侵占台湾；第二步是征服朝鲜；第三步侵略中国东北和蒙古；第四步占领全中国；第五步称霸世界。清末报刊对日本的侵略政策进行了评论。他们认为"大隈主义"和"门罗主义"相类似，在日本颇有影响。"东亚细亚者，东亚细亚人之东亚细亚也"④，实质上是日本人想在亚洲范围内扩张。清末人士指出："日本之对外政策，则对中国政策而已。其在他国，则尚有他种对外问题与中国问题并重。若欧洲诸国，则有对巴尔干半岛问题，对摩洛哥问题，对波斯问题，对小亚细亚问题等；若美国则有对中美、南美洲问题是也。其余列强之互相捭阖，尚不在此数。日本则自数年以前，尚有对韩问题，为其切肤利害，且与泰西诸国交际未洽，固不能全力以谋中国。今则诸协约既订，韩已为悬，日本人所谓对外者，更无他目的，惟对中国而已。"⑤ 清末国人最初对日本存在幻想，认为日本与中国有同文同种之谊，因此曾经幻想与日本结为联盟共同对抗西方国家。日俄战争之后，中国人曾经为日本的胜利而欢呼，将日本的胜利视为黄种人对白种人的胜利。但是，随着日本侵略面目的日益显露，清末知识分子渐渐对日本的侵略扩张野心有所认识。

其次，关注列强之间纷争离合的关系。在近代国际社会中，英、法、美、日、德、俄等国居于支配地位，他们之间外交关系的变化必然对弱国产生影响。因此，清末报人除了关注列国对中国的政策之外，还较为关注列强之间的外交关系，以期国人能够从中窥视列强对中国外交政策的变化。

由于资本主义政治经济发展的不平衡性，19 世纪 70 年代以后，各国的实力发生了重大变化。19 世纪末 20 世纪初，美国和德国都先后赶上和超过了英、法等国，成为世界上工业产值名列前两位的国家，而英、法则退居第三、四位。帝

---

① 《阅报纪俄人言慨而论之》，《申报》1901 年 10 月 24 日。
② 《经营蒙藏以保存中国论》，《大同报》1908 年第 7 号。
③ 《开发西北回部之根本问题》，《夏声》1908 年第 5 号。
④ 《所谓大隈主义》，《新民丛报》1904 年总第 57 号。
⑤ 《日本之对外政策》，《国风报》1910 年第 34 号。

国主义国家的政治经济实力与它们所拥有的殖民地很不相称。20世纪初，世界已被瓜分完毕，英国所占的殖民地最大，俄、法、德紧随其后。实力与殖民地的不对等性，使后来居上的德国、美国十分不满，想要重新瓜分世界。因此，帝国主义列强间的争夺愈演愈烈。列强为了压倒对手建立霸权，都在积极争取英国以及与别国缔结盟约。于是，在欧洲逐渐形成了两大帝国主义军事集团，以德、奥为代表的同盟集团和以英、法、俄以及后来的美、日为代表的协约国集团。国人认为："英、日之联盟也，谋制俄也，谋保在中国之权利。""俄、法两国联盟宗旨系专保东方之利益。"① 各国联盟主要目的是为了谋求各自的利益。在英国与日本联盟关系上，国人意识到英、日联盟是为了共同对抗俄国，保持它们在中国的利益。"英、日岂真有爱于中国及高丽哉？其所以越俎而为此事，实以抵御俄人耳。"② 在英国与俄国协约问题上，《国风报》指出：俄罗斯"藉英助以再逞志于近东，英人亦欲利用之以共敌方张之得意志，于是欧洲外交大局，所谓三国协商与三国同盟对抗者，为举世所注目。"③ 清末国人对列强之间的纷争离合进行分析之后指出，当时世界是一个协约或同盟的世界，各强国纷繁复杂的外交活动背后是瓜分和侵略弱国的野心。

　　通过对报刊评论进行分析，可以看出清末国人已经具有全球视野。从传统的天下观念到现代全球观念转变，是中国人世界观念转变的重要组成部分。天下观念是中国人观察世界的重要视野，在古代士人心目中占有重要地位，所谓"修身、齐家、治国、平天下"是每个读书人的理想与追求。古代的天下观念具有乌托邦色彩，是根据儒家经典以及《山海经》、《穆天子传》等历史地理著作神话等构想出来的，是特定历史条件下的产物。虽然历史上曾经有过郑和下西洋的壮举，但对中国人国际观念并没有太大的影响。在中国人的视野中，天下依然是模糊的，缺乏准确的考察和分析。随着西方地理学的传播以及中国国际交往的日益增多，中国人眼中的天下日益清晰。20世纪初年，中国极度衰弱的情形使得国人更加密切关注世界的变化。西方政治、经济、法律等学说在中国广泛传播，提供给国人理解世界的理论工具，使他们能够以近代的眼光看待整个国际社会。

---

① 《英日联盟俄法联盟合论》，《申报》1902年3月30日。
② 《观连日本报所登英日联盟事及俄人所改约章感而书此》，《申报》1902年2月24日。
③ 《中俄交涉与时局之危机》，《国风报》1911年第2号。

三、传统与近代：国际观念

清末报刊评论所蕴含的国际局势观念虽然与西方的国际观念较为接近，但不可否认，其间还残留着传统观念的余绪。鸦片战争之后，西方世界以强势地位在中国人的视野里突然出现，这对中国人的世界观念造成了很大的冲击。西方社会以国际法为国际间交往的准则，而中国却以夷夏之辨来处理国际问题。中西方文化观念的不同，使中国人很难在短时间内完全接受西方的外交理念。因此，用中国的传统史例来解释所面对全新的国际局势，便成为当时中国人的一种选择。此种现象开始于鸦片战争之后，在清末仍然存在，这表明在外交观念近代化过程中不断交织着中国与西方、现代与传统文化理念的矛盾与碰撞。

《申报》、《大公报》、《盛京时报》、《外交报》等报刊都有用中国传统史例解释现实国际问题的评论。

如，《盛京时报》慨叹道："夫今日之天下，一大春秋之天下也！"①

《申报》有不少这样的评论：如"盟会日繁，战争愈亟，此春秋之前事也。然则异日各国争伐相寻，而成为大战国之势者，其皆胎始于中国。"②

"今天下五洲各国，犹中国古之战国也。古之战国，虽各有蚕食之心，而究不能不约纵连横，以图奥援，是势处纷争，断无独立之势，古今一辙。"③

"方今天下之势犹古战国，皆有约纵连横之意。"④

俄国"大有并吞八荒，席卷天下之势，时人比作战国时之秦，殆有过之无不及。"⑤

《外交报》指出："若以今日之大势，较我古人，则当在战国之初。"⑥

"今地球五洲不啻成战国七雄之势，俄为秦，英为楚，法与德为赵为燕，美为齐，日本与我中国为韩、魏。"⑦

用春秋战国来解释世界形势，是中国中心观转变为对等国际观念的一个天然

---

① 《论各国对付中国之政策将变更》，《盛京时报》1907 年 4 月 17 日。

② 《论德奥意三国同盟》，《申报》1902 年 6 月 8 日。

③ 《阅报纪德美猜忌及英美交深二节因合而推论之》，《申报》1903 年 3 月 14 日。

④ 《与客论日欲联俄》，《申报》1901 年 12 月 17 日。

⑤ 《阅报纪俄人之言慨而论之》，《申报》1901 年 12 月 7 日。

⑥ 《论今日与战国时之异同》，《外交报》1904 年总第 78 期。

⑦ 《论本报译登俄人占据东三省事》，《申报》1901 年 1 月 26 日。

的话语途径。春秋战国时期是中国奴隶社会向封建社会的转型时期，礼崩乐坏，原有的社会秩序解体，周天子的权威失落，形成了列国并立的局面。各诸侯之间进行兼并战争，为了各自的利益实行合纵连横的外交策略。这一历史情境，与近代的国际形势确实有着相似之处，因此国人很容易用古代邦交的经验来解释现在资本主义各国争雄的现实情形。用春秋战国解释中国所面临的世界形势，在第二次鸦片战争之后有着一定的合理性。但在20世纪初年"帝国主义"话语流行的年代里，用春秋战国来解释国际形势则相对落后于现实的发展。春秋战国与20世纪初年毕竟是两个不同的时代。在世界日益形成一个全球体系之际，仍用春秋战国比附世界形势，在一定程度上反映了传统观念在晚清国人观念中还有余绪。

　　除了用春秋战国来认识现实世界局势外，清末有些评论还用历史上存在过的一切类似史例来认识世界。台湾学者王尔敏认为："取借于古史传统，而做宽容意义的解释，构成晚清外交观念的原始基础。"① 这是晚清国人外交思想的一个特征。如《东方杂志》用宋朝的情形来认识日俄战争："今日中国之时局，盖与宋代有极相似之一境焉。北宋未亡以前，尝为契丹所苦。及金源氏起，约宋以出师伐辽，许返其先后所失地，宋人喜而从之，及辽亡而北宋亦随之矣。南宋初，大受金人之辱。及蒙古起于漠北，约宋以出师伐金，以报九世之仇，宋人喜而从之，然金亡而宋之命运亦告终矣。此二端者，皆由外人争而雄长，皆与中国有牵涉之处，及乎交战之国，一兴一废，而中国必与之携亡。此殆为中国今日之前车。"② 此外，在理解欧洲列强的扩张问题上，有人认为"今黄种与白种竞争犹昔汉族与非汉族竞争也。"③ 历史上与中原文明竞争者大都为少数民族，他们对汉族政权构成了威胁。用汉族与非汉族的竞争来解释欧洲列强的侵略，和春秋战国比附一样都存在对现实的误读。此种现象与中国悠久的历史文化传统和长期以来积淀的中国中心观有着很大的关系。历史上中国文明发展雄居世界之冠，确立了自成一体的帝国体系。中国具有悠久历史文化传统，辉煌灿烂的中国文化泽被四方，这些都是中国人值得骄傲的宝贵财富。"以中国为中心的东亚外交圈，是世界上最稳定、持续时间最悠久的外交圈。"④ 正是中国有如此辉煌的过去，才使得中国人经常借助传统的观念来思考现实问题。在中国从天下一统格局向现代

---

① 王尔敏：《晚清外交思想的形成》，《晚清政治思想史论》，华世出版社1980年版，第184页。

② 《论中国时局》，《东方杂志》1904年第3期。

③ 《文明书局编辑蒙学中外历史教科书约指》，《大公报》1903年10月19日。

④ 黎虎：《汉唐外交制度史·序言》，兰州大学出版社1998年版，第7页。

意义上的民族国家的转变过程中，必然包含着历史经验与现实印象的交错，传统与近代思想的冲突与融合。在中国从朝贡体制转向近代多国并立的国际格局过程中，不可能完全抛弃传统而接受西方的国际观念。每一个国家都有自己的历史文化传统，数千年来所积淀的文化心理在人们认识新形势的时候，总会潜在地影响其对问题的认识和判断。

通过分析，笔者认为：清末报刊评论中所蕴含的国际局势观念基本属于近代的范畴。清末知识分子能够用"帝国主义"、"强权"等西方政治理论来分析现实世界。新式知识分子以纵览天下的视野，突破了中国人固有的以自我为中心观察世界的狭隘思维方式，更多地从世界总体格局的变动中审视中国的现状和出路，表现出了强烈的时代特征。清末知识分子运用进化论对近代国际形势进行体认，呼吁中国树立民族竞争意识，在资本主义扩张的时代有着积极意义，更加有利于本民族的生存与发展。不可否认，清末国人的国际观念中还夹杂着中国传统的成分，国际思想观念的变化是一个长期过程，其间必然交织着中西观念的冲突与融合。

第三章　清末报刊评论中的
外交主体意识与外交策略

第一节　报刊评论中的外交主体意识

中国古代国家观的核心是王权主义，国家的合法性建立在天命观的基础上。在传统国家中，国家权力属于君主，人民笼罩在皇权的阴影下，政治参与非常有限。随着西方政治学的传播，甲午战争之后，国人的国家观念产生了很大的变化，近代意义上的国家观开始形成。清末国人国家观念的转变是其外交主体意识变化的重要动因。因此，探讨国人外交主体意识变化，必须首先关注他们国家观念的变化。

一、近代国家观念的兴起

近代意义上的国家观念包含以下几个方面：国民以国家为最高忠诚对象、统一的民族意识、鲜明的国民意识等。清末知识分子对西方国家理论进行了介绍与阐释，并在此基础上逐渐形成了近代国家观。

首先，知识分子对近代意义上的国家观进行了阐释。20 世纪初年，知识分子普遍认为民族主义是复兴中国的重要武器，近代国家都是在民族认同的基础上建立起来的，他们希望中国能够建立民族国家，抵御西方侵略。

建立民族国家是当时知识分子宣扬民族主义的出发点。清末知识分子意识到国家强大的基础是将民族与国家紧密结合起来，西方各国莫不如此，共同的民族意识是国家强大的基础。他们强烈呼吁国人发扬民族主义，建立民族国家。《浙江潮》指出："凡立于竞争之世界之民族欲自存者，则当以建民族的国家为独一无二义……非民族的国家,不得谓之国"① 只有建立民族国家,才会在残酷的竞争中生存下来。因此,中国如果要想避免亡国灭种的命运,必须建立民族国家。随着对西方国家了解的增多,人们认识到欧美、日本发达的原因在于其建立了民族国家。反之,波兰、印度、埃及亡国的原因在于民族主义不发达。② 在建立民族国家问题上,资产阶级改良派和革命派存在着差异,资产阶级革命派主张排满,建立汉族国家;而资产阶级改良派主张合满建立民族国家。资产阶级革命派和改良派在建立民族国家上观点的分歧,主要在于满族是否属于中国民族的问题。随着革命形势的发展,革命派排满的内容渐渐发生变化,实现了由排满族到排满洲皇族的转变,在民族建国问题上与改良派逐渐趋同。

国家是由哪些因素构成的? 知识分子对西方的国家理论进行了介绍,他们的解释虽然存在一些差异,但领土、国家、主权都被看作近代国家的基本要素。对近代国家概念的阐释最为深入的是梁启超。从1898年到1903年,梁启超发表了《爱国论》、《少年中国说》、《国家论》、《中国积弱溯源论》、《论专制政体有百害于君主而无一利》、《论政府与人民之权限》、《法理学大家蒙德斯鸠之学说》等文章,对近代国家观念进行了阐释。他指出:"夫国也者何物也? 有土地,有人民,以居于其土地之人民,而治其所居之土地之事,自治法律而自守之;有主权,有服从,人人皆主权者,人人皆服从者。夫如是,斯谓之完全成立之国。"③ 梁启超将领土、主权、人民作为近代国家的三要素。他指出:"盖数千年来,不闻有国家,但闻有朝廷,每一朝廷之废兴,而一国之称号即与之为存亡。"④ 中国古代国家以王权为核心,国家机制主要围绕皇权而运作。因此,梁启超认为中国古代没有国家观念。为了进一步阐述国家与朝廷的不同,他对朝廷与国家的概念进行了区分:"国家者,全国人之公产也;朝廷者,一姓之私业也。国家之运祚甚长,而一姓之兴替甚短。……有国家而后有朝廷,国家能变置朝廷,而朝廷不能吐纳国家。"⑤ 梁启超分析了朝廷和国家的不同,从而有力地批判了陈腐的王朝观念,对传播近代国家观念产生了重大的影响。

除了梁启超进行国家概念的解释外,清末报刊对国家观念也进行了阐述。如

---

① 《民族主义论》,《浙江潮》1903年第1期。
② 《民族主义论》,《浙江潮》1903年第2期。
③ 梁启超:《少年中国说》,《饮冰室合集》第1册文集之5,第9页。
④ 梁启超:《中国积弱溯源论》,《饮冰室合集》第1册文集之5,第15页。
⑤ 梁启超:《中国积弱溯源论》,《饮冰室合集》第1册文集之5,第16页。

《申报》指出："国于天地，必有与立。人民、土地、主权三大端为人类立国之要素。"①《神州日报》在《论保守土地主权及路矿利权为国民惟一之天职》一文谈到："国于天地，必有与立。人民、土地、主权三者为立国之要素。人民既托足于其一国土地之内，主权之下，莫不认其土地、主权为自国之所有。"②《东方杂志》认为："凡国家三大要素，一为土地，二为人民，三为主权。三者不完全则不可以为国。"③

由此可以看出，清末知识分子将西方的政治学说作为构建民族国家的理论来源。他们虽然在民族国家的构建方案上存在着差异，但是基本主旨是一致的，都意识到领土、主权、人民是国家的三要素，建立"完全无缺"的民族国家是知识分子追求的目标。

其次，国家主权意识极大增强。主权是西方政治学中的概念和术语，第一个使用这一概念并赋予其近代意义的是法国哲学家让·博丹，他将主权定义为："国家支配其公众和臣民不受法律约束的最高权力"④。现代民族国家观念形成的最主要的标志是"主权"观念的出现。"主权"一词在中国古已有之。《管子·七臣七主》曰："藏竭则主权衰，法伤则奸门闾"⑤。"主权"在这里指君主的权力。鸦片战争之后，随着西学东渐进程的加快，主权也逐渐被赋予了近代意义。在19世纪末20世纪初，随着中国民族危机的加深，国人的主权意识大大增强。

清末知识分子对主权的认识突破了前人，开始从法理上论证主权是国家的最高属性。他们引用西方政治学说来解释主权："主权者，国家之最高无上之特征，具有不受其它限制之性质也。"⑥ 国家主权应该不受任何外来国家的干涉与侵犯，"一国之中，只有主权居于至高极尊之地位，再没有什么别的能加乎其上了。"⑦ 任何一个国家都应该享有主权独立，国家和主权不可分割，主权是国家的根本属

---

① 《论近日外交上应接不暇之现象》，《申报》1909年5月27日。

② 《论保守土地主权及路矿利权为国民惟一之天职》，《东方杂志》1907年第11期；《神州日报》1907年10月16日。

③ 《论粤督缉获二辰丸案》，《东方杂志》1908年第5期。

④ （英）戴维·米勒、韦安·波格丹著，邓正来译：《布莱克威尔政治学百科全书》，中国人民大学出版社1992年版，第725—727页。

⑤ 赵守正：《管子注译》下册，广西人民出版社1987年版，第106页。

⑥ 《叙德俄英法条约所载"高权"及"管辖权"之评论及〈舟山条约〉之感慨》，《浙江潮》1903年第2期。

⑦ 《论国家》，《安徽俗话报》1904年第5期。

性，这在当时的知识分子中已经成为一种共识。从他们留下来的文集杂志来看，清末知识分子对国家主权表现出了极大的关注。引水权、领土主权、渔业权、教育权、财政权、领海权等都被纳入了他们的视野。清末之前，国人主要关注司法主权、关税主权、领土主权，而对引水权、领海权、教育权等没有给予应有的重视。如以领海权为例，20 世纪之前，国人海权意识非常淡薄，对领海主权没有清醒的认识。20 世纪初年，随着国际法理论大规模的传入，人们逐渐认识到领海权的重要性。如《神州日报》指出："领水权中国素漠视之，而在国际公法上为极大之问题。"① 《外交报》对领海权进行了详细介绍："领海者，由海岸至一定距离之间，因与陆地有紧要连接之关系，看作陆地之延长。凡在领土上之主权，亦得及于领海，是领海权之有无，关系一国主权存在与丧失也。"② 领海权是国家主权的重要组成部分，但中国以前却并没有认识到领海权的重要性。在我国海岸线上却"使诸国之兵舰商船，悉得任意航行，如入无人之境，驯至反客为主，而我之航海船舶，反寄于他人范围之下。"③ 正是从维护领海主权的观念出发，知识分子认识到渔业权也属于国家主权的范围。日本租占旅大以后，觊觎中国渤海湾的渔业权。国人对此有所警觉，评论道："领海主权之最重者，除国防警察外即财产权是也。沿海渔业为国家财产权之一，关系沿海岸人民之生活及国家之富源，故国家应保护人民以独占。"④ 呼吁国家保护渔业权。

清末国人不仅主权关注范围有所扩大，而且国家主权意识也空前增强。知识分子认识到了列强与中国订立的一系列不平等条约，严重损害了中国的国家主权。根据国际法理论，国家之间的条约犹如契约，权利和义务应该对等。但在中西方的条约体系中，"人为纯粹的权利国，我为纯粹的义务国，不对等条约之结果，其势力已膨胀达于极点。"⑤ 国人认识到列强通过不平等条约掠夺中国政治、经济、文化主权，因此，他们想通过民众运动抵制列强的侵略。清末国人掀起了声势浩大的收回路矿权运动，充分展现了其主权意识的觉醒。对于清末国人主权意识的觉醒，《大公报》评论道："十年以来，外患日亟，内政日纷，国中有志

---

① 《论保守土地主权及路矿利权为国民惟一之天职》，《东方杂志》1907 年第 11 期；《神州日报》1907 年 10 月 16 日。

② 《论中葡领海问题》，《外交报》1908 年总第 218 期。

③ 《论国家对于洋海之主权》，《外交报》1908 年总第 231 期。

④ 《论渤海湾渔业权》，《外交报》1910 年总第 283 期。

⑤ 《关于传教条约之研究》，《东方杂志》1908 年第 2 期。

之士，相与呼号奔走，于是尊重国权，挽回权利之思想渐输入于国民之脑蒂中。"① 由于主权意识的觉醒，他们发出了"中国者，中国人之中国"的时代强音。清末报刊中有关"中国者，中国人之中国"的言论比比皆是，现在摘录如下：

报刊言论	出处
中国者，中国人之中国，非外人所得而干涉也。	《论中国之前途及国民应尽之责任》，《湖北学生界》1903 年第 3 期。
中国者，中国民族之中国。	《国民与人民之分别》，《觉民》1904 年第 9、10 期合本。
今日欲回吾民族之厄运，非以中国为中国人之中国不可，非以中国主权为支那人种全体之主权不可。	《〈列强在支那之铁道政策〉附跋》《游学译编》1903 年第 5 期。
我国民以中国为我中国人之中国，则中国人之中国矣；以中国为天下之中国，则天下之中国矣。	《公私篇》，《浙江潮》1903 年第 1 期。
中国者，吾黄帝子孙之国，非白种之国也。	《二十世纪之中国》，《童子世界》1903 年第 25 号。
二十世纪之中国，乃中国人之中国。	《学生之竞争》，《湖北学生界》1903 年第 2 期。
中国者，中国人之中国也。惟中国人能有中国，他人不能有也。他人而欲有之，吾中国人当竭力反抗至死不变也。	《中国灭亡之大问题》，《童子世界》1903 年第 31 号。

"中国者，中国人之中国"的提出，体现了国家观念的日臻成熟，表明了中国人国家主权意识的极大增强。

再次，表现出强烈的国民意识。国民是国家构成的最重要因素，国民意识的觉醒是中国近代国家观念形成的重要组成部分。在封建专制制度下，中国人极度缺乏国民意识，此种状况不利于中国的发展。为了挽救中国的危亡，20 世纪初年，中国知识分子掀起了弘扬国民意识的热潮。②

翻检清末报刊，宣传国民意识，呼吁培养新国民的文章在当时报刊中占有很

---

① 《近来国民之心理》，《大公报》1908 年 3 月 26 日。
② 梁景和：《清末国民意识与参政意识研究》，湖南教育出版社 1999 年版，第 12 页。

大的比例。如《说国民》①、《论中国之前途及国民应尽之责任》②、《中国当注重国民教育》③、《军国民思想普及论》④、《国民教育论》⑤、《国民的奴性》⑥ 等文章，都大力宣传国民意识。知识分子依据卢梭的天赋人权理论，认为国家权力应该属于国民，国民是国家不可分割的组成部分。封建王朝将其政权的合法性构筑于君权神授的基础上。而西方资本主义国家则不同，其国家权力合法性构筑于契约观基础上，认为国家权力属于全体人民，并非属于君主一人。清末知识分子在吸收西方政治学说的基础上认识到，国家并非君主一人之财产，而为全体国民所共有。在国家与国民的关系上，《湖北学生界》指出："盖国者，国民之身体也；国民者，国之性命也。国之于国民，如鱼之于水，人之于空气然。鱼无水，鱼立僵；人无空气，人立戕；国无国民，国立亡。其道一也。"⑦ 他们呼吁："今日已二十世纪矣！我同胞之国民，当知一国之兴亡，其责任专在于国民。"⑧ 资产阶级知识分子认识到国民对国家的发展至关重要，他们以天赋人权为武器，提出国民有参与国家事务的权利："一国行政之权，吾得而过问之；一国立法之权，吾得而干涉之；一国司法之权，吾得而管理之。"⑨ 表现出政治参与意识。

虽然中国古代士大夫与民众也参与国家政治，但与西方近代的民族政治有着本质上的不同。中国古代人民对政治的参与可以分为以下两种：平民暴动和士大夫清议。普通百姓一直生活在国家政治生活的最底层，他们畏惧王权、崇拜王权，习惯于被动地遵守国家的政策法令。大多数普通百姓对于国家政治漠然，没有积极参与意识。但是，如果一个王朝昏庸腐败，民众在难以生存的情况之下，也会通过暴动参与政治。刘泽华认为，民众暴动"隐含着某种潜在的政治参与意识，在一定时期和条件下会直接作用于政治的运行。然而平均主义的均平理想一般要通过替天行道的方式来实现，实践的政治归宿依然是王权主义。"⑩ 士大夫

---

① 《说国民》，《国民报》1901 年第 2 期。
② 《论中国之前途及国民应尽之责任》，《湖北学生界》1903 年第 3 期。
③ 《中国当重国民教育》，《湖北学生界》1903 年第 2 期。
④ 《军国民思想普及论》，《湖北学生界》1903 年第 3 期。
⑤ 《国民教育论》，《游学译编》1903 年第 5、6 册。
⑥ 《国民的奴性》，《竞业旬报》1908 年第 29 期。
⑦ 《中国当重国民教育》，《湖北学生界》1903 年第 2 期。
⑧ 《二十世纪之中国》，《国民报》1901 年第 1 期。
⑨ 《说国民》，《国民报》1901 年第 2 期。
⑩ 刘泽华：《中国的王权主义》，上海人民出版社 2000 年版，第 159 页。

议论朝政，臧否人物的清议之举，其最终的归宿也是王权意识。他们为天下苍生考虑，认为自己有责任规劝君主，他们参与国家政治的行为不能与现代民主政治同日而语。[①] 正是由于普通民众没有意识到自己的权利和义务，因此，清末知识分子认为为了挽救国家危亡，必须进行国民性改造以培养符合时代发展的新国民。他们慨叹：“吾尝观中国之民，未尝不喟然而太息也！不论上下，不论贵贱，其不为奴隶者盖鲜。”[②] 正因为民众的国民意识极度缺乏，知识分子积极致力于国民意识的宣传与启蒙，批判奴隶意识，呼吁树立国民意识，培养国民对于国家的责任感。知识分子将国民与奴隶对举，并对奴隶与国民的本质做了区分：“何谓国民？曰：天使吾为民，而吾能尽其为民者也。何为奴隶？曰：天使吾为民，而卒不成其为民者也。故奴隶无权利，而国民有权利；奴隶无责任，而国民有责任；奴隶甘压制，而国民喜自由；奴隶尚尊卑，而国民言平等；奴隶好依傍，而国民尚独立，此国民与奴隶之区别也。”[③] 从权利、责任、自由、平等、独立等方面对国民与奴隶进行了对比，明确了奴隶与国民的不同所在，从而呼吁民众树立国民意识。

国民是近代国家的重要构成因素，与古代的民众在内涵上完全不同。国民具有权利、义务、责任、独立人格，他们不仅关注自身的权利，而且更关注国家和整个民族的发展，具有强烈的爱国心与责任感。清末国民意识的觉醒与张扬充分体现了中国人近代国家观念的觉醒。

清末中国虽然国家观念开始勃兴，但不可否认，封建君主意识和王朝观念仍然存在。中国经历了几千年的封建君主专制，传统的政治观念浸润于社会生活的各个领域，不可能在短时期内有彻底的改变。新的政治文化观念必然受到传统政治文化体系的顽强抵抗，更何况当时封建王朝——清王朝仍然存在。总体来看，近代国家观只存在于大部分新式知识分子中间，而对于官僚、守旧士大夫、普通民众而言，传统的国家观念更有影响力。清末中国人国家观念的分歧在一定程度上决定了他们外交观念的复杂性。

二、对王朝外交观的批判

随着时代的进步与发展，国家一般都经历了由王朝外交向近代国家外交转型

---

① 刘泽华：《中国的王权主义》，第 155 页。
② 《说国民》，《国民报》1901 年第 2 期。
③ 《说国民》，《国民报》1901 年第 2 期。

的过程。在中世纪，外交是君主的专利，封建君主按照自己的喜好进行对外交涉。在外交中较多地考虑自身的利益，外交事件的裁决并非都以国家利益为中心。清末，随着主权观念的传播，封建君主专制受到了越来越多人的批判。作为君主专制附属物的王朝外交自然也成为国人指斥的对象。清末国人从以下几个方面对王朝外交进行了批判与反思：

首先，对产生王朝外交的根源——封建君主专制进行批判。中国经历了两千多年的封建专制社会，在这一漫长的历史过程中，形成了以朝廷、君王为主体的观念。国家政治权力属于君主，一切以君主的利益为转移。虽然中国传统的民本思想也重视民众在王朝兴衰中的作用，但民本思想的最终指向仍然是皇权。随着近代国家观念的形成，知识分子认识到君主专制制度是王朝外交的基础，也是中国外交失败的根源。

早在戊戌维新时期，国人就已经展开了对封建君主专制的批判。严复在当时反对君主专制的宣传中非常突出，他于1895年3月13日至14日在天津《直报》上发表了《辟韩》一文，尖锐地批评了韩愈在《原道》中君主专制的理论。其后，在《法意》按语中指出："中国自秦以来，无所谓天下也，无所谓国也，皆家而已。一姓之兴，则亿兆为之臣妾。其兴也，此一家之兴也；其亡也，此一家之亡也。"[1] 人民都是君主的奴隶，王朝的兴衰只不过是一姓一家的兴衰而已。梁启超也对忠君思想和君主专制进行了批判，在《中国积弱溯源论》中大胆地将君主比作民贼，认为中国"数千年民贼，既以国家为彼一姓之私产，于是凡百经营，凡百措置，皆为保护己之私产而设，此实中国数千年来政术之总根源也。"[2]戊戌维新时期，严复、梁启超等人反对封建专制制度的宣传在社会产生了很大影响。

清末，废除封建专制实行宪政成为历史的潮流，知识分子在积极宣传宪政的同时，对君主专制制度展开了猛烈的批判。宪政国家比封建专制国家在制度上有着优越性。宪政国家在权力分配上采取分权与制衡的原则，国家机构运行奠定在法治基础上，可以防止君主滥用权力。《中国新报》有评论指出："中法之役，可谓之专制国与民主立宪国之战；中英、中日之役，可谓之专制国与君主立宪国战。稍有政治知识者，不待交兵刃，而已决其胜负之谁属也，何也？专制国之战

---

①   王栻主编：《严复集〈法意〉按语》第4册，中华书局1986年版，第948页。
②   梁启超：《中国积弱溯源论》，《饮冰室合集》第1册文集之5，第28页。

也，以君主一人与人战；立宪国之战也，以国民多数与人战。"① 胜利自然属于立宪国家。清末国人认为封建专制政体是国家内政外交失败的根源，欲想改变国家现状，必须废除专制政体。针对封建君主专制制度带来的外交失败，《大公报》评论道："征之我国外交之历史及舆论进步之历史，我国从来外交之失败，果政府有以致之乎？抑人民有以致之乎？通商、传教、授外人以领事裁判权者，政府也，非人民也；税关、邮便、使外人有用人行政权者，政府也，非人民也；甲午、庚子两役割地赔款，无非政府一方之意思，而人民无与焉；开矿、筑路等事利权外溢，无非政府任意之赠与，而人民无与焉；其他利益均沾、土地不割让等款，无非政府三数人主动之意思，不过藉君主之名义，代表划诺而已。我国民伏屈于专制政体之下，既不知政治为何物，并不知外交为何事，彼政府虽如何专横独断授权于人，我国民从无过问者。"② 正是由于专制政体不考虑民意，才使中国外交陷入如此境地。

清末国人对封建专制进行了猛烈批判。如，资产阶级立宪派不仅致力于言论宣传，而且还通过上书、请愿等方式要求清政府废除封建君主专制实行宪政。仅1910 年就有三次大规模请愿，第二次联名人数竟达 30 万，第三次参加的人数更多。可见，废除封建君主专制的主张在当时已经成为一种潮流。资产阶级革命派对封建专制制度批判更为激烈。他们将废除封建专制制度作为奋斗的纲领之一，除了致力于广泛宣传外，还发动了一系列的武装起义。总之，清末人们已经认识到封建君主专制是国家内政外交失败的根源，废除封建专制的任务已迫在眉睫。

其次，反对以王朝利益为中心的外交宗旨。外交是国家政治生活的重要组成部分，政府在进行外交活动时，必须以国家利益为旨归。由于中国古代外交与近代西方外交原则存在着很大差异，古代外交较为注重礼仪，而近代西方外交较为关注国家利益，因此，清廷在与近代资本主义国家进行外交活动时，表现出很多不适应，并非完全以国家利益为宗旨，表现出更多的王朝外交的特征。

由王朝外交转向近代民族国家外交是历史发展的必然趋势，与此相适应，外交宗旨必然由王朝利益为中心转向以国家利益为中心。清末国人对清政府在外交中不顾国家民族利益的行为进行了批判，呼吁外交政策的制定与执行必须以国家利益为旨归。他们批评了 20 世纪以前把君主当成外交主体的行为，认为这导致

① 《中国国会议》，《中国新报》1908 年第 9 期。
② 《所谓国民的外交者何》，《大公报》1908 年 4 月 21 日。

办外交的人"不明君民一体之原理，遂致所立条约，无论所对者为何国，莫不授柄他人，而我反为其所制。在议约诸臣之本意，未尝不欲损民以益君，自谓能顾全大体，卒之民既损矣，而君国究未尝稍蒙其益。"① 中国古代长期以来实行朝贡制度，在外交上并不注重实际利益，而强调天朝的尊严与礼制。鸦片战争以后，这种尚礼仪不尚实际利益的观念给外交带来消极影响。如中美《望厦条约》谈判过程中，中国谈判大臣耆英的目标是阻止顾盛进京，而顾盛的任务则是签订与英国类似的条约，因恐中国拒绝，故坚持北上之请。"北上"是要挟订约的手段，定约是目的；最后顾盛以让步"北上"之请而达到订约目的。② 再如《北京条约》签订后，咸丰帝不痛心割让九龙，不痛心赔款1600万两，却以外国公使驻京"最为中国之害"③，甚至希望以全免关税为条件，希望西方列强放弃公使常驻北京的条款。咸丰非常痛心地说："此次夷务步步不得手，致令夷酋面见朕弟，已属不成事体。"④ 可见其将皇朝体面看得颇为重要。西方将条约作为开启中国的重要手段，而天朝体制下的人们却将条约作为羁縻外人的一种策略，以为通过条约可以使中外相安。诚然，如果不是列强凭借船坚炮利，清政府是不会签订这一系列不平等条约的。但不可否认，对王朝体制的强调也使中国丧失了不少利权。清末随着国人对国际法了解的增多，王朝外交遭到知识分子的抨击。他们呼吁"扫除其所谓专制的朝廷外交之误想"⑤，从民族国家利益出发考虑外交问题。清末知识分子的主张顺应了时代潮流，符合历史发展趋势。西方资本主义国家在历史上也存在王朝外交的现象。如中世纪欧洲国家"被视为君主的财产，可以买卖、交易或作为借贷的抵押。欧洲王室通婚成风，领土国家的归属往往随主而易，18世纪奥地利哈布斯堡王室把西里西亚省抵押给英国人和荷兰人以换取贷款。"⑥ 此种以王朝利益为中心的外交受到了资产阶级思想家的批判。例如法国启蒙学者认为，国际关系不应该是君主之间的关系，而应是民族之间的关系，对外政策应服从民族利益。清末随着中国近代国家观念与国民意识的形成，此种以君主利益为中心的观念必然会遭到知识分子的批判。

---

① 《论今后外交之大局》，《外交报》1908年总第227期。
② 李定一：《中美早期外交史》，北京大学出版社1997年版，第107页。
③ 钟叔河：《走向世界：近代知识分子考察西方的历史》，中华书局1993年版，第78页。
④ 钟叔河：《走向世界：近代知识分子考察西方的历史》，第78页。
⑤ 《订约权在朝廷之误想》，《申报》1908年1月27日。
⑥ 卢明华：《当代国际关系理论与实践》，南京大学出版社1998年版，第22页。

再次，反对秘密外交。封建君主专制制度下，外交大事一般由皇帝裁决，自然在外交上采取秘密主义。清末国人对秘密外交非常不满，强烈呼吁政府实行公开外交。清末外患频仍，知识分子对外交极为关注，认为国民有权利参与国家外交。但是，清政府在外交上往往采取秘密主义，人们很难得知外交事件的内幕，这引起了国人的不满。他们在报刊上发表文章指斥清政府的秘密外交。

《大公报》对清政府的秘密外交非常不满，发表了一系列评论，主张清政府公布外交政策。如在1909年6月到12月《大公报》就发表了《外交家之秘密》、《秘密主义说》、《论今日政府不应再守秘密主义》① 三篇论说，针对清政府秘密外交进行了批判。在《外交家之秘密》一文指出："秘密非恶名词也。《易》曰：机事不密则害。成外交机事之至重大者也，其尚秘密也固宜。故各国之办外交，亦不废秘密之一意，特机事之所以尚秘密，以不密则有害也。若事以密而害转多，则不可概论。"② 认为秘密外交应该使用适度，国家不能一概实行秘密外交，应该向国民公布外交方针政策，争取国民的理解与支持。但清政府几乎所有对外交涉都采取秘密主义，这严重损害了中国的国家利益。国人慨叹道："近数年来我国政府于一切政事，了无寸进，惟藉口秘密以塞国民之耳目，钳束国民之口舌。则彼办理外交者，实有愈用愈妙之能，无一事不秘密，无一事不失败，无一事不厌外人之欲望，无一事不惹国民之恶感。"③ 在另一篇评论《秘密主义说》中指出："对外之秘密，则又分平时、战时二种。战时之利用秘密，夫人而知之。平时国际交涉而或用秘密，则一以防列强之干预，一以免异己者之妒忌。此各国运用秘密主义之大概也。若我国之政府，则不然。无论其为对内对外，为公事为私事，为平时为战时，为有利于我国我民，为有害于我国我民，一切以秘密出之……数十年来，我国民之生命财产，断送于若辈之秘密行为者，尚可胜数哉！"④ 认为正是由于清政府实行秘密外交，才导致中国丧失了大量利权。

除了《大公报》反对秘密外交外，《申报》也是秘密外交的激烈批评者，其反对秘密外交的态度并不比《大公报》逊色。有人在《申报》撰文指出，秘密外交已经成为清政府的外交原则。"守其秘密外交之政策，而长处吾民于昏昏长

---

① 《论政府不应再守秘密主义》，《大公报》1909年6月6日。

② 《论外交家之秘密》，《大公报》1909年12月9日。

③ 《论外交家之秘密》，《大公报》1909年12月9日。

④ 《秘密主义说》，《大公报》1909年8月27日。

夜之中。"① 清政府"一遇外交往往秘密其政策，泰然为所欲为。……故自海通以来迄于今日，自其外而言之，则惟见势力日以相迫。"② 正是由于清政府采取秘密外交，因而在外交中得不到民众的支持。"不知我国历来丧失权利之由，尽种于秘密主义，无一事不秘密，即无一事不失败。"③ 秘密外交给中国外交造成了严重的恶果。李鸿章于1896年与俄国签订了《中俄密约》，是秘密外交极大损害中国主权的典型事件。李鸿章在三国干涉还辽之后，竭力主张实行联俄的外交政策。《中俄密约》是李鸿章在访问俄国的过程中秘密签订的。通过《中俄密约》，俄国极大地扩展了在中国东北的势力。

秘密外交是封建专制制度下的产物。随着社会近代化的发展，秘密外交越来越不利于国家的发展。20世纪初年，实行宪政已经成为时代发展的潮流，但清政府仍然采取秘密外交，民众无法得知外交内幕，也就无法为政府提供支持，这给外交带来消极影响。清末知识分子对此进行了充分的阐述。如《外交报》指出："二十世纪之外交，断无有出于少数人之专制而不至于失败者。此固事势之必然，而无容复疑，非徒以空理论其是非而已。彼方挟其数千万人之同心同德，辩呼蹴踏，闯我户庭。而我仍仅恃三数人之才识谋谟，欲以遇稽天之巨漫。微论其所谋之未必是也，即令事事悉合机宜，而无全体国民之心力以为之后盾，夫亦终于必败而已。吾国办理外交六十年，而事事见绌者，职是故耳。"④ 知识分子认为政府上下隔阂，政府与国民无法形成凝聚力，从而不利于国家的发展。宪政国家由于采取代议制，可以将政府与国民有效结合起来，不仅有利于内政发展，而且可以借助强大的民气抵制外国侵略。《申报》评论道："今我国官吏，先摒绝国民之耳目，使不得与闻其事，是先已自绝其后盾。而外人得借其秘密主义，以肆其无量之要求。"⑤ 正是从此意义上，清末人士认为清政府实行秘密外交，极不利于国家，是中国外交失败的原因，呼吁清政府放弃秘密外交，及时向人民公开外交政策。

秘密外交是专制制度的产物，存在很多弊端。随着政府职能的不断扩大，外交决策的重要性不断上升，决策的内容日趋多样化，秘密外交越来越不适应社会

① 《南康教案之感言》，《申报》1907年11月10日。
② 《苏浙借款西江捕权之感言》，《申报》1907年12月2日。
③ 《论澳门勘界会议之秘密》，《申报》1909年8月9日。
④ 《论列强国际上之新现象》，《外交报》1908年总第201期。
⑤ 《论澳门勘界会议之秘密》，《申报》1909年8月9日。

发展的需要。秘密外交体制下，外交权往往集中在少数人手中，外交决策者个人凭借经验和知识处理外交事务。而进入近代社会之后，外交涉及的范围越来越广，使传统的经验决策变得苍白无力。此外，近代社会国际形势瞬息万变，只依靠个人才智很难做出比较科学的外交决策。因此，清末知识分子呼吁公开外交有着合理性，适应了时代发展趋势，是其国民意识高涨的必然要求。

三、国民外交思潮的涌动

清末报刊舆论除了对王朝外交进行批判之外，还充分地阐述了国民外交思想。国民外交，是指国民通过非官方身份参与政府外交，通过集会、舆论宣传等方式参与和影响政府外交的行为。国民外交在 20 世纪初年才开始出现，它是主权在民思想的必然产物。清末国民外交思想在拒俄运动中已初现端倪，到国会请愿运动高涨时达到高潮。清末报刊对国民外交进行了系统地评论，主张外交应该以国家为主体，依靠民众的力量，实行公开外交。国民外交的凸显是 20 世纪初年中国社会的一大变化。清末报刊发表了《论政府不应再守秘密主义》①、《订约权在朝廷之误想》②、《论今日国民宜要求参预外交之权利》③、《论政府急召集国会》④、《论民气之关系于外交》⑤、《国民的外交之时代》⑥、《所谓国民的外交者何》⑦、《外交政策之与国民》⑧、《论中国外交之改良办法》⑨、《论国民外交与官僚外交之别》⑩、《国会与外交》⑪、《国民外交之纪元》⑫ 等文章与评论，阐述了国民外交的思想，归纳起来，主要包括以下几个方面：

首先，外交权力属于国民。外交权是指对外交事务的参与决定权。近代代议制政府客观上把外交权从君主、国王手中转移到以民意为基础的代议机构中去。

---

① 《申报》1906 年 6 月 13 日。
② 《申报》1908 年 1 月 17 日。
③ 《申报》1911 年 3 月 26 日。
④ 《大公报》1908 年 5 月 13 日。
⑤ 《申报》1906 年 1 月 11 日；《外交报》1905 年总第 130 期。
⑥ 《政论》1907 年第 2 号；《大公报》1908 年 1 月 23 日。
⑦ 《大公报》1908 年 4 月 21 日。
⑧ 《大公报》1908 年 5 月 28 日。
⑨ 《大公报》1909 年 8 月 24、25、26 日。
⑩ 《外交报》1909 年总第 253 期。
⑪ 《国风报》1911 年第 6 号。
⑫ 《民立报》1910 年 11 月 15 日。

任何一个国家在实行宪政的过程中，都不可避免地经历外交权力中心的转移，中国也同样如此。20 世纪初年，随着对西方政治思想与外交制度了解的增多，国人意识到国家的外交权力应该属于国民，而不应该为君主所专有。

议会是民意代表机关。西方各国议会在外交事务中发挥着重要作用。一般来说，议会一般拥有以下几个方面的权利：宣战权、条约同意权、外交拨款权、外交监督权。① 清末国人也希望通过国会参与外交事务，从而在一定程度上掌握部分外交权。他们首先考察了西方国家外交权的归属情况。《大公报》对西方国会享有的外交权进行了考察。《所谓国民的外交者何》一文介绍道："民主立宪国中，其国民于监督外交而外，兼有协赞条约之权。如美国宪法缔约不经议会协赞者，不能有效是也。君主立宪各国，其议会虽无协赞条约之权，然以其为监督政府之机关，故对于外交行政上亦有上奏质问弹劾等权。"② 《大公报》另一篇评论《速开国会以为外交助力说》指出："尝考各国国会之权利，其关于条约承认权，如德国，凡缔结条约时必须与参议院同意，尤必须得代议院之承诺，其条约乃生效力。如意国，其条约若负担参政上之义务，或关于领土上之变更者，非得国会之承认则不生效力。又如法国，其条约或关于平和，或通商之事，或关于法国之财政，或关于在外国之法国人身体及财产之事，亦必须经两院之承诺方为有效。"③ 西方各国国会都享有程度不同的外交权，民众通过议会可以间接参与外交。

在明了西方国会外交权分配的基础上，知识分子希望中国仿照西方，给国民一定的外交权。他们认为国民有监督、参与外交的权利，任何外交条约都必须经过国民的同意才能有效。他们主张国家以立法的形式把国民的外交权利确定下来，使国家外交决策纳入到依法运行的轨道上来。

《国风报》发表的《国会与外交》一文指出：国会作为民意代表机构，应该具有一定的外交权利。国人要求凡涉及"领土之变更也"、"关于财政之负担也"、"则为关于立法之事项也"等方面的外交事项，必须经过国会的表决才能生效。④ 作者认为，国会具有外交决策权可以杜绝各国随意勒索，有利于维护国家主权。在立宪呼声日益高涨之际，舆论希望清政府能够放弃外交权属于朝廷的

① 俞正梁等著：《全球化时代的国际关系》，复旦大学出版社 2000 年版，第 85—86 页。

② 《所谓国民的外交者何》，《大公报》1908 年 4 月 22 日。

③ 《速开国会以为外交助力说》，《大公报》1907 年 11 月 16 日。

④ 《国会与外交》，《国风报》1911 年第 6 号。

观念，给予民众一定的外交权。①

《民立报》社论《外交与宪法之关系》指出："吾国民只知要求立宪，而不知力争宪法上参与外交之权，为外交上受病之真原因也。"② 封建专制政府不容许国人有外交权，虽然清政府宣布立宪，但仍然不想让国民享有外交权。清政府公布的《宪法大纲》，仍然规定外交权属于君主。《民立报》对此进行了批评："《宪法大纲》公布已两载矣，其君上大权章第七条规定有曰：'一，宣战、媾和、订立条约、派遣使臣与认受使臣之权'其下复注曰：'国交之事由君上亲裁，不付议院议决'。吾读至此，不禁太息痛恨于起草诸人。"③ 对清政府独揽外交权的做法非常不满，要求国民争取将外交权以宪法的形式确定下来。

《申报》刊登了《论今日国民宜要求参预外交之权利》、《订约权在朝廷之误想》等评论，系统阐述了国民应该享有外交权以及如何规范外交权。《申报》认为中国以往外交失败的重要原因，就在于国民没有外交权。由于国民对政府外交决策不甚了解，因此容易对政府产生不满，这样，政府无法与国民团结一致抵御列强的要挟。中国之所以丧失大量的利权，"推厥弊原，无非上下隔阂，内外夹攻之咎有致之也。"④ 如果想要改善外交现状，"惟有要求宪法当有议会之条约承认权，凡通商事务及领土割让，与夫国民一切负担义务之条约，皆必经国会之承诺而后有效。"⑤ 只有给予国民一定的外交决策权，国民才能有效支持政府外交。清末中国正值危急存亡之秋，外交在国家中的地位日益重要。此时国家更应该放弃专制，让民众享有一定的外交权。他们呼吁："外交权为吾国民今日之所必争"⑥。宪法是国家的根本大法，国民的外交权应以法律的形式规定下来。《申报》呼吁："今日吾民欲参预外交，非从根本上要求之不可。……莫如乘此时机，先要求将宪法纂拟时与吾民参预条约之权。宪法虽为国家不刊之大典，不得轻事变更，非如他项法律可以随时增删修改。"⑦ 只有在宪法中明确做出规定，国民的外交权才能得到保障。

① 《国会与外交》，《国风报》1911 年第 6 号。
② 《外交与宪法之关系》，《民立报》1911 年 3 月 24 日。
③ 《外交与宪法之关系》，《民立报》1911 年 3 月 24 日。
④ 《论收回旅大亟宜准备》，《申报》1911 年 3 月 5 日。
⑤ 《论收回旅大亟宜准备》，《申报》1911 年 3 月 5 日。
⑥ 《订约权在朝廷之误想》，《申报》1908 年 1 月 27 日。
⑦ 《论今日国民宜要求参预外交之权利》，《申报》1911 年 3 月 26 日。

　　清末知识分子对外交权的要求，反映了民族资产阶级日益高涨的参政意识，表明了他们迫切希望改变清政府外交专制的愿望。历史发展表明，资本主义三权分立的政治制度建立之后，"外交决策不再是个人不受制约的独断行为，外交决策机制被纳入到由宪法和法律约束，由行政、立法、司法三个不同职能部门相互制约的轨道上来。"① 清末正处于由封建专制制度转向立宪政体之际，国人自然不能容忍清政府在外交事务上的独断专行，因此必然会提出外交权的要求。清末国人对外交权的要求符合历史发展的潮流，显示了中国外交观念的变化。

　　其次，外交以民力为后盾。清末报刊在阐述外交权利应该属于国民的同时，还指出外交应以民力为后盾，而不应只依靠少数官员。

　　清末知识分子开始对国民的力量有了充分的认识。他们认为国家的强弱与国民素质的高低有着密切的关系，并且将国民作为国家兴衰的重要因素。清末报刊对国民的重要性的论述比比皆是：如《夏声》杂志指出："民气之在国家，犹精神之在身体，强弱系之，生死关之者也。故觇国家者，觇其民气而已。"② 《国民报》认为："今日已二十世纪矣，我同胞之国民当知一国之兴亡，其责任专在于国民。"③ 《东方杂志》有文曰："国家之盛衰强弱，必视国民之爱力以为衡。"④ 《国民报》指出："中国之有国民也，则二十世纪之中国，将气凌欧美，雄长地球，固可跷足而待也。中国而无国民也，则二十世纪之中国，将为牛马为奴为隶，所谓万劫不复者也。故得之则存，舍之则亡，存亡之机，间不容发。国民之不可少也如是。"⑤ 从以上材料不难看出，国人认为国民对于国家的兴衰非常重要。

　　正是基于此种认识，知识分子主张政府在外交中应该充分依靠民众的力量。国家外交政策如果得到民众的支持，在实际执行中就可能收到较好的效果。近代社会信息有了极大的发展，国民通过报刊等传播媒介可以获悉政府的外交谈判结果。他们通过集会、结社、通电、演讲等方式，表达对政府的支持或者不满，因此，任何一个政府都不可能完全忽视民众的意愿。现代国家都非常重视本国国民对外交的支持。"各国政府都通过定期不定期的外交问题讲话、外交部新闻发言

---

① 赵晓春：《发达国家外交决策制度》，时事出版社 2001 年版，第 33 页。
② 《论中国现今之民气》，《夏声》1908 年第 3 号。
③ 《二十世纪之中国》，《国民报》1901 年第 1 期。
④ 《论今日国民之动作》，《东方杂志》1906 年第 1 期。
⑤ 《说国民》，《国民报》1901 年第 2 期。

人的记者招待会、发表施政报告或外交白皮书，向本国民众交代本国的对外政策、本国的外交进展情况、本国面临的国际环境，以试图获得民众的理解和支持。"① 一个国家在实行对外政策时，如果得到民众的支持，就可以增加外交谈判的筹码。反之，就会给外交活动带来很多障碍。清末知识分子正是认识到民众对外交的重大作用，所以呼吁政府在外交中充分依靠民众。《申报》指出："盖国际竞争之事，必以国民为极大之后援，故政府当进而养成国民之外交援助力，以为解决外交困难唯一之法。"②《民呼日报》呼吁："国民为外交之主体，故对付困难之外交，莫不以民气为后盾。"③《外交报》认为："以国民精神为原动力，以国家之权利为目的，列国之外交乃如是，列国外交之方针乃如是"④。《大公报》论道："外交之所以制胜者，不在于志在必用之武力，而在于不可轻侮之民力乎。"⑤《民立报》指出："二十世纪以前，政府外交之时代也；二十世纪以后，国民外交之时代也；二十世纪以前，仅凭政府之外交犹可以图存；二十世纪以后，非合国民之外交不可以立国。"⑥ 清末知识分子将民气作为外交取胜的一个重要因素，普遍认为国际竞争是国民与国民之间的竞争，政府应该充分重视民众的力量。变专制外交为国民外交，是中国摆脱外交困境的重要方法。

那么，如何才能使国人更好地支持外交呢？清末人士认为，国家不应该采取秘密外交，必须及时向民众公开国家对外政策、外交谈判的过程等，以争取民众的理解和支持。

清政府一贯采取秘密外交，在外交中没有有效依靠民力，这是外交失败的重要原因之一。中国没有强大的军事力量作外交后盾，在此情况下更应该重视民众的力量，积极采取措施，争取民众支持政府。如果国民普遍关注外交，那么，"政府即属无用，而有国民以监督其后，亦不致贻误多方"⑦。鸦片战争之后，清政府签订了大量丧权辱国的条约，一方面固然由于国力衰弱，但清政府不依靠民众也是外交失败的重要原因之一。《东方杂志》指出："夫外力之敢于凭陵而外

---

① 俞正梁等著：《全球化时代的国际关系》，复旦大学出版社 2000 年版，第 110 页。
② 《订约权在朝廷之误想》，《申报》1908 年 1 月 27 日。
③ 《论外部对内对外之谬妄》，《民呼日报》1909 年 6 月 23 日。
④ 《论国民外交与官僚外交之别》，《外交报》1909 年总第 253 号。
⑤ 《为辰丸事敬告政府》，《大公报》1908 年 3 月 18 日。
⑥ 《国民外交之纪元》，《民立报》1910 年 11 月 15 日。
⑦ 《论全国人对外之意见》，《东方杂志》1904 年第 11 期。

交之所以困难，执政之臣所由日不暇给者，以吾之寡助耳！今一旦奋然除旧习之
拘挛，举外交政策公诸天下，合群策群力以筹应付之方。"① 这样才可能挽回外
交上的颓势。《申报》认为：现在中国"则惟有撤去政府的外交，而改用国民的
外交之一法"②，国家外交才会有所改观。《民立报》呼吁："欲立国于当今之世，
断不可不注重外交；欲外交欲获优胜之利，又不可不唤起全国人民。"③ 国家要
争存于世界，必须唤起民众，使其注意外交，从而举国一致支援政府。《大公报》
也指出："我国民痛外交之失败久矣，然当此强邻逼处，存亡一线之秋，断非政
府三数人之能力，所可挽回既失之主权，图将来之胜利者。居今日而欲求外交之
不失败，除使政府的外交变为国民的外交，又岂有他道乎？"④ 由上不难看出，
清末报刊舆论大都认为：欲要挽回外交失败的局面，必须依靠民众，实行国民外
交，此种观念在当时相当普遍。

　　清末国民外交思想的形成，表明了中国人的外交观念已经脱离了中世纪的范
畴，而迈入了近代社会。古代外交的特点是：外交以王朝的利益为宗旨，以君主
的意旨为转移，国民没有外交权。近代社会则不然，由于承载传统外交的社会基
础和政治体制发生了重大的变化，外交不再是君主个人的专利，它已经成为全体
国民关注的重要领域。清末报刊对王朝外交的批判和对国民外交的呼吁，表明了
国人外交主体意识的转变：外交不再以王朝利益为中心，而是以国民利益为旨
归。综观清末报刊评论对国民外交思想的阐述，充分显示了中国外交观念的巨大
变化及外交民主化的发展趋势。不可否认，国民外交可以对政府外交产生巨大的
影响，但并不能从根本上挽救国家外交。在弱肉强食的国际社会里，强大的综合
国力是外交制胜的决定性因素。清末宪政思潮空前高涨，国人对民主政体抱有美
好的幻想，以为民主政治可以改变中国的外交现状，这一历史背景使知识分子放
大了国民外交的作用。

---

①《论列强竞争之前途与应付之法》，《东方杂志》1907 年第 12 期。

②《论中美联盟之机会》，《申报》1911 年 5 月 29 日。

③《国民外交之纪元》，《民立报》1910 年 11 月 15 日。

④《所谓国民的外交者何》，《大公报》1908 年 4 月 22 日。

第二节　报刊评论中的外交策略

外交策略是指在外交活动中所运用的方法与手段。外交策略运用得当就会促进外交事务有利于本民族整体利益的获得。清末知识分子对外交策略较为重视，他们对中国应该运用哪些外交策略进行了讨论。

一、利用国际法文明排外

利用国际法文明排外的主张在清末有很大影响。清末报刊对文明排外做了不少评论，其核心思想是运用国际法与强国进行交涉，通过文明和平的方式维护国家主权。利用国际法文明排外策略的提出有着特定的历史原因：义和团运动对中国知识分子造成了刺激，他们认为暴力会导致列强干涉，主张通过和平的方式维护国家主权。综观清末报刊对这一策略的评论主要表现在以下几个方面：

首先，重视国际法在外交中的作用。

国际法是近代国际关系的准则，在维护国际社会秩序方面有着一定的约束力。中国早在洋务运动时期就开始翻译西方国际法著作，并逐步在交涉中运用国际法。但直到 20 世纪初年，国人对国际法的关注才普遍加强。由于中国根本无力通过军事手段收回国家主权，因此，运用国际法文明排外便成为中国大多数知识分子最现实的选择。清末报刊对国际法的作用较为重视，有关国际法的介绍性和评论性文章在各个刊物上比比皆是。如《译书汇编》、《政法学报》、《外交报》设立了国际法栏目，大量翻译介绍国际法知识。清末国人认为，国际法是维护国家主权的重要工具，中国以前外交失败重要原因之一是由于不明白国际法。如《外交报》社论《论利益均沾之约》指出："通商以来，国家受挫于条约者，除法权、税权而外，尚有利益均沾各条。论者以此谓外人协以谋我，几不视为与国之交际，而视为群啜之阴谋，此不讲国际法之过也。"[1] 此外，《论中学当增设外交学一科》一文也评论道："吾国开关以来六十余年，交涉之事屡见，失权丧地之举，不一而足。而穷其真相，不过是二者之相为循环而已。无他，不明国际公

---

[1] 《论利益均沾之约》，《外交报》1909 年总第 245 期。

法，于应有应尽之大义，均为有所当耳！"① 除了《外交报》认为不懂国际法是中国外交失败的重要原因外，《二十世纪之支那》也持此观点。其在《国际法上之国家》一文中分析道：中国外交失败"不能不归咎于我国人之不知国际法矣"，② "二十世纪中国而欲改革也，不可不知国际法。……二十世纪新中国欲成立也，更不可不知国际法。"③ 国际法是近代西方国际社会通行的准则，在国与国的交往中发挥着重要的作用。因此，清末国人强调在外交中要充分重视国际法。从1908年开始，《外交报》聘请法政专业留学生撰写"论说"栏目④，从国际法视角对中国外交进行了评论，内容涉及外交事件、不平等条约、领事裁判权、最惠国待遇、国籍法等内容，其主旨是如何利用国际法维护国家主权。

国际法是国际社会运行的重要准则。虽然国际法并不能从根本上保障国际社会的公正，但是并不意味着在外交中就可以完全舍弃国际法，对于中国这样的弱国尤其如此。在无力改变国际社会规则的前提下，重视国际法无疑是必要的。作为近代国际社会的一员，中国自然应该研究、利用国际法，但知识分子将外交失败的原因归结为不懂国际法，则不符合历史事实。诚然，在中西方最初接触时期，中国由于不懂国际法对一些危害性较大的不平等条款没有清醒认识。如英国通过《虎门条约》获得了领事裁判权、片面最惠国待遇权、居住及租地权。这些不平等条款却是在战后两国"平等"相商缔结的。在英国政府为获得如此特权沾沾自喜之时，清政府官员以及道光帝却对此没有丝毫察觉。由此不难看出，不懂国际法给中国外交带来多大的危害！清末知识分子强调在外交中重视国际法有着合理性，但如果将不懂国际法归结为外交失败的原因就有失偏颇。以《虎门条约》为例，如果不是英国以武力威胁，清政府自恃难以应付，清朝是不会签订此种条约的。近代以来中国签订的不平等条约，完全是西方列强凭借武力强加给中国的。

其次，主张通过和平方式维护国家主权。

文明排外是清末国人维护国家主权的重要手段，文明排外思潮在清末有着很大的影响。资产阶级改良派、革命派虽然在国内政治主张上存在巨大分野，但是在利用国际法文明排外这一问题上则观点一致。文明排外是清末国民外交思潮的

---

① 《论中学当增设外交一科》，《外交报》1907年总第180期。
② 《国际法上之国家》，《二十世纪之支那》1905年第1期。
③ 《国际法上之国家》，《二十世纪之支那》1905年第1期。
④ 《外交报》封面广告，《外交报》1908年总第228期。

重要组成部分，其主旨是引导国民以文明和平的方式参与外交。民众由于自身条件的制约，尤其是普通劳动人民并不懂国际法，因此在外交中容易采取暴力行为。义和团运动带给中国知识分子强烈的震撼，他们深刻意识到盲目排外的落后性，因此，主张通过和平理性的方式参与外交。

　　文明排外是《外交报》一贯的宣传宗旨。在《外交报》创刊号中，提出了文明排外的理念："吾闻日本政界有文明排外之论，是何言欤？吾国言排外数十年，撤藩割地，偿兵费，租界，势力圈，主权尽失，而转为世界诟病，皆排外之效。呜呼！彼所谓文明排外是何言欤哉？盖人之生也，无不以自利为宗旨者；国之立也，即无不以自利其国为宗旨。……人与人有伦理，而国与国有外交，要之，以保有自主权不受凌侮劫夺为界说。是故外交其表面，而排外其里面也。"①《外交报》所提倡的文明排外即通过和平的外交手段来达到挽回国家主权的目的，反对暴力排外。文明排外思想为中国一些知识分子所赞同。如麦孟华在评论义和团运动时，虽然赞扬义和团激昂的民气，但是对其暴力行为也进行了批判，希望国民能够文明排外。他指出："义和团之召乱，其害在于不审外情，谬倡排外"，"无文明之思想，则举动皆若野蛮勇悍，适以败国，而为天下之乱民；有文明之思想者，则举动皆循公法坚劲，足以立国。"② 认为暴力排外对国家有害，不能维护国家主权。麦孟华把暴力排外与文明排外称之为"腕力排外"与"心力排外"，指出："排以腕力者，愤外人之逼我，视之如仇，防之如贼。外人之来我国，必将深闭固拒。……且冒犯不匙，背公理而触万国怒也。……以心力排外者，其待外人也，礼貌有加，其善外交也，仪节不失……且惟积怨怀仇之故，则弥师其政学，输其文明，外奉其敌以为师，内善其国之政治。……此二者排外之心虽同，而排外之术迥异。此国之盛衰兴亡之所以殊其效也。"③ 在此他分析了文明排外与野蛮排外的区别，野蛮排外是盲目排外，看不到西方的长处。而文明排外则是学习西方的长处，振兴国内政治，只有这样才能达到排外的目的。

　　资产阶级革命派的一些人也主张文明排外。资产阶级革命派机关报《民报》对文明排外思想进行了较为详细的论述。胡汉民在《民报》上连载了《排外与国际法》，对文明排外思想进行了阐述。革命派提倡文明排外除了维护国家主权

①《〈外交报〉叙例》，《外交报》1902 年总第 1 期。
②《论中国民气之可用》，《清议报》1900 年总第 57 册。
③《排外平议》，《清议报》1901 年总第 68 册。

的考虑外，另外一个原因就是争取国际上对革命的支持。胡汉民在《排外与国际法》一文中论述了排外、势力范围、租借地、国家平等权、独立权、自卫权以及国际条约等一系列问题，阐明了文明排外的观点。他指出："近我国民排外之观念，与前兹排外之观念有绝异者。前兹之排外，锁国之主义也，内中国而外夷敌之思想也；今兹排外，则浸进为权利之主张。其事体大，别之为三：对于过去者为回复；对于现在者为保持；对于将来者为伸张。"① 在此，胡汉民对排外的性质与目的做了明确说明，其所提倡的排外与以前的排外迥然不同。以前国人排外主要出于华夷观念，而现在的排外则是为了维护国家的主权，是出于"权利之主张"。胡汉民将中国排外的目标分为三种："对于过去者为回复"，即收回中国已经失去的国家主权；"对于现在者为保持"，即维护现在的国家主权；"对于将来者为伸张"，即排外的最高目标，旨在收回已失国家主权的基础上，提升中国在世界上的地位。那么如何达到排外的目的呢？他认为必须通过国际法才能完成。"排外之主义不同，达其主义之手段尤不同，而误用其手段，则有与主义背驰者。其主义不谬也，非仇外贱外者也，而所用手段非国际上之可能，则结果与仇外贱外者无别。"② 通过国际法来达到排外目的，是真正的排外。反之，如果所用的手段不符合国际法，那么便是盲目仇外。"衷于贱外仇外之观念而滥用之，则悖于国际法之平等权、交通权，而其为害之结果，可以召亡，昔之言排外者所不免也。"③ 此外，资产阶级报纸《民吁日报》也对文明排外进行了论述："盖排外者，排外于法律之中，非可排于法律之外。"④ 从胡汉民的论述和《民吁日报》的评论中不难看出，遵循国际法文明排外，被一部分革命派知识分子看作中国外交的主要途径与根本出路。

　　清末国人文明排外的提出，是中国民族主义思潮崛起重要表现之一。庚子国变之后中国贫弱不堪，面临着被瓜分的危险。在日益严重的民族危机中，民族主义思潮开始在国家政治生活中发挥出巨大的感召力，成为最富有社会动员力量的思潮之一。清末民族主义思潮的崛起使国人国家主权意识更加强烈，在中国无法通过武力收回国家主权的前提条件下，通过国际法文明排外不失为一种选择。文明排外的提出，反映了国人在外交上的策略性思考。清末国人利用国际法文明排

① 《排外与国际法》，《民报》1906 年总第 4 号。
② 《排外与国际法》，《民报》1906 年总第 4 号。
③ 《排外与国际法》，《民报》1906 年总第 4 号。
④ 《国际礼仪与政治性质之区别》，《民吁日报》1909 年 10 月 30 日。

外的策略在当时有着一定的效果。如抵制美国华工禁约，由于国人采取了文明抵制行为，对美国产生了一定的压力，从而使美国在一定程度上改善了华侨的待遇。

二、运用舆论以助外交

舆论在外交中有着重要的作用，强大的舆论可以在一定程度上影响政府外交。由于外交涉及国家主权，因此，引人注目的外交事件容易在短时期内受到国人的关注。强大的舆论力量可以影响外交谈判。从清末报刊中也可以看出，国人对舆论在外交谈判中的重要作用也有着一定认识，主张在外交中要善于运用舆论。

（一）舆论在外交中有着不可忽视的作用

早在戊戌维新时期，知识分子就认识到了舆论的重要作用。舆论作为公众意愿表达，可以集合大多数人的力量影响政府决策。新闻媒体作为公众舆论的主要传播载体，在影响和形成舆论的过程中，有着举足轻重的作用。清末民办报刊纷纷崛起，成为中国知识分子表达政治观念的重要工具。在外患日亟的情形下，广大报人呼吁政府应该运用舆论以助外交。

《申报》认为，舆论在国家外交中发挥着重要的作用，刊登了一些文章论述舆论与外交的关系。在探讨报刊在外交中作用时，《申报》指出："凡与外人交涉，当借重舆论以为抵制之助"①。报纸"对于外交则代表国家，此固报界之要旨，无容疑也。"② 报纸在外交中的作用表现在："报纸杂志唤起国民之注意。日俄战役，日本获得大胜利。凯旋之时，全国人咸颂某大将之功，而某大将即归其功于报纸。英人之称杂志曰'火药库'，拿破仑之称杂志曰'毛瑟枪'。由是观之，虽谓报纸杂志乃国民军之先锋可也。故与敌国决胜负，则不可不使全国报纸杂志同一笔调，有步伐整齐之概。"③《申报》通过法国、日本的例子，认为报刊在国家外交中有非常重要的作用。报纸的作用在于唤起全国人民的注意，这样才能形成对外一致的态度，从而对国家外交产生积极的影响。其后，《申报》又在1908 年安徽铜官山矿的交涉中，进一步呼吁政府在外交中要善于运用舆论。"各

---

① 《论中国今日之内情外势》，《申报》1909 年 12 月 12 日。
② 《论愚民暴动于中国前途之危险》，《申报》1906 年 3 月 8 日。
③ 《论收回旅大亟宜准备》，《申报》1911 年 3 月 5 日。

国政治家，皆以良好舆论为国家之后援，今日中国人民之舆论，正铜官山事之后援也。"① 希望清政府能够在外交谈判中很好地利用舆论力量，达到维护国家主权的目的。在 1908 年间岛问题交涉中，《申报》为了唤起民众舆论力量，发表了《间岛问题绪言》："然我自甲午而降，兵威之不振者久。此外交当局者所为恨无强权，藉做用武之地也。顾吾则谓兵威非真强权，而舆论乃真强权。十余年来，外交失败书不胜书，然苟有舆论以盾其后，始虽小小失败，率未尝以失败终。例如某事某事，其尤著已。况今日之外交当局者，固世界列强争推为经验最富、手腕最敏之大人物乎。窃意是书一出，舆论必由之而唤起。于是政府之远猷，国民之舆论，相与有成。"② 提出了"舆论乃真强权"，对舆论在外交中的作用进行了充分的肯定。在清末宪政思潮中，国人除了要求参政权外，还急切渴望言论自由，认为报刊杂志不仅可以监督政府，而且可以防止政府滥用权力。正是在此思想背景下，舆论在外交中的作用受到了知识分子的关注。

除了《申报》认识到舆论的重要作用外，《大公报》、《外交报》等报刊也对舆论的作用进行了评论。《大公报》在评论《舆论与外交之关系》中谈道："舆论者，主张公理者也。对于政府，则代表国民之意思而贡献之；对于外交，则为政府之后盾而拥护之。此舆论之天职也。"③ 他们认为舆论在外交中的作用主要表现在两方面：对于政府，舆论可以表达国民的意愿；对于交涉国，舆论可以作为政府的后盾。《外交报》也对舆论的作用进行了肯定。论说《中美同盟之必要》指出："舆论者，政治之母也。民主政体之国家，尤以舆论为造成政治之基础。执政者亦以舆论之倾向为政府之转移。"④ 认为民主国家中舆论是国家的执政基础，民众舆论导向往往成为执政者政策变化的导因。从而主张中国政府也应该在内政外交中充分重视舆论。

从以上材料不难看出，清末报刊非常重视舆论在外交中的作用。"大众传播媒介对于一国外交决策不仅具有引导、批评的功能，而且它还具有为政府顺利地制定和实施外交政策服务的功能。"⑤ 报刊通过对事件进行有选择的、大量不间断的报道与评论，使某些事件成为公众特别关注的对象，进而形成强大的舆论。

---

① 《为铜官山事敬告我国民》，《申报》1909 年 6 月 2 日。
② 《间岛问题叙言》，《申报》1908 年 8 月 28 日。
③ 《舆论与外交之关系》，《大公报》1908 年 1 月 19 日。
④ 《论中美同盟之必要》，《外交报》1908 年总第 222 号。
⑤ 赵晓春：《发达国家外交决策制度》，时事出版社 2001 年版，第 199 页。

当舆论达到一定程度时，不仅能够影响本国政府的外交决策，而且对交涉国也能产生一定的压力，迫使其改变外交政策。清末知识分子对舆论力量有所认识，看到公众舆论在抵制侵略中可以发挥重要作用。清末知识分子舆论干预外交意识的觉醒，主要来源于中国外交失败的刺激。因为舆论具有很强的议题联系性，并非任何外交事件都可以形成公众舆论。一般来讲，如果事件涉及国家主权、民族尊严时，就会在很短的时间内形成强大的舆论力量。而对于民众不关心的外交问题，则很难形成舆论力量。大多数国民都对自己的国家和民族有一种认同感或者自豪感，如果这种感情被伤害，便会引起大众的关注和强烈反对。清末中国处于国家尊严严重受损的时期，因此，事关国家主权的交涉很容易引起舆论关注。中国国力衰弱，不能为外交提供有力支撑。那么在此历史情境中，国民舆论的力量显得尤为重要。西方理想主义学派认为：舆论的力量是最强大的。当民众认为政府的决策不符合他们的利益或者不道德时，社会就会形成强大的舆论力量，这种舆论力量足以左右政府的政策。任何政治家、政客或者精英领袖，只要他能够唤起大众舆论的支持，那么就很容易推行自己的意志。国际关系学家俞正梁也认为："外交和内政密不可分，外交的成功需要国民的支持。同时，成功的外交也可以增加政府的合法性。因此，各国政府都在不同程度上加强了外交的公开性和透明度。同时政府也试图接受来自国民的意见，并在其对外政策中体现出来，通过这种双向的信息反馈，一国的外交可望在国内得到更坚实的支持基础，并能够在对外交涉和谈判中处在强有力的地位上。"① 民众舆论与国家政策的良性互动可以增加国家外交谈判中的力量。清末中国处于民族危亡的紧要关头，政府在外交中更应该注意运用舆论。如果能够很好利用舆论，就会在外交谈判中增加自己的力量，舆论对于外交的影响是不可忽视的。清末报刊对舆论作用的倡导具有科学性与合理性。

（二）批判政府在外交中无视和压制舆论的行为

清末报刊不仅分析了舆论对外交的重要作用，而且，对清政府压制公众舆论的行为也进行了批判，呼吁政府应该充分重视舆论的作用。

《大公报》积极宣传民主与启蒙，在清末以"敢言"著称。对清政府内政、外交等问题都发表了非常尖锐的评论。从《大公报》的言论中，我们可以了解清末中国知识界对清政府压制舆论的抵触心理。1908 年 1 月 19 日，《大公报》对

---

① 俞正梁等著：《全球化时代的国际关系》，复旦大学出版社 2000 年版，第 110 页。

清政府压制公众舆论的行为进行了批评："近日之铁路债款问题、西江主权问题，皆关系于全国命脉之生死，事情非常之重大者。而外部诸公，晏然而不惊，熟视若无睹，唯唯诺诺，举国惶惶。而外部诸公对于此震山撼岳之潮流，雍容谈笑以出之，谓不过报馆之造谣而已。呜呼！以金科玉律最可宝贵之舆论，而目之为造谣。"① 对清政府无视公众舆论的行为表示强烈的愤慨！此后，《大公报》在1909年8月，针对清政府禁止报刊报道东三省交涉一事进行了批评："我今日国民有一最可伤心、最可动目之事，莫如政府禁止报馆记载东三省交涉事件是已。夫东三省之存亡，关系于全国之安危，凡为国民一分子者，莫不痛痒相关，视为利害切己之事。而执意我冥顽之政府，竟敢于舆论勃兴，宪政进行之际，出此愚民之手段。或者疑政府此举，实为蒙蔽国民授权外人之地步。吾始焉未敢深信，继而思之，觉向之种种交涉所以迁延未结者，实由报馆监督之力。铜官山案使无报馆以监督之，何以有代表之抗议？福公司案使无报馆以监督之，何以有豫绅之力争？是则政府之忌恨报馆，仇视舆论其所由来者久矣！"② 该评论认为，以前正是由于舆论的干预才阻止了清政府签订损害国家主权的条约。而今，东三省交涉事关全国安危，清政府竭力压制民众舆论，无疑是想要在外交中出卖国家的主权。舆论对国家外交有监督作用，政府不应该仇视舆论，而应该藉舆论以助外交。1909年9月18日，《大公报》再次发表社论《外交家之手段如是》，对外务部要求封禁报馆压制舆论的行为进行了批评："外部之仇视报馆已非一日，在此事未发以前，曾屡咨民政部处罚某报，然民政部为执行报律之机关，不得于法律之外另加苛罚。报馆既未违犯报律，何能出乎报律之范围，予以特别之封禁。"反对清政府禁止报纸议论外交。

　　清末中国思想界非常活跃，民办报刊纷纷崛起，成为国民舆论的有力传播媒介。民间传播媒介经济自立，无需官方资助，不用听命于政府，这些因素使得他们在介入外交过程时，具有较大的自由度。正因如此，民间舆论与政府之间在外交问题上经常出现分歧。清政府虽然也在外交中利用舆论的力量，最为典型的是中美华工条约交涉，但在交涉最后往往分道扬镳。公众舆论与政府外交经经常存在分歧，而清政府在舆论与自己政策不一致时，往往采取压制政策。清末报刊对清政府压制公众舆论的行为进行了批判，表现出强烈的国民意识，认为报刊传媒

---

① 《舆论与外交之关系》，《大公报》1908年1月19日。
② 《警告外交官》，《大公报》1909年8月12日。

应该承担起维护国家主权的重任。

（三）主张在外交中要正确运用舆论

清末知识分子在阐明利用现代舆论支持外交的同时，也对舆论的负面作用有所认识。外交学理论认为："对外政策涉及一国的最高利益，决策环境又变化莫测，需要决策者掌握充分的情报和专长，以便在风云变幻的国际环境中及时果断地做出正确抉择。从对外政策决策的这些特点来看，缺乏信息和专长的公众并不是最佳的决策角色。"① 因此，普通公众通过舆论在介入政府外交时，并不一定都能起到积极作用。如果报刊传媒报道失实的话，那么就会对外交产生负面影响。

《申报》对当时舆论存在的弊端进行了分析："方今志士，一遇外人要求之风说，则合力以抵抗之，一闻主权丧失之传言，则群起而呼号之。其爱护祖国之热心，为我国最可宝贵之事。记者曾敬之重之，爱之幕之，崇拜之而祝祷之矣。虽然，事必调查翔实，而后心不妄用，言必采访确凿，而后力不妄施。若未得其虚实，未悉其底蕴，而概以一往无前之气应之，则其患约有三端：如去年德人占据海州、日本割闻换辽之说起，内地群情激奋，士民演说抵制，留学生亦复警电迭传，要请坚拒。其卒也是失实，或系诬传，致惹起外人猜忌，而诬我以排外之名，一也。民气之养成甚难，不分驰于无用之地，斯聚精会神于正当之交涉，而其气益厚。倘若轻动妄举，则再而衰，三而竭，而于不得不用之地，民气反致不顾，二也。抑民气之作用也，在一二之上等人鼓动之、提倡之，倘所以提倡之、鼓动之者屡有误，用则群情必滋疑虑，而不肯轻信。万一以后遇有确当之用，反致将信将疑而徘徊瞻顾，三也。近来各国圈俟，乘间攫我利权益，索我主权者日逼日迫，此正我民气应用之时。"② 《申报》针对媒体的误导之处进行了评论，认为媒体在舆论宣传中应该慎重，只有发布正确的舆论，才能达到支持国家外交的作用。

《国风报》也对如何正确运用舆论进行了评论："舆论苟不正当，则必不能举向导、监督之实。岂独不能举向导、监督之实而已，且为宪政之梗而反以误国"。"我国今日之舆论，其果皆出于精密审断者乎？今日而曰争回路矿也，哄而应者千万人，明日而曰商办铁路也，哄而应者亦千万人。彼所主张者，固非必谬

---

① 俞正梁等著：《全球化时代的国际关系》，复旦大学出版社2000年版，第90页。
② 《论日本经营满洲内政》，《申报》1906年5月5日。

误也，应声而来，盲从而去，其能深察此事之真相，与其所主张之理由者，则十无二三焉。舆论之初起，鹰举雾集，不及数月，则已音沉响寂，消灭于无何有之乡矣。若是之舆论，是曰浮议。"① 报刊一旦在民众中造成了强大的舆论，就应该对其进行有效引导，最终达到维护国家利益的目的。

　　清末国人对舆论的注重和运用，是当时中国外交观念的一大变化。中国古代虽然也存在舆论，但并没有构成政府制定政策的考虑因素。在专制时代，舆论在国家政策制定中基本没有空间。近代报刊传媒等舆论载体大规模出现，国民参政意识和国民意识的觉醒，这些因素都促成了公众舆论对国家政治的干预。随着社会开放程度和近代通讯手段的发展，公众舆论在外交中地位越来越重要。公共外交在各个国家被广泛重视，现代国家通过外交问题讲话、记者招待会、发表外交白皮书等方式与公众沟通，试图获得民众舆论的支持。清末中国民办报刊大规模涌现，这就为公众舆论崛起提供了广阔的空间。在中国国力极度衰弱的情况下，国家利用舆论支持外交不失为一种策略性的选择。清末国人利用舆论支持外交的思想，具有可行性与合理性，表现出鲜明的近代特征。

三、使用均势外交策略

　　均势策略的主要原则是通过改变各国的实力对比，使其互相牵制，最后达到维护自己国家利益的目的。清末中国知识分子为了在列强环伺的局势中挽回国家主权，非常重视均势策略在外交实践中的运用。在东三省交涉、西藏问题、路矿权等一系列交涉中，报刊舆论都将均势作为解决问题的方法之一。清末国人均势外交策略思想，主要表现在三个方面：

（一）将各国争夺之地辟为通商公地

　　开辟通商公地，即开埠通商，允许各国在此地进行国际贸易。开辟通商公地是均势外交策略的实际运用，它以机会均等为旗号，在同一地区引进不同国家的势力以相竞争，形成列强制衡局面以避免一国独霸。国人开辟通商公地的主张包括以下内容：我国掌握主动权和管理权，外人可以自由贸易但不能占领中国的土地。开辟通商公地是国人试图挽回国家主权的一种方法，戊戌变法之后开始付诸于实践，截至清末，中国共有 36 个商埠。这些中国主动开放的商埠，"最显著的特点在于权操自我，不辟租界，自主管理，外人可以共享其利，却不能独占其

---

① 《立宪政治与舆论》，《国风报》1910 年第 13 期。

地，由此国家主权得以部分保全。"①

在东三省问题上，国人一致主张将其开辟为通商公地，以抵制俄国侵略。俄国1900年趁义和团运动之机出兵中国东北，迟迟不肯撤军。清末国人认为在国力不济的情况下，可以通过开辟通商公地的办法，打破俄国在东北的垄断地位。《大陆报》在东三省问题上，主张开埠通商以保主权，指出中国"莫如实行开放满洲，更广其范围，密接列国于满洲通商之利害，不使一国得其特别利权。换言之，则与最亲近之一国缔立条约，须限于他国亦可均沾之范围。若为维持满洲安宁计，于行政上不能不籍日本之力，亦必得到列国协赞而后可。……为中国计，但顾外交上之利害而已，均势即为外交上唯一之生命，持此方针前进，决不至于陷入重围。"② 认为可以利用均势策略使各国互相牵制从而达到维护国家主权的目的。由此不难看出，该作者主张在东三省引入日本、美国等列强的势力，使其互相制衡，最终防止俄国独霸。此后，西藏问题上，时人也将开辟公地作为维护中国领土完整的策略之一。1903年英国、俄国在西藏争夺加剧，如何维护西藏的独立，成为中国人关注的焦点。《申报》在谈到如何解决西藏问题时主张将其辟为公地，允许各国自由通商，企图使各国互相牵制，最终防止英、俄两国吞并西藏的目的。如《申报》指出："今天若于两国俱未侵占之时，辟为各国公共通商之地，则藏为万国公地，英、俄均不得侵。如是则于我无损，而藏地可以永存。"③ 将西藏开辟为各国共同通商之地，通过各国之间势力制衡使英、俄两国不能瓜分西藏。

均势是近代国际关系中最重要的理论之一。均势的主要目的是通过改变其他各国的实力对比，使自己获得最大利益。现实主义国际关系学家摩根索认为，均势模式主要分为两种：直接对抗型与竞争型。竞争型模式涉及更多的国家，而直接对抗模式主要为两个国家直接对立。一般来说，竞争型模式比两国直接对抗的模式更具有稳定性。清末国人开辟公地的主张，则是希望通过更多国家介入，变直接对抗型为竞争型模式，从而维护中国局势稳定。清末中国处于列强争夺的中心，如果中国与强国直接对抗，因实力对比上存在巨大的差距，必定处于不利地位。如果将列强争夺的区域开辟为各国通商之地，就会使列强互相牵制，减少中

---

① 杨天宏：《口岸开放与社会变革——近代中国自开商埠研究》，中华书局2002年版，第40页。
② 《东亚外交之前途》，《大陆报》1905年第4号。
③ 《筹藏策》，《申报》1903年12月15日。

国的损失。此种主张从学理上来说有一定的可行性，但在操作时往往会遇到现实的困境。尤其对于像中国这样的弱国，实行均势政策往往没有预设的顺利。以李鸿章为代表的洋务派把传统的"以夷制夷"的策略和均势论结合，企图利用西方国家的各自情况维护自己的利益。从实际情形来看，自清政府开放商埠以来，在筹款、管理、整体规划等方面存在诸多问题，并没有达到预期的目标。

（二）重视结盟

联盟是实现均势外交的重要手段之一。摩根索认为："联盟是在一个多国体系内起作用的一个必不可少的均势功能。"①"均势在历史上最重要的表现形式，并不见诸两个孤立国家之间的均衡，而是见诸一个国家或国家联盟同另一个联盟之间的关系。"② 联盟一直是外交家经常使用的重要手段之一。清末的知识分子也将联盟作为均势外交内容之一。

20 世纪初年，世界各强国之间关系错综复杂，联盟的现象比较普遍。清末报刊评论中"同盟"、"协约"词汇的流行，表明了国人对各国外交离合的关注，同时也表明其非常重视联盟手段。在他们的视野里，国际社会充满了纷争，这使他们意识到联盟的重要性。《外交报》指出："以今日世界大势，断无一国独立而可不与他国联盟之理，则我中国之宜与何国联盟，此题亦亟应研究。"③《民吁日报》论道："世界列国尝以同盟国之缔结，为国家自身相互之发达……联盟之事，固无害于国家之发奋自立。"④《申报》也认为："大抵列邦并峙之秋，存亡之机，决于强弱之势而已。势之强弱，角于内治，尤角于外交。泰西诸大国日夜策联交之利害，而施其计划，或离间彼交披其势，或要结与国以为我助。使车日出，新报夕播，百计以刺探阴谋，重金以购求密约，其视联交之重如此。"⑤ 从以上材料可以看出，这些评论作者主张在当前国际纷争激烈的形势下，中国应该重视与别国结盟。

如何与别国结盟？选择什么样的国家进行结盟？国人认为在同盟的选择上，必须首先考虑国家实力的差距。梁启超认为两国有等同的实力和同样的目的时，

---

① ［美］汉斯·摩根索著，卢明华等译：《国际纵横策论——争强权，求和平》，上海译文出版社1995 年版，第 238 页。

② ［美］汉斯·摩根索著，卢明华等译：《国际纵横策论——争强权，求和平》，第 238 页。

③ 《论政府联德之风说》，《外交报》1906 年总第 150 期。

④ 《中国外交回顾之愧叹》，《民吁日报》1909 年 10 月 16 日。

⑤ 《论联日之利益》，《申报》1901 年 12 月 4 日。

才可以结盟。"两国有同等之实力者，可以结同盟"；"两国有同一之目的者，可以结同盟"①。如下情况不能运用结盟的外交手段："凡弱国非为进取起见，不可与强国同盟"；"凡弱国方为数强国所争者，不可与争之国结同盟"②。如果结盟手段运用不当的话，反而会给国家带来损失。《外交报》指出，国家必须在利害相同，强弱相等的条件下，才可以联盟。"故其国联盟，既宜利害相等，尤必强弱相等，始可以安联盟之基础。"③ 此外，清末人士认为联盟的主要目的是为了维护自己国家的利益，联盟"必其有利于己者也；不然，则两力相敌，而不能相下者也；又不然，则必有同一关系之大利害，而不容一人私为禁脔者也。非是三者，则联盟必不成，即成矣，而无谓之结合，其势必不能以持久。"④ 联盟主要目的是为了维护各自的利益，利益是结盟的基础。每个国家都将自己国家的最高利益作为外交的目标，因此，在结盟的过程中必须对双方的利害进行正确分析。如果盟国双方实力差距过大时，弱国与强国结盟往往对弱国不利。弱国与强国结盟遭致对方侵略，最为典型的是 1896 年中国与俄国结盟。1896 年 6 月李鸿章与俄国签订了《御敌互相援助条约》，通过此条约俄国获得了中国东北的大量权利，但是中国并没有得到预期的和平与保障。义和团运动期间，俄国出兵占据中国东北就是对中俄联盟的最大讽刺。这使一部分国人认识到了弱国与强国联盟的严重后果。正是在此历史情境之下，他们才对国家之间结盟的条件形成较为正确的认识。

　　在与哪个国家结盟的问题上，国人也进行了思考。20 世纪初年，中国人普遍对俄国有恶感，往往将俄国作为结盟的主要针对目标。1900 年俄国趁义和团运动爆发之机，出兵侵占了中国东三省。此后，虽然经过长期的外交谈判，但俄国仍然在东北驻扎着大量的军队。正是由于此种情形，国人在谈到联盟时，自然将反对的主要目标指向俄国。如《外交报》指出："二十年来中国外交之枢纽，莫不以俄约为重心。千端万绪，风云离合，而终不离其宗。"⑤ 如《申报》评论道，在东三省问题上，"断不能不联合友邦与之申论……为今之计，无如实心联

① 《中国外交方针私议》，《国风报》1910 年第 24 号。
② 《中国外交方针私议》，《国风报》1910 年第 24 号。
③ 《论中日联盟》，《外交报》1905 年总第 128 期。
④ 《论中美同盟之风说》，《外交报》1908 年总第 220 期。
⑤ 《论俄约之不可轻许》，《外交报》1906 年总第 142 期。

络一二国以为援助。"① 主张联合英国与日本对抗俄国。日俄战争后，国人对日本的侵略有所警觉，他们意识到日本对中国已经造成了威胁。《外交报》在日俄战争后，主张中国应该与美国联合对抗日本。"美则志在握太平洋之权，俄遑志于太平洋岸，非所愿也。彼新兴之日本，尚无志争此太平洋海权，况美之实力足以吸日，美之量足以含日，美之志又在于用日，不必明袒日本。而举动却适以袒日本，故今日欲先商中国自处之策，舍美其谁?"② 美国在中国实行"门户开放"政策，注重商业利益的争夺，而没有侵占土地的野心，这使得国人认为美国可以作为联盟的对象。

最后，国人还对联盟的作用进行了评价。他们大都认为联盟并不是解决外交问题的根本办法，国家在寻求盟友的同时也应该变法自强。"然联合以为援助，尚是急则治标之法，而求其本，则仍在力图自强。"③ 要想改变中国外交的根本状况，只有国家自强才能实现。国家在外交活动中应该运用结盟的外交手段，但是对其不应该过度依靠。

（三）不结盟也是实现均势的重要方法

英国以实行均势外交而著称，其主要特征就是维持欧洲大陆的均势，实行光荣孤立的政策。清末人士认为中国也可以仿效英国实行不结盟的政策，通过外交手段平衡列强势力，在列强均势中求生存。

世界是由相互冲突的国家构成的，每个国家只能依靠自己的实力解决争端，维护国家利益。因此，避免冲突和保障安全的最佳策略是维持各国之间的均势。报刊舆论认为中国之所以没有被瓜分，是由于列强实行均势政策的结果。《民报》指出："列国对于支那问题时以均势主义约束其野心，盖势不均，则冲突骤起。"④ 《大陆报》慨叹道："不求自立，日依他人肘膝为荫庇，天下古今，断无如是之国，苟有是国，不亡待何?"⑤ 《申报》评论道："中国今日尚未瓜分者，岂中国人之能力哉? 列强之均势为之也。"⑥ 国人认为列强通过条约等方式在短时期内实现了利益均衡，谁都无法吞并中国，此种观点可谓看到了列强的本质。

---

① 《制俄篇》，《申报》1903 年 2 月 12 日。
② 《论中国宜筹保全土地权之策》，《外交报》1905 年总第 112 期。
③ 《阅报纪德美猜忌及英美交涉二节因合而推论之》，《申报》1903 年 3 月 14 日。
④ 《关于最近日清之谈判》，《民报》1905 年总第 1 号。
⑤ 《外交论》，《大陆报》1903 年第 10 期。
⑥ 《论收回旅大亟宜准备》，《申报》1911 年 3 月 5 日。

清末人士希望通过外交维持列强在中国的均势，以避免被瓜分的命运。梁启超曾撰文《中国外交方针私议》，主张中国实行不结盟外交政策。中国为弱国，不宜与列强联盟，可以"效英国前此所谓名誉孤立而已"①。《申报》也认为："中国现与各国交涉，自宜如五雀六燕，铢量悉称，冀长享太平。一有偏倚，祸机即伏于其中，祸机一伏，畸轻者固有不直中国，而中国必受其侮。……大抵交涉之道，不外'抵制'二字。中国苟能力图自强，即处屡弱之时，介于两大而外交处处合法，不难借彼以制此，借此以制彼。"② 中国如果想要避免被瓜分的命运，应该运用均势策略，使列强之间互相牵制，最终达到维护国家主权的目的。

　　均势理论作为国际关系学中最重要的理论，一直在外交实践中发挥着重要的作用。清末国人的均势策略观混合着科学、理性与感性的成分。一方面，他们对均势外交策略的认识是建立在西方外交理论基础之上的，对结盟的条件与结盟的主要原则分析比较透彻，表现出对均势理论的准确把握。另一方面，他们的均势观中包含感性成分。如，有人将联盟作为维护国家主权的重要手段，以为固结强援就可以高枕无忧，表明对国际政治缺乏深刻理性的把握。

---

① 《中国外交方针私议》，《国风报》1910 年第 25 号。
② 《论英俄猜忌》，《申报》1903 年 3 月 3 日。

第四章　清末报刊评论中改善中国外交的思索

第一节　实行宪政以为外交之基

　　清末知识分子在政治上主要划分为两大派别：资产阶级改良派与革命派。改良派主张通过渐进改良的方式实现宪政，而革命派则主张通过革命实现宪政。从报刊评论内容看，虽然两派在政治上存在革命与改良的根本分歧，但是，通过实行宪政以增强外交的思路却有一致性。

一、实行君主立宪以增强外交

　　20世纪初年，立宪日渐发展成为一种社会潮流，清政府实行新政之后，主张立宪的言论越来越多。时人论道："自甲午以至戊戌，变法之论虽甚盛，然尚未有昌言立宪者。"①《辛丑条约》签订之后，民族灾难有增无减，中国面临着非常严峻的国际形势。为了挽救国家危亡，一部分知识分子将实行君主立宪作为救国的根本途径。日俄战争和1906年清政府宣布仿行宪政进一步刺激了立宪运动的发展。据统计，从1906年到1908年间成立的立宪团体就达51个。立宪派除了组织社团外，还利用报刊进行宪政宣传。清末主张立宪的报刊主要有：《新民丛报》、《外交报》、《申报》、《大公报》、《东方杂志》、《时报》、《国风报》等。资产阶级立宪派通过报刊宣传君主立宪，认为只有实行宪政才能使国家强大，从根本上改善中国外交。内政是外交的支持，外交是内政的延续，只有强大的综合国力作后盾，国家外交才会居于有利地位。近代中国签订了一系列不平等条约，主要原因就在于没有强大的综合国力以为外交后盾。清末国人普遍认为只有实行宪政，才能挽救中国外交。

　　《外交报》是清末宣传立宪的重要报刊之一，发表了不少有关宪政的评论，

---

　　①　中国史学会主编：《辛亥革命》（4），上海人民出版社2000年版，第3页。

如《申论亟当立宪以弭内乱》①、《论英国宪政两权未尝分立》②、《论立宪与外交之关系》③、《论国会为治外交之本》④ 等。《外交报》的主要负责人是张元济，其主张通过实行宪政根本改善外交。《外交报》对国力与外交的关系做了不少评论，指出强大的综合国力是外交胜利关键。如《论禁烟与外交之关系》一文论道："交涉之事，专恃强权，而强权之能行与否，胥恃海陆军力为其后盾。"⑤ 另外一篇评论《论法律上之胶州湾》指出："内治之不修，而欲巩固外交，是犹植无本之木而导无源之泉，固不可也。"⑥ 内政是外交的根本，如果国家不修内政，便无法在外交上有所作为。20 世纪初年，立宪派将宪政视为改革中国现状的唯一良药，认为只有实行宪政才会使中国摆脱贫弱的状况，从而为外交提供国力支撑。这一思想在《外交报》社论《国会为治外交之本》一文中表现得非常清晰："十九世纪以来之外交，非君与相少数人之关系，而通国国民之所关系也。彼方挟其万众一心之势力，以行其帝国民族之主义，而我仅以少数人之智力，与之相争于逐鹿之场，纵复竭精敝神，有济乎？"⑦ 随着政治民主化的发展，知识分子日渐意识到国民应该享有一定的外交权，外交不应为君主与重臣所专断。宪政国家推行外交政策时在一定程度上考虑民意，而清政府却将外交看作君主与朝廷重臣少数人之事。清末报刊认为在民族主义盛行的时代，这种做法注定要失败，只有实行宪政，才能使民众与朝廷的意见得到沟通，举国一致对外。报人评论道："夫以一切内政，稍稍沿袭旧制以为之，犹或可也；独至外人交涉，则非有国会以盾其后，必不能伸国体而戕戎心。"⑧ 外交与内政不同，必须依靠国会作为后盾，才可能在国际社会中有所作为。中国如果想要改变外交现状，必须实行宪政。其后，《外交报》刊登了《预备海牙第二次平和会会议事平议》一文，该文中指出："今夫立国于二十世纪之秋，而欲外交之莫予敢侮，是固有其道焉。……而其本要，在于速开国会，上下同心。诚以外交者，国民之外交，而非朝廷一家之事耳。是故一切内政皆无妨以专制行之，独至与外人交涉之端，则非

---

① 《申论亟当立宪以弭内乱》，《外交报》1906 年总第 151 期。
② 《论英国宪政两权未尝分立》，《外交报》1906 年总第 153 期。
③ 《论立宪与外交之关系》，《外交报》1907 年总第 167 期。
④ 《论国会为治外交之本》，《外交报》1908 年总第 216 期。
⑤ 《论禁烟与外交之关系》，《外交报》1906 年总第 147 期。
⑥ 《论法律上之胶州湾》，《外交报》1910 年总第 289 期。
⑦ 《论国会为治外交之本》，《外交报》1908 年总第 216 期。
⑧ 《论国会为治外交之本》，《外交报》1908 年总第 216 期。

合朝野为一心，而援国民以主权，必不足以争胜于优胜劣败之世界。"① 再次呼吁清政府快速立宪以期改善外交。

《申报》、《时报》、《大公报》、《政论》、《东方杂志》等都有过立宪与外交的评论，主张只有实行宪政，才能从根本上改善外交。如《大公报》社论《论内乱外患有相因之势》一文评论道："图治之根源，首在立宪法，予民权，如此上下相安，君民一德，联合大群以防外患之来，则中国前途犹可解救于万一。"② 强调立宪是解决中国问题的根本途径，中国只有实行宪政才能抵御外患。1907年请求立宪运动开始高涨之际，《大公报》发表了《速开国会以为外交助力说》、《此谓预备立宪之时代》、《国民的外交之时代》、《论第二辰丸案敬告我国人》、《所谓国民的外交者何》、《论政府急宜召集国会》等社论，主张实行宪政。"外交由国家而出，国家则人民所集合也，政体确立，法制修明，人知其与国之关系，协力拥卫之。若兵备若财富即由是出，上下相维，日益发达，而张国威，而后其外交乃能立于不败之地。"③ 只有实行宪政，国家才会强盛，从而为外交提供后盾。

立宪以根本改善外交的主张在清末有着重要影响，代表了改良派对中国外交的思考。在他们眼里，宪政是世界发展的潮流，国家只有实行宪政才会屹立于世界之林，从而挽回外交上的颓势。改良派害怕革命会引起社会动荡，给西方列强以可乘之机。因此，希望通过温和的方式实行宪政，为外交提供国力保障。国人立宪以改善外交的思索有其合理性和进步意义，但事实证明，通过温和的方式实现宪政在当时只是一种幻想。

二、进行革命以根本改善外交

立宪与革命是清末的两大政治主张。革命派与立宪派在如何解决中国问题上，存在根本分歧。立宪派试图通过温和的方式实现宪政，而革命派则主张通过革命的手段推翻清政府的统治，然后才能实行宪政，才能从根本上改变中国外交现状。清末宣传革命的报刊主要有：《民报》、《中国日报》、《世界公益报》、《有所谓报》、《苏报》、《俄事警闻》、《民呼报》、《民吁报》、《民立报》等。

① 《预备海牙第二次平和会会议事平议》，《外交报》1908 年总第 217 期。
② 《论内乱外患有相因之势》，《大公报》1903 年 4 月 24 日。
③ 《论第二辰丸案敬告我国人》，《大公报》1908 年 4 月 11 日。

　　革命派认为中国主权之所以大量丧失，主要因为清政府腐败无能。中国如想要避免灭亡的命运，就必须推翻之，实行宪政。《民报》是资产阶级革命派的机关报，刊登了不少文章抨击清政府的媚外政策，指出解决外交问题的唯一出路是推翻清政府的统治。评论《清政府决意卖送汉人之矿产》一文指出："清政府以其宁赠朋友之政策，卖送我汉人财产，已数见不鲜。"① 革命派慨叹道："支那不幸无政府而使清政府篡之，假其代表之资格，遂以外交上种种失败，坐授莫大权利于人。"② 正是由于清政府的腐败无能，才使中国利权大量丧失。胡汉民在《排外与国际法》中说："就虏廷之外交观之，则可决其止有退步而无进行"，"吾所谓不可不代以吾民族之真正政府，而扑此去之也。"③ 革命派认为清政府外交只有退步，没有进取。只有进行民族革命，才能改变中国外交现状。"满人不去则中国不能以复兴"④，"非改造政府，则于外交上权利之已丧失者，鲜能回复。"⑤ 只有推翻清政府的统治，中国外交问题才能得到根本解决。不可否认，中国丧失诸多利权，缘于清政府的腐败无能，资产阶级革命派对清政府的鞭挞可谓恰中其害。清末除了《民报》进行反满宣传外，《游学译编》、《浙江潮》、《警钟日报》、《苏报》、《夏声》、《民立报》等报刊都呼吁推翻清政府的腐朽统治。如，《夏声》指出："政府之视权利也，为不足珍重之物……甚或拱手而献于人，以博其欢心。"⑥《苏报》刊登了邹容的《革命军》一文，在当时思想界影响很大。邹容在文中指出：清政府实行媚外政策，"'量中华之物力，结友邦之欢心'，是岂非煌煌上谕之言哉？中国者，中国人之中国也。割我同胞之土地，抢我同胞之财产，以买其一家一姓五百万家奴一日之安逸。"⑦ 清政府为了自身的利益葬送国家主权。正因为如此，他呼吁："欲御外辱，先清内患。如是如是，则满人为我同胞之公敌。"⑧《游学译编》也指出："权衡今日支那民族时事之轻重，事业之缓急，莫如革命。革命者，今日支那最大之幸福也。"⑨ 革命派认为

---

① 《清政府决意卖送汉人之矿产》，《民报》1906 年总第 4 号。
② 《关于最近日清之谈判》，《民报》1905 年总第 1 号。
③ 《排外与国际法》，《民报》1906 年总第 6 号。
④ 《论中国宜改创民主政体》，《民报》1905 年总第 1 号。
⑤ 《排外与国际法》，《民报》1906 年总第 6 号。
⑥ 《排外与媚外》，《夏声》1908 年第 3 号。
⑦ 张枬、王忍之编：《辛亥革命前十年间时论选集》第一卷下册，第 660 页。
⑧ 张枬、王忍之编：《辛亥革命前十年间时论选集》第一卷下册，第 665 页。
⑨ 《民族主义之教育》，《游学译编》1903 年第 10 册。

只有推翻清政府的统治，国家才能自立自强，为外交提供强大的后援。

资产阶级革命派与改良派在本质上有着共同的地方，即都希望通过宪政增强综合国力，为外交提供坚强的支撑。20 世纪初年，国人将宪政作为中国富强的必由之路。在他们的心目中，只有实行宪政才能为外交提供强有力的支撑。从这一点来看，资产阶级改良派与革命派改善中国外交的思路是一致的。

第二节　改革外交行政以促进外交

外交行政是指外交机构的设置、运作、管理机制。外交行政对外交有着至关重要的影响，高效运作的外交行政是外交成功的重要前提。清末报刊发表了《重视使职说》、《地方官宜明交涉之道》、《慎重佐使人才说》、《书外务部奏续调人员办法折后》、《外交家手段如是》、《安得起死回生之外交家》、《警告外交官》、《敬告中国外交家》、《论外务部内容之腐败》等评论，对清政府的外交行政进行了抨击，要求改革外交行政以适应近代外交的要求。

一、呼吁制定稳定的外交政策

外交方针政策是国家外交行政的核心，也是外交活动的指针，它可以从宏观上规划国家的外交发展。在外交实践中，外交政策的基本作用，就是为国家规定进行外交活动的行动准则。国家必须制订一定的政策方针，才能为外交活动提供指导。清末国人意识到了制定外交方针政策的重要性，他们不仅反思中国以往的外交方针，而且对如何制定外交方针政策进行了讨论。

清末人士对鸦片战争以来中国的外交方针政策进行了反思，认为清政府早期实行羁縻政策，之后便是一味妥协退让，根本没有一贯的外交政策可循。"羁縻"政策是中国古代封建统治者处理外部关系的重要指导，主要通过和亲、册封、互市贸易等方式达到驾驭周边民族和国家的目的。中央王朝给予少数民族一定恩惠，而少数民族则向中央王朝臣服，这样可以保证帝国边疆的稳定。晚清统治者在与西方交涉初期，为了维护天朝的尊严，一贯使用"羁縻"政策。从恭亲王奕訢等人 1861 年 1 月上奏的《统计全局酌拟章程呈览请议遵行折》① 中不难看出

---

① 贾桢：《筹办夷务始末咸丰朝》第 8 册卷 71，中华书局 1979 年版，第 2674—2680 页。

清政府"羁縻"政策的影子。他们在奏折中谈到外国列强"犹可信义笼络"，应该实行"外敦信睦而隐示羁縻"的外交方针。"羁縻"政策虽然有与资本主义各国抗争的一面，但是更多的是妥协退让。《申报》对清政府的羁縻政策评论道："中国对外政策，夙主和平，苟非被迫之余，无论如何，必不肯稍示不和平之态度。且顾念友邦睦谊，从不强人所难。在我苟可通融，无不勉为迁就。"①《外交报》也指出："我国于外交之事，有一最奇之特色，为他国之所无，而即可指为吾国人亡国之大端者，无他，即我国外交专用放弃政策是矣。我国外交于平时无事之日，绝无外交政策可言，国民固不与知，政府亦不自料。……至其最后之决策，则出乎国民之意外，而入乎外人之意中。"②《夏声》论道："政府处理外交，素持和平主义，以顾全邦交为莫大之务"③。报刊舆论对清政府妥协外交的评论可谓一针见血。清政府在外交上常常采取放弃政策，不思进取，在谈判中往往以满足别人的要求而告终。清政府在外交谈判中，一贯的指导思想是和平，希望通过实行羁縻政策换取暂时的和平。从理论上来说，国家应该根据国际形势和国内政治状况，制定一定的外交方针政策，从而为外交活动提供指导。但清政府除了妥协之外，在外交上没有长期的规划，也没有一定的方针政策。《外交报》评论道："中国外交，素无一定外交方针，临机取巧，循题敷衍而已。"④《大公报》指出："我政府对于交涉事件任意迁延，几成习惯。"⑤《申报》也认为："政府对待外交之手段，初则出之以敷衍，殆外人逼以期限，嚇以兵力则不胜其惶恐，而一一惟命是听。"⑥清政府在外交上妥协、拖延为广大国人所不满。

随着世界经济的发展，国与国之间的交往日益密切，外交已经成为国家政治生活中不可或缺的一部分。国家必须制定一贯的外交方针政策，才能为具体的外交活动提供指导。清末知识分子对外交方针的重要性、外交方针的宗旨以及如何制定外交方针等问题进行了论述，认为国家首先应该制定外交方针，这是外交工作的重心所在。《俄事警闻》指出："近百年来，大地之上列强角逐国际之间，所恃以制胜者，咸在外交政策。外交政策优，其国必获利而日强，外交政策劣，

① 《论中荷交涉》，《申报》1911年2月26日。
② 《论中国之中立乃放弃之别名》，《外交报》1904年总第88期。
③ 《对于国民之三大疑问》，《夏声》1908年第3号。
④ 《论中国外交》，《外交报》1904年总第99期。
⑤ 《详述东三省交涉事件》，《大公报》1909年8月16日。
⑥ 《真正哀的美敦书来矣》，《申报》1911年2月28日。

其国必失利。"① 《申报》认为："夫外交诚恃兵力以为后援，而断不能以兵力之薄弱遂并废外交政策。"② 外交方针是国家进行外交活动的指导，国家应该积极制定适合本国的外交方针。法国外交大臣塔列朗在维也纳会议上获得成功的重要原因就在于"恃其政策之确定"。③ 因此，国人希望中国政府能够从中吸取经验，制定稳定的外交政策。那么外交方针政策制定时应该以什么为准绳呢？《外交报》指出："方今在实行宪政之始，民法、商法亦已逐渐改良，则此后外交之方针，必当以国民为主体，而可徐收久弃之主权。"④ 《申报》也主张："今日政府外交之政策，非有国民的外交之政策起而代之，其奚由哉？其奚由哉？吾国民有其意乎？盍起而图之矣。"⑤ 国家应该从国民利益角度制定外交方针，才可以逐渐挽回主权。

清末关于外交方针的评论文章，以梁启超的《中国外交方针私议》一文最具代表性。《中国外交方针私议》一文发表于《国风报》1910 年第 24、25 期。文中，梁启超在分析现实国际形势的基础上，提出了独立自主的方针。《外交方针私议》主要分为十部分，分别为："现世界弱国之位置"、"列强对于中国之压迫"、"美国、德国之态度"、"中美同盟论及中德同盟论"、"列国同盟之先例及其效果"、"中国因同盟所得之利益如何"、"中国无同盟国其所损失如何"、"中美德同盟之影响如何"、"今日中国之外交方针"、"外交与内治"。梁启超认为："国于今日之世界者，不可以无外交，然弱国之外交政策与强国之外交政策不能无异。我国今遂跻于弱国之林耶……故欲定我国之外交方针，非先明现世弱国之位置焉不可也。"⑥ 国家在制定外交方针之前，必须首先对自己的国际地位有准确定位。中国是弱国，制定外交方针时应该从这一现实出发。在明了国家在国际上的地位之后，还需要对错综复杂的国际关系做出判断。清末列强在中国虽然有矛盾与冲突，但他们还是有很多共同利益，在某种程度上能够彼此达成一致。因此，梁启超认为中国应该实行名誉孤立的外交方针。鸦片战争以后，清政府在处理西方各国关系时，经常采取"以夷制夷"的策略。梁启超指出："'以夷攻夷'

---

① 《告外务部》，《俄事警闻》1904 年第 19 号。
② 《第一次外交之阁议》，《申报》1911 年 6 月 30 日。
③ 《第一次外交之阁议》，《申报》1911 年 6 月 30 日。
④ 《论今后外交之大局》，《外交报》1908 年总第 227 期。
⑤ 《论今日国民宜要求参与外交之权利》，《申报》1911 年 3 月 26 日。
⑥ 《中国外交方针私议》，《国风报》1910 年第 24 期。

一语，实为我国千年来外交术之金科玉条"，但晚清政府使用"以夷制夷"的外交方针经常以失败而告终。"以夷制夷"是我国古代处理与少数民族关系时经常采用的外交方针，在维护中央王朝的稳定方面发挥了重要的作用。古代边疆少数民族由于政治、经济、文化发展的差异，不仅各民族之间关系复杂，而且有时本民族内部都存在尖锐的斗争。中央王朝与少数民族相比，大都在实力上居于优势地位，因此，可以利用少数民族之间的矛盾使其互相牵制，最终达到维护王朝稳定的目的。晚清时期世界形势发生了很大的变化，世界资本主义国家与古代的少数民族完全不同，实行"以夷制夷"外交方针的条件已经不存在了。资本主义列强远比中国强大，中国根本无法再驾驭列强。李鸿章是"以夷制夷"外交方针的主要推行者，梁启超对其进行了批评："文忠之当国也，朝鲜琉球之役，日思嗾英、美以制日，而卒无效。甲午之役，不忍于一败之辱，重赂俄以图一泄。盖人当困心衡虑之既极，往往不惜倒行逆施，以珠弹雀，杀子救饥。"① 俄、德、法三国干涉还辽之后，李鸿章希望联俄以抵抗日本，于 1896 年与俄国签订了《中俄密约》。通过这一条约，俄国不仅夺得了中国东北的路权，并且还打开了俄军进入中国的通道。李鸿章以为获得了盟友，但结果是引火烧身。"以夷制夷"只强调列强之间的矛盾，而过多忽视他们在侵华问题上彼此妥协和联合的一面，因此并不能维护国家主权。梁启超正是在对过去外交方针进行分析的基础上，主张"惟效英国前此所谓名誉孤立而已"②，实行独立自主、不结盟的外交方针。

"羁縻"政策是中国古代常用的外交政策，在历史上有着一定的有效性。但近代国际社会已经发生了巨大的变化，这就要求中国必须对此政策做出调整。清末知识分子对"羁縻"政策以及"以夷制夷"外交方针的反思表明了国人观念上的转变。现代国家都非常重视外交方针政策的制定，并且竭力使其建立在科学合理的基础上。清末知识分子对稳定、合理外交政策的呼吁，表明他们希望把外交政策制定规范在科学范围内的努力，这是现代外交观念的重要表现。

二、主张整顿外交机构

外交机构是外交行政的重要组成部分，科学合理的外交机构设置可以保证外交事务的高效运作。清末报刊舆论对清政府的外交机构进行了批评，并对如何建

---

① 《中国外交方针私议》，《国风报》1910 年第 25 期。
② 《中国外交方针私议》，《国风报》1910 年第 25 期。

立科学合理的外交机构进行了讨论。

外务部是清政府总理外交的机构，承担着重要的外交任务。外交部在世界各国都是中央政府中不可缺少的一个重要职能部门，主要负责本国的外交活动、领导驻外使领馆的工作、制定合理的外交方针政策等。但是，清朝外务部并没有很好地承担起这些外交重任。在外务部成立的十年时间里，虽然与西方列强交涉时有抗争的一面，但大都以妥协而告终。外务部在外交上的失败自然遭到国人的强烈批评。清末报刊批评外务部腐败的言论比比皆是。《申报》对外务部进行了批评，认为其在交涉中总是妥协退让。在社论《论政府行政之失败》中指出："外务部为办理交涉之总机关，而该部大臣未尝有一定方针以对付种种事件。于是外国瞰吾外务部臣之闇□无能也，遂挟其权利主义以相要求，今日欲得开矿权，明日欲得筑路权……而外部对之往往推诿于疆吏，疆吏又推诿于外部，卒之因推诿而迁延，因迁延而不得不遂其要索。"① 外务部大臣腐败无能，不能承担起国家外交的重任。《综论中国之外交》一文也谈道："更观近十年中国之与列国交涉也，地方官吏必有拒驳之公文，识时之彦非无援据之法理，宜若全然正当之行为，更不至有万一之失败者，未几而移至外部交涉矣，问其结局，则谢罪也，让步也。驳之公文，徒为受罚之张目，援据之法理，竟无丝毫之效果也。"② 外务部确实在外交谈判中表现比较软弱。如以矿权交涉为例，李恩涵指出："就浙江、福建、四川诸省收回矿权的情形来看，各该省督抚在整个交涉中，立场尚颇坚定。但外务部在多次的事例中，却常常表现出软弱的姿态。法商福安、福成、和成三公司，一再获准展限开办矿地，即为明显的例证。"③ 不过，外务部在外交中也有强硬之时，如在滇缅划界问题上没有让英国的侵略要求得逞。但总体来看，外务部在大部分问题上妥协退让。《申报》评论虽然有些过激，但是基本上还是比较符合历史实际的。

在批评外务部腐败的同时，人们也对如何整顿外交机关进行了思考，主张对外交机关进行彻底整顿，以期能够改善国家外交。在评论外交机关改革的文章中，以《东方杂志》的《外交机关急宜整理》最为突出。此文作者充分识到了外交机关必须整顿的急迫性，指出："今日欲图整顿，自以培养外交人才为第一

---

① 《论政府行政之失败》，《申报》1907 年 8 月 8 日。
② 《综论中国之外交》，《申报》1908 年 3 月 21 日。
③ 李恩涵著：《晚清的收回矿权运动》，"中央"研究院近代史研究所 1978 年版，第 151 页。

义，然使立法不善，则虽有明智无以发舒，故整理外交机关尤为要著。"① 他认为应该从以下几个方面进行：第一，"官职宜改定也"。外交部人员冗滥，亟需精简人员，"外交之事，贵专断而又贵详审。今堂官至九人之多，遇有大计，其和同商议耶？抑听一人之意旨耶？若和同商议，则必至筑室道谋；若听一人之意旨，则又安用此八人为者？是堂官多而无当也。"② 外务部决策人员过多，不利于高效决断外交事务。西方国家外交部实行一长制，外务部决策官员明显偏多，责任也欠明确。该作者主张精简人员以期提高行政效率的主张非常中肯。第二，增加外交官的俸禄。中国外交官俸禄偏低，无法有效展开外交活动。"外交官惜费之故，蛰伏使署，于事势一无所知，又安用派此外交官。"③ 因此，主张提高外交官的俸禄，为其展开外交活动提供经济基础。第三，在各省设立"交涉总局，隶属于外务部，而仍受节制于该管督抚。"④ 在外务部成立之前，晚清地方督抚拥有相当大的外交权，这使得中央到地方外交政令不一。曾任中国政府顾问的威罗贝指出："要查明中国的全部国际协定，至少一直到最近为止是有着这样的特殊困难的"。地方督抚在中央政府不知情的情况下，向外人做出了不少承诺。当外国方面把这些承诺向中央政府提出时，"中国人正跟我们一样地感到惊讶"。⑤ 正是由于中央与地方外交权不统一，才会出现如此的怪现象。因此该作者主张在地方设立交涉总局，隶属于地方官，同时对外务部负责。"如此联络一气，脉络灵通，内外无扞格之虞。"⑥ 这样才会使外交机关政令较为畅通，更好地服务于外交。

　　科学的外交机构设置可以为外交提供制度保障，清末国人对外交机构改良的思考有着合理性。清末国人对外务部的评论带有鲜明的爱国色彩，表现了在野人士强烈的批判精神和维护国家主权的愿望。但他们将中国外交失败的原因都归咎于外务部则有失偏颇，毕竟国家实力和外交官的素质是外交成败的关键性因素。晚清中国衰弱至极，清政府又极端腐朽，这些因素严重地窒息了外务部的活力，使其很难有所作为。

---

① 《论外交机关急宜整理》，《东方杂志》1905 年第 11 期。
② 《论外交机关急宜整理》，《东方杂志》1905 年第 11 期。
③ 《论外交机关急宜整理》，《东方杂志》1905 年第 11 期。
④ 《论外交机关急宜整理》，《东方杂志》1905 年第 11 期。
⑤ ［美］威罗贝著，王绍坊译：《外人在华特权和利益》，三联书店 1957 年版，第 2—3 页。
⑥ 《论外交机关急宜整理》，《东方杂志》1905 年第 11 期。

三、要求提高外交人才的素质

外交官是外交活动的执行者，对外交谈判的成败有着至关重要的作用。清末报刊舆论充分认识到了外交人才的重要性，并将提高外交人才的素质作为改善外交的重要方法之一。国人对如何提高外交人才素质问题进行了讨论。

首先，主张将外交官定为实缺。

很长一段时间以来，清政府都将外交官设为兼差，并非实缺。实缺是固定职位，而兼差则为临时性质，清政府此种设置不利于外交官素质的提高。驻外使领馆人员1906年之前还只是兼差。出使人员以三年为期，使馆成员围绕着驻外使节这一核心，临时聚合，缺乏某种稳定性。驻外使节及参随人等在卸职归国后，大都重新回到国内行政系统。此种情形，极不利于专业人才的培养。清末报刊舆论呼吁改变此种状况，建立外交官专职制度，以便使外交人员能够长期任职。《通学报》指出："此后外交人员，当别为一途，其在京，则为外部尚、侍、丞以至司员，其在各省则为关道及洋务局总办以下诸人，其在国外则为公使及参、随以至领事，皆应一律改为实缺。"① 严格的外交官制度能够为外交官职业化提供制度上的保障，在较大程度上保证外交官久于其任。外交在某种程度上是一门谈判的艺术。外交官必须深谙此道，才能更好地维护自己国家的利益。较高的职业技能除了从学校学习外，还必须经过较长时间的实际锻炼。清政府长期以来将出使人员视为临时差事，这种制度上的缺陷，使得当时中国难以养成职业化的外交人才。因此，清末国人主张将外交官定为实缺的主张是非常合理的。

其次，严格选拔外交官。

外交是一项技术性很强的职业，需要具备专门知识和一定的职业训练。外交官必须掌握外语、熟悉法律、国际惯例、各国政治状况等多方面知识才能胜任外交工作。虽然清末外交官水平有了一定程度的提高，"较之十年前之外交官实有过之无不及矣。"② 但总体水平离职业化外交官还有很大的差距，其间还有不少不懂外语、国际法的人员。国人呼吁参照资本主义国家的经验，严格选拔外交官。

有人对资本主义国家特别是日本的外交官选拔制度进行了介绍。日本在明治

---

① 《论使馆参随宜作为实缺由外部选派》，《通学报》1906年总第15册。
② 《论政府宜竭力援助外交官》，《东方杂志》1905年第8期。

维新之后，内政外交都有很大的起色，从东方弱国一跃进入世界强国的行列。日本也曾与西方国家订立了不平等条约，但通过改革，外交发生了根本变化。日本成功的经验自然成为国人学习的对象。如《外交报》指出：日本于"大学及各学校，置外交专门一科，课以英、法文及关涉外交各学。卒业者，齐集外部候试，不谙英、法语者勿与。录取者，命留本部学习，限以若干时，既粗谙庶务，更遣赴各使馆，充随员。通英语者，命之英、美；通法语者，命之法、比。俾其娴熟语言，兼留意交涉巨细诸事，二年为限，既精英、法语，则限以一年"①。这是初期阶段，留学使馆期满，则为书记官，按照资历与表现升迁。除了介绍日本外交官选任之外，清末国人对西方国家的外交官选任也进行了介绍："我闻泰西各国之培植使才也，其始必入外交学堂，研求国与国交际及一切交涉之理，以时试之；试而可，则派令随使臣至海外肄业，名之曰留学生。学之有成，逾数年而擢升随员、领事、翻译、参赞、公使等职。"② 只有经过严格的学习与训练，才能培养出合格的人才。对于弱国来说，外交人才尤为重要。《新闻报》指出："吾陆军虽当幼稚，海军虽未中兴，而今日苟有外交之人才当折冲樽俎之任，亦未尝不可保守其未失之利权。"③ 中国国力虽然衰弱，但是如果外交官有很好的职业素质的话，也可以在一定程度上维护国家主权。因此，他们主张中国也应该仿照先进资本主义国家选拔外交官。

　　驻外使臣代表国家出使异域，除了和所驻国进行日常接洽外，另外一个重要使命是在本国政府的命令之下进行外交谈判。优秀的驻外公使可以在所驻国造成一定的舆论，使外交谈判向有利于本国的方向转化。反之，则会使国家在外交谈判中处于不利的地位。驻外使臣的职责如此重要，但是中国驻外使臣的整体素质远远不符合要求。《申报》认为清政府选用人才过滥，在评论《论政府将重用使臣事》批评道："今日之任使臣者，多损辱国体，抛弃国权者也。"④ 使臣大多数依靠关系钻营而得到的职位，并不是依靠自身的素质而膺任公使。《大公报》在得知孙宝琦担任驻法公使一职后，发表了社论《论孙星使出使法国事》，认为孙宝琦根本不称职，"以捐纳道员，在天津候补数年，并无才干可称。以与王中堂

① 《论造就外交人材》，《外交报》1903 年总第 47 期。
② 《慎重佐使人才说》，《申报》1901 年 7 月 15 日。
③ 《论书外部奏调人员办法折后》，《新闻报》1906 年 8 月 7 日。
④ 《论政府将重用使臣事》，《申报》1907 年 3 月 20 日。

有世谊，故去岁援之入政务处。今忽简令出使，法国咸异之。"① 呼吁清政府在使臣任用上应该制定固定的标准，而不应该由于私人关系随意任用。清末报刊舆论谈到使臣时，大都为贬斥之语，缺乏较为正确的评价。其实，清末驻外公使的专业素质有了很大的提高，懂外语、国际法、熟悉外交惯例的人增多。报刊舆论之所以如此贬斥使臣，主要由于中国对外交涉总是失败，以至于他们对使臣群体缺乏正确的评介。

外务部为外交总汇之地，一些重要的谈判经常会转到外务部进行，因此，外务部官员的素质也非常重要。清末外务部官员素质在成立之初并未有很大改观，进入外务部的仍是原来总理衙门的章京。外务部招募官员的方式，仍沿用了总理衙门的考试中文的制度，即"司员由各部院衙门保送考试，每次考取记名，以二十员为度，遇有额外缺出，依次递补"。② 1906 年后外务部选拔人才的标准发生了变化，规定以外语、法律、政治等标准来选拔外部官员。③ 但外务部官员的素质仍不理想。如以外务部大臣一级的官员为例，在 1909 年 1 月会办大臣兼尚书袁世凯免职之前，都是没有受过新式教育的旧式官僚，且都由别部改授，没有或者很少从事过外交方面的工作。④ 正是由于外务部官员在整体素质上距职业化的外交官很远，因此，清末国人要求严格选任外务部官员。如《通学报》在谈论外务部官员时称："彼等既无外交学识，又不习知各国外交之故事，并不详究各国向来待中国之方法，而于现在各国相交之情，反对中国之意见，咸懵无所知。……以如是无学识无才能之人，而当外交之要任，何怪其绝无起色乎？"⑤ 因此主张严格选拔外务部官员。

清末人士还主张严格选拔使馆人员。随着世界各国联系的加强，驻外使领馆在保护本国利益方面发挥着越来越大的作用。参赞、随员作为使臣的助手，在使馆的工作中占有相当重要的地位。但是，清政府在使馆人员的选任上，并没有给予应有的重视。总署在出使章程中规定："出使各国大臣所带参赞、领事、随员、翻译等员，应由该大臣酌定人数，开列姓名等项，知照臣衙门查核，该员亦随出

---

① 《论孙星使出使法国事》，《大公报》1902 年 8 月 1 日。
② 朱寿朋编：《光绪朝东华录》第 5 册，中华书局 1958 年版，总第 4889 页。
③ 王立诚：《中国近代外交制度史》，甘肃人民出版社 1992 年版，第 199—200 页。
④ 高超群：《外务部的设立及外交制度的改革》，王晓秋：《戊戌维新与清末新政》，北京大学出版社 1998 年版，第 209 页。
⑤ 《论外务部内容之腐败》，《通学报》1906 年总第 5 册。

使大臣以三年为限，年满奏奖。如有堪留用者，应由接办大臣酌留，倘不能得力者，亦即撤回。"① 总署将随员的选任权力交给了使臣，并未对其素质做出要求。总署只将出使人员视为临时差事，并未将其作为专职考虑。此外，对参、随人员没有做任何要求虽然是现实困境使然，但另一方面也表明此时期晚清官员在外交观念上的滞后，对近代外交官的素质及作用没有清晰的认识。清政府参赞、随员选任过滥，这引起了报人的关注。他们要求慎重选拔随员。如《申报》指出："西方诸国之膺使命者，或由外部随员洊升，或自随员领事擢用，往往数十年不改其途。惟其练之也久，故其审之也详。"② 而中国则由使臣选任，这样必然会导致人才选拔过滥。因此，国人主张按照西方外交官的标准来选任使馆人员。

综上所述，清末国人对清政府的外交政策、外交机构以及外交官员都进行了猛烈的批评，希望对其进行彻底的改造以适应现实外交的需要。良好的外交行政是外交成功的重要保障。中国在没有强大军事力量作为后盾条件下，改善外交行政就成为增强外交的重要途径之一。国人希望通过外交行政的改革为外交提供制度与人才上的保障。

第三节　文化启蒙以支持外交

义和团运动带给知识分子强烈的冲击，使他们在悲叹民众的蒙昧之余，也震惊于民众中所蕴藏着的力量。正是在此历史背景下，清末知识分子将对民众进行文化启蒙作为改善外交的重要方法之一。他们希望对民众进行文化教育使其对外采取文明行为，一方面避免因暴力而发生严重外交问题，另一方面则希望民众为外交提供坚强后盾。

一、认为国民素质对外交至关重要

近代中外民众之间经常发生暴力冲突。报人认为民众对外人采取暴力行为，容易为列强侵略中国提供借口。正是基于此种考虑，他们希望通过文化启蒙把民众行为限制在法律许可的范围内，从而减少列强侵略中国的借口。民众中间蕴藏

① 刘锦藻：《清朝续文献通考》卷337《外交一》，上海古籍出版社1988年版，第10784页。
② 《慎选使臣以佐使臣不逮说》，《申报》1902年4月27日。

着巨大的力量，但大部分下层民众没有受过多少教育，在抵抗列强侵略中往往采取暴力行为。民众暴力行为虽然在一定程度上打击了列强的侵略气焰，但不可否认，也带有浓厚的落后性，缺乏理论的指导。因此，知识分子希望对民众进行思想文化启蒙，提高民众的整体素质以支持外交。

（一）分析民众暴力行为的危害性

清末一些知识分子认为民众的暴力行为会对外交带来危害，于是对民众的暴力行为进行了批评。

《鹃声》刊登文章《瓜分中国之原动力》一文，认为民众的暴力行为给列强侵略中国提供了借口。该文作者认为，德国强占胶州湾主要是由于中国民众的暴力行为所致。"光绪二十三年，山东暴民，突有杀害德国教士之事。德国的东洋舰队立即驶入胶州海湾港，把我国天造地设的第一等的军港占据……杀了外国两个传教士，我们就失去了好多地方，你说那山东杀教士的那些人，害得我们中国惨不惨呀！"① 他们认为民众的暴力行为是列强侵略中国的重要原因。

义和团事件更是他们评论的焦点。在运动处于高潮的时候，《清议报》评论道："团匪之乱，固非独国家之害，实我四万万人切肤之灾者也。夫彼之毁人租界，杀人人民，戕人公使，诚快彼排外之野心矣。然使外人日骂我为野蛮，日辱我为犷种，我四万万人，遂无颜复对外人。"② 认为义和团运动中团民的行为非常野蛮，给中国带来非常不利的影响。

《大公报》在《论下流社会排外之思想》一文中针对民众的暴力行为也指出："下流社会，向苦于漫无觉查，不识排外为何语？……其桀骜者，遂至演为匹夫见辱拔剑而起之烈剧，而打开衅兵、钩怨、蹙国、赔款之舞台。庚子之危，至今未复，痛定思痛，其何以堪？"③ 认为民众的暴力行为是引起列强侵略的重要原因之一。

《申报》在社论《论愚民暴动于中国前途之危险》中，对民众暴动对于外交的危害性进行了分析："（甲）独立权之丧失。国际法上有所谓独立权者，谓于内治外交上有不受外国干涉之权也。单就暴动而言，则外人藉口于官吏保护之不周，而责言备至，有祸虽不及于外人而思干涉者。公然干涉者，如最近之南昌教

---

① 《瓜分中国之原动力》，《鹃声》1905 年第 1 期。
② 《论义民与乱民之异》，《清议报》1900 年总第 52 册。
③ 《论下流社会排外之思想》，《大公报》1906 年 2 月 17 日。

案，法人自护其短，转以请革胡抚，电告政府，侵夺我国际上之独立权显然可见。是非暴动之影响而何？（乙）人与物之损害赔偿。一教案起，纵天宠中国，事就和平，而教士之抚恤，教堂之重建，赔偿损害之额，辄数十万。当财政困难之际，而各处教案循环不息，则人与物之损害赔偿，亦如岁支例款，靡有已时，国焉得不贫？民焉得不困？（丙）其他。如召兵也，割地也，赔款也，戍兵之不撤也，条约改正之无望也，领事裁判权之不能撤去也。种种外交上棘手，开外人藉口之端，夺政府抗争之力，何莫非直接间接暴动之影响？"①该文作者认为民众暴动会给中国外交带来一系列的困难：赔款、损害国家独立权、给修正不平等条约带来困难等。

以上报刊舆论完全否定下层人民以暴力抵抗外来侵略，甚至把列强的无端勒索归结于人民的暴力抗争，为是非颠倒之论，反映了当时知识界部分人相当糊涂的认识。不过，其认识中也存在一些合理成分，即对民众暴力斗争中的盲目排外性、非理性因素进行了反省。他们希望通过文明合法的途径维护国家主权，而不希望与列强发生直接的暴力冲突与对抗，这未免有些天真。在中国与西方国力相差悬殊之下，减少对方要挟的借口在一定程度上有利于外交。但不可否认，清末知识分子对民众的暴力行为的批判又走向另一个极端，对帝国主义的外交勒索没有清醒认识，抱有脱离实际的和平主义幻想。如有人将德国强占胶州湾归因于民众的暴力行为，可谓本末倒置。德国强占胶州湾是蓄谋已久的行为，如果没有山东巨野教案，德国也会照样寻找别的借口。野蛮和文明只是相对而言的，帝国主义列强号称"文明国"，却经常使用野蛮行为侵略中国。在某种程度上，中国下层民众的自发暴力反抗斗争，可以打击列强的侵略气焰。如义和团运动虽然带有野蛮、封建蒙昧主义的色彩，但它沉重地打击了列强的侵略行为，使他们认识到瓜分中国是不可能的，从而使其调整外交政策。总体来看，当时知识界的大多数人对列强抱有和平主义幻想，否认民众的暴力反抗斗争是错误的，但是，不加分析地认为自发的暴力斗争优于文明抵制行为也是不正确的。

（二）论述对民众文化启蒙的必要性

清末知识分子提倡国民外交，认为外交应该以国民为后盾，希望对民众进行思想文化启蒙以提高其支援国家外交的能力。义和团运动沉重地打击了帝国主义瓜分中国的野心。清末国人从义和团运动中看到了民众所蕴藏的巨大力量，这使

---

① 《论愚民暴动与中国前途之危险》，《申报》1906 年 3 月 17 日。

其认识到对民众进行思想启蒙刻不容缓。

清末知识分子认为民众素质对国家外交非常重要。中国与列强实力相差悬殊，在没有强大综合国力为外交后盾的情况下，民众有组织的抵抗行为可以在一定程度上支持外交。国民可以通过发表演讲、集会、和平抵制等方式为国家提供必要的支持。报刊舆论认为民气是外交制胜的一个重要条件。如《大公报》指出：“今日之外交非口舌所能争，必须有强大之兵力盾其后，此固夫人而知之矣。然所谓兵力者，非他，即民力而已矣。国民无充实之能力，既令海有战斗舰若干，陆有常胜军若干，亦不过借寇兵而资盗粮。……外交之所以制胜者，不在于志在必用之武力，而在于不可轻侮之民力乎。”① 该文作者强调国民外交，主张国家应该充分借助民力抵制列强的侵略，但其夸大了民众在外交中的作用，民众的支持与否是外交成败的一个重要因素，但并不是决定性因素。《民立报》对国民素质与外交的成败进行了分析：“近世之现状，每因外交而牵及内政，其例至为显著，故今不悉外情之政府，不适于生存，固也。若我国民亦不悉外情……则其失败而致祸于国家者，将益不可救药。”② 国民是否了解世界形势对于国家至关重要。因此，“凡属国家欲存立于二十世纪者，不可不先有世界道德，欲养成世界道德，则不能不有世界智识。”③《政法学报》评论道：“自今以往，其不欲救中国则已，救中国当自外交始。吾鼓吹吾国民使有政治上之能力，使知有权利，使知有法律，使知有教育。吾尤鼓吹吾国民，使知有外交，使有外交之知识，使精研外事，以备折冲樽俎之选。”④ 外交已经成为中国生死存亡的重要问题，因此，国民都应该重视外交，掌握外交知识。清末知识分子希望通过普及外交知识、改造国民性来塑造中国之新民，从而为外交提供必要的后盾。

二、呼吁对民众进行文化启蒙

清末知识分子主张对民众进行文化启蒙以塑造新国民，通过学校教育、创办报刊、演说、戏剧等形式对民众进行文化启蒙，使其具备一定的世界知识，从而更好地在外交中发挥自己的作用。

首先，加强学校教育。

---

① 《为辰丸事敬告政府》，《大公报》1908 年 3 月 18 日。
② 《论国民当忍辱负重力任宏巨》，《民立报》1911 年 2 月 3 日。
③ 《世界国民论》，《民立报》1910 年 10 月 16 日。
④ 《中国外交之前途》，《政法学报》1903 年第 3 期。

　　清末报刊舆论对学校教育非常重视，希望在学校中开设外交课程以达到普及外交知识的目的。1895 年以前，新式学堂为数不多。20 世纪之后，蒙、藏、新疆等边远地区也纷纷创办学堂，新式教育覆盖全国。① 报刊舆论一致认为学校教育是普及外交知识的良好途径，学生可以通过学校这一教育场所，系统地接受外交知识。

　　国际法是国际交涉的重要依据，是外交人员必备的知识。报刊舆论将国际法作为外交教育的重要内容之一，认为中国外交失败与不懂国际法有很大的关系。《政法学报》指出：中国外交失败，"不明公法之原理则其原因之大者也"②，主张学生首先应该学习国际法。清政府以前曾经提倡官吏了解国际法。1864 年丁韪良翻译的《万国公法》出版之后，清廷就将其印行 300 部，颁发各省督抚备用③。1901 年新政之后，清政府又在仕学馆、储材馆开设国际法课程。报刊舆论认为清廷只对官吏进行国际法教育是远远不够的，还应该在民众中普及国际法。晚清外国人在中国游历、居住、传教者很多，中外民众很容易发生冲突。由于领事裁判权的存在，此种具体问题往往会上升为国际交涉。因此，知识分子认为在民众中普及国际法教育刻不容缓。《外交报》指出："顾其（朝廷）意惟偏重于官吏，而未尝普及于人民。"④ 因而积极提倡对民众进行国际法教育。知识分子主张"于大学及各省高等学堂添设（国际法）专科"⑤，是传播国际法的重要途径之一。高等学堂学生一般具有较高的文化素质，可以很好地接受和理解国际法知识，为进一步普及国际法知识扩大传播源。时人除了主张在高等学校中设立国际法课程外，还提倡在中学开设国际法。《外交报》认为："吾国开关以来，六十余年，交涉之事屡见，失权丧地之举，不一而足，而穷其真相，不过是二者之相为循环而已。无他，不明国际公法，于应有应尽之大义，均为有所当耳，肉食者固不能无责矣！吾侪小人，不学而墙，贻祸君国，其咎顾可以末减乎？故欲救今日之危，必自从研究外交始。欲人人研究外交，必自中学以上以国际公法为普通之学科始。"⑥ 知识分子还主张中学开设外交学课程。外交知识包括很多内容，

------

① 桑兵：《晚清学堂学生与社会变迁》，学林出版社 1995 年版，第 3 页。
② 《论国际公法关系中国之前途》，《政法学报》1903 年第 3 期。
③ ［美］惠栋著，［美］丁韪良译：《万国公法》，上海书店出版社 2002 年版，点校说明第 2 页。
④ 《论中学当增设外交一科》，《外交报》1907 年总第 180 期。
⑤ 《研究国际公法论》，《法政杂志》1906 年第 1 号。
⑥ 《论中学当增设外交一科》，《外交报》1907 年总第 180 期。

除了国际法外，还包括国际惯例、国际条约、世界政治经济等知识。因此，国民只学习国际法是远远不够的，还必须学习其他外交知识。他们主张："既毕业小学升入中学者，皆宜增设外交一科。使法学通儒采集外交大义，编为专书，惟其明而通，不惟其详而备，列为普通学科，俾人人习之。提要钩元，计一学期可以卒业。二三年后，内地士民，明于外交大局者，其数当骤增倍徙，于国家前途必有裨益。此确然可断言者。"① 在中学中普及外交知识，无疑会使明了外交大势的普通民众数量有所增加，这对外交将会有很大的帮助。

其次，通过报刊、书籍普及外交知识。

报刊书籍是文化思想的重要传播媒介之一，清末知识分子非常重视报刊书籍的启蒙作用。

报刊作为大众传媒有着迅速性与广泛性的特点，可以在较短的时间内将作者的观点传播到民众中去。清末国人将报刊数量的多少作为衡量国家文明程度的标准，很重视报刊的文化启蒙作用。如《时报》指出："一国文明之程度，常视其报纸之多寡为差"②。《警钟日报》也认为："泰东西各国靡不以报纸销数之多寡，占人民程度之优劣。"③《俄事警闻》评论道："新闻纸者，行政之监督，国民之向导，此西方学者之评论也。吾以为就新闻之天职言之，此评论固为确切不可易矣。就未开或半开之国言之，则新闻纸直宣道之福音而已。"④ 他们充分认识到报刊的启蒙作用，主张通过报刊来传播外交知识。《法政杂志》指出："奖励学者多设杂志，凡各国国际公法之实例广为搜罗"⑤，这样也可以增加国际法的传播广度。由于下层民众文化知识有限，知识分子认为还应创办白话报刊使民众能够了解世界大势。有感于义和团运动的蒙昧主义色彩，为了开启一般民众的智慧，清末知识分子创办了大量的白话报刊。⑥ 从 1900 年到 1911 年间，共出版了111 种白话报刊。⑦ 他们将白话报刊作为下层社会启蒙的主要方法。南昌教案发生之后，《通学报》发表论说《论急宜开通下流社会之报纸》，该文云："然体察

① 《论中学当增设外交一科》，《外交报》1907 年总第 180 期。
② 《论定报律之宜慎》，《时报》1905 年 10 月 25 日。
③ 《报纸销数调查》，《警钟日报》1904 年 10 月 21 日。
④ 《告新闻记者》，《俄事警闻》1904 年 1 月 7 日。
⑤ 《研究国际公法论》，《法政杂志》1906 年第 1 号。
⑥ 李孝悌：《清末的下层社会启蒙运动：1901—1911》，河北教育出版社 2001 年版，第 17 页。
⑦ 蔡乐苏：《清末民初的一百七十余种白话报刊》，《辛亥革命时期期刊介绍》（五），第 493—538页。

近今情形，仍以仇外者为多。……去冬大闹公堂，上海暴动，几酿大变，试问有上中社会人乎？盖自有交涉以来，着着失败，强半破坏于下流社会之人。记者一念及此，而所谓开通下流社会之报纸，急宜广出而不可一日缓也！"① 主张大力创办白话报刊，对民众进行思想文化教育，使其在遇到类似事件时要采取文明行为。此外，知识分子还提出了通过宣讲报刊的方式来开通民智。《中外日报》刊登了《论直隶倩人宣讲报纸之善》指出："前者本馆著论，谓今日所亟宜从事者，在开通下流社会之知识。而其开通之法，主意在演说报纸，其办法则在刺取日报中各要事，倩人分赴各处，每月演说若干次。"② 通过宣讲报纸，使民众了解世界形势，获取一些外交知识。清末知识分子认为民众除了愚昧之外，还缺乏近代国民意识。民众在遇到中外不平之事之后，要么采取暴力手段，要么不闻不问，因此，对国民进行文化启蒙势在必行。《大公报》评论道："专制国中国民对于国家之事甚为淡漠，遇有君国大丧往往有外人视之甚重，而本国人反视之甚轻者，此种心理固属于本国人之常态，不以为异。"③ 对中国人国民意识的严重缺失进行了批评。

除了利用报刊外，清末知识分子也主张通过出版书籍普及外交知识。英国、法国等国家在年终之时，都将交涉事件编纂成书，以供民众学习参考。知识分子主张仿效英、法等国将历年交涉事件编辑出版，使学生将所学知识与外交案例相参照。"蒙以为国际公法，既为学科，则外务部历年办理外交成案，必于年终岁会之时，仿英法之蓝皮、黄皮书义例，辑为专书，报告通国，使人人共见而共闻之。使得与所学之公法，互相稽证。"④ 只有这样，才会切实提高国民的外交知识水平。《政法学报》也指出：欲对民众进行国际知识、外交常识的启蒙教育，使人民"通晓外国之语言，周知外国之历史，一国之宗教、人情、风俗、惯例、典故无论也，其国民之嗜好、迷信、饮食诸细故亦当博访而周咨之"，还应该"平日于学校教育之外，政治家、外交家之传记、自记、手记、日记，各国政府刊行之外交往复书类，外国之风土记、旅行记，皆必读必阅之书，多接外人以广其识，多考外事以练其思想。"⑤ 希望国民多阅读书籍了解世界各国的国情，以

① 《论急宜开通下流社会之报纸》，《通学报》1906 年总第 18 册。
② 《论直隶倩人宣讲报纸之善》，《通学报》1906 年总第 12 册。
③ 《论国民宜有对外的精神》，《大公报》1909 年 5 月 7 日。
④ 《论中学当增设外交一科》，《外交报》1907 年总第 180 期。
⑤ 《中国外交之前途》，《政法学报》1903 年第 3 期。

提高对外交事件的判断能力。

国民可以通过舆论方式为外交提供坚强的支撑。因此，国民素质的高低无疑在一定程度上会影响国家外交。正因如此，清末人士积极提倡对国民进行思想文化启蒙，增进国人的外交知识，从而为外交提供民力支持。清末知识分子为开启民智做了努力，出版了大量的国际法、外交类的书籍。此外，不少报刊都辟有外交专栏，介绍外交事件、世界大事、各国动态等。清末知识分子文化启蒙以改善外交的思路有着合理性。他们非常重视民众在国家外交中的作用，提高国民素质肯定有助于外交，这是毋庸置疑的。但不可否认，这一思路本身又体现了知识分子对列强抱有不切实际的和平幻想。

第四节　法律改革以增强外交

鸦片战争之后，在西方炮舰政策威胁下，清政府与列强签订了一系列不平等条约。列强凭借不平等条约在中国享有领事裁判权、片面最惠国待遇权、协定关税权、租借权等一系列特权，严重地损害了中国的国家主权。清末，随着国家主权意识的觉醒，国人对不平等条约的危害性有了清醒认识。在与列强签订的不平等条约中，他们认为领事裁判权对中国损害最大，是困扰中国外交的一大问题，希望通过法律改革废除领事裁判权。清末报刊刊登了《论主权与民心之关系》、《论裁撤领事裁判权之预备》、《论改正条约与编订法律有连结之关系》、《论外交治本之法》、《治外法权释义》、《述英美二国于上海设立领事裁判制度》等评论，对领事裁判权的性质、对外交的影响以及法律改革与废除领事裁判权的关系进行了分析。

一、认为领事裁判权严重困扰外交

领事裁判权"即一国通过驻外领事等，对处于另一国领土内的本国国民根据其本国法律行使司法管辖权的制度"。① 清末人士认为领事裁判权不仅严重损害了中国的国家主权，而且也是造成棘手外交问题的根源之一。

首先，领事裁判权严重侵犯了中国的国家主权。

_____

① 武树臣主编：《中国传统法律文化辞典》，北京大学出版社 1999 年版，第 228 页。

最早规定列强在华享有领事裁判权的条约是 1843 年签订的中英《五口通商章程》。此后，法、美、俄、德等 18 个国家相继援引片面最惠国条款获得了在中国的领事裁判权，在中国设立了在华领事法庭及其上诉机构、会审公堂、工部局领事法庭，严重损害了中国的司法主权。

领事裁判权与治外法权在国际法上有着严格的区分，但由于晚清国人国际法知识的缺漏，存在着二者混用的情况。针对此种现象，知识分子对此做了区分，从国际法理上剖析领事裁判权的内涵。如《申报》指出："吾国人懵于外事，以治外法权、领事裁判权混而为一，岂知治外法权为公使应享之权利，领事裁判权则西人仅施之于中、日两国。"① 《外交报》在《论利益均沾之约》一文中谈到："据国际法家言，治外法权本与领事裁判权有别，然我条约中既以治外法权为领事裁判权。"② 法政专业毕业生邵羲在论说《述英美二国于上海设立领事裁判制度》中指出："领事裁判权与治外法权，吾国每将二者称谓混合，要之，二者之性质绝不相同。治外法权，乃界之予外国之君主、总统及公使，乃国际上之原则，为文化国所公认。领事裁判权，乃文明国对于半开化国，不服从其领土上之法权而设，为国际法之例外。吾国有此，辱没甚焉。"③ 治外法权与领事裁判权存在着很大不同，治外法权是国际法上的通例，而领事裁判权则违反国际法原则。《牛津法律大辞典》对治外法权进行了解释："一定的人和房舍虽然处于一国领土之内，但在法律上被认为是处于该国之外，因而不受当地法律的管辖，该原则适用于外国君主、国家元首、外交使节和其他享有外交特权的人。"④ 治外法权是国际上优待外国君主、国家元首与外交使节的通例。而领事裁判权则是列强强加在弱国身上的特权。领事裁判权在中世纪时开始出现。1536 年，奥斯曼苏丹允许法国领事根据法国法审理法国人在土耳其的民事、刑事案件。此后，几乎所有欧洲国家都在土耳其得到这种特权。19 世纪之后，欧洲列强又将其扩展到中国、埃及、摩洛哥等国家。领事裁判权严重侵犯了这些国家的司法主权，是列强依靠武力强行索取的特权。清末国人对领事裁判权与治外法权的区分，表明他们对领事裁判权的性质已经有了较为科学的认识。除了区分二者的概念区别

---

① 《论通商条约中国受亏之各款》，《申报》1909 年 9 月 15 日。
② 《论利益均沾之约》，《外交报》1909 年总第 245 期。
③ 《述英美二国于上海设立领事裁判制度》，《外交报》1909 年总第 236 期。
④ ［英］戴维·沃克编，北京社会与科技发展研究所翻译：《牛津法律大辞典》，光明日报出版社 1988 年版，第 136 页。

外，知识分子还从国际法的深度对其进行了剖析。有报刊评论道："凡本国人，皆当服从于本国法权之下，受本国裁判所之裁判。以属地主义之立法例论之，即外国人而旅居我国领土上者，亦当服从我国之裁判权。"① 英、美、法等国在中国运用本国法律管理在华侨民，这不符合国际法的原则。根据近代属地主义的法权观念，国家对于领域内一切人与物，都有绝对的管辖权。但领事裁判权却限制中国政府对在华外国人行使管辖，这损害了中国主权。有人撰文云："盖国家之主权，乃普及于其版图之内者，故无论何等国民，均不能于他国之土地行其管辖权，必服从其现在之国之主权，此国际法之原则也。然我国条约则破此原则，使缔盟各国，得行其领事裁判权于我国土，而令其侨寓臣民，无服从我国主权之义务，是非不法之条约而何？"② 指出领事裁判权是列强强加在中国身上的不平等的权利。领事裁判权的存在使清政府丧失了对外国侨民的司法管辖权，是列强对中国司法主权的践踏。

其次，领事裁判权使国家内部司法不一，容易导致执法上的不公平，这不利于民心的稳定。

清末中国外交的最大变化是国民外交的崛起。国人认为国家外交政策的制定应该首先考虑民众的利益，并以民众作为国家外交政策的依靠力量。西方国家在执行外交政策时，大都有赖于民众的支持。《外交报》指出："十九世纪以还，泰东西各国，所以驰骋纵横于外交之坛坫，而莫予敢侮者，岂皆师武臣力，与夫君若相之所致也哉？曰：有最坚最厚之群力群心，以为外交之后盾焉耳！"③ 民众的支持是国家外交的重要支撑力量，但是领事裁判权的存在很容易使人心涣散，使国家失去民众的支持。领事的主要职责是"在接受国内保护派遣国的及其国民——个人与法人之利益"④。领事要根据本国政府的命令，保护在本国的侨民的利益，民族感情的因素和职责所在容易使他们在执行司法审判时极有可能偏离法律轨道。此外，领事并不是法官，其所行程序和法律解释就不一定规范，不可能达到完全的公平无私，不可避免会出现偏袒本国人的情形。列强在中国领土上设立了不少法庭，这些法庭对不同国籍的外侨之间的案件和华洋混合案件都采用"被告主义"原则，即须到被告所在地法庭提出控告。中国普通民众不懂外

---

① 《论政府亟宜制定国籍法》，《外交报》1908 年总第 229 期。
② 《述我国改正条约之先例》，《外交报》1909 年总第 244 期。
③ 《论外交之机当伸民气》，《外交报》1907 年总第 196 期。
④ 王铁崖等：《国际法资料选编》，北京法律出版社 1981 年版，第 661 页。

语，也没有相关的法律知识，这就为中国受害者设置了交通、语言等重重障碍，使他们很难控告侵犯他们权益的外国人。有时，即使外国侨民被判入狱，但是执行法律时的种种障碍使他们还可以继续逍遥法外。美国驻华外交委员马沙利1853年谈到领事裁判权的执行情况时称："至少有各国水手一百五十人，在此地（上海）酗酒滋事，喧哗暴动，日夜不休。他们认为没有法律可以制裁他们，因为他们虽被判入狱，但无牢狱可入。除却判之入狱外，并无其他惩罚可以加诸彼等，因为他们无钱缴纳罚款。"① 国家法度上的不一致与裁判不公必然导致民愤，领事裁判权容易使中国人对国家产生不满。《外交报》指出："群一国之民，受治于一国之法，整齐划一，有犯必惩，而民晓然于宪典之不可玩，相率而勉为良善。若是者，其国治，反是者乱。来万国民，受治于一国之法，民有殊籍，法无异施；他国之民，听有司之约束，而不敢以客凌主；己国之民，仰朝廷之威信，而不敢以下慢上。若是者，其国治；反是者乱。"② 认为领事裁判权不利于国家的安定。《东方杂志》评论道："国家之权利有四，曰自卫权，曰平等权，曰干涉权，曰司法权，四者苟能完全无缺，而后克成为独立自主之国，否则殆矣。四者之中，以司法权最为重要。"③ 在国际法理论上，司法审判属于国家主权不可分割的一部分，侨民都应该接受所在国的法律管辖，只有国家元首、外交代表、国际组织的代表才享有外交特权。但西方殖民主义列强肆意掠夺中国的主权，把领事裁判权扩大到所有在华的外国侨民身上，侵犯了中国的司法主权。在领事裁判权实行过程中，存在损害中国人民利益的现象，此种不平容易使人心涣散，降低了国家的凝聚力。

再次，领事裁判权容易诱发棘手的外交事件。

近代资本主义各国来华人员数量较多，职业范围也分布较广，有外交人员、军人、传教士、商人、新闻记者、科学家等。由于人数众多、身份复杂、背景各异，他们在深入中国内地游历时，很容易与中国人发生冲突，严重者会上升为外交事件。

领事裁判权的存在，使内政处处牵涉外交。《外交治本之法》一文认为，外交"最要害最致命之病源，非他，曰他国得行其治外法权也。""中国惟无治外

① 李定一：《中美早期外交史》，第152—153页。
② 《论主权与民心的关系》，《外交报》1903年总第45期。
③ 《论治外法权不合于国际法理》，《东方杂志》1906年第9期。

法权之故，来一外人，无论其为何等人，均可以代表本国，所涉足之地，无论其为何地，均变而为使馆与兵船，驯至受外人之佣之本国人，与奉外人之教之本国人，无不欲代表外国，而此等人之所居，亦无不成使馆与兵船。……故地方来一外人，即增一外国，多一依草附木之人，即多一外人。聚无量数之外国，而交错于起居之地，于是一切之事，无不成为交涉之事。"① 领事裁判权使国家外交的范围变得极为广泛，在中国发生的中外民众纠纷都可能成为外交问题，这对中国非常不利。在另一篇评论《论上海公堂案关系全局》一文中指出："外交事件，率单简明画，不与内治相淆。吾国则外交内治，恒纠固胶结而不可解，广漠如垠，猝难界说。"② 中国只有着力收回领事裁判权，才会改变内政与外交纠缠不清的状况。《东方杂志》也指出："吾国人不明国际法之功用，而徒慑于向来交涉，无论为商务，为教案，为一切刑事之诉讼，莫不为外人所挟制。……非治外法权而实由于领事裁判权。"③ 外交并不仅仅限于国家政府之间，而扩展于广大的中外民众之间。因此，国人认为废除领事裁判权可以在一定程度上改善外交。他们认为："今日教案、路约、矿约之事，一经收回治外法权，即可永不复见。倘其不然，则此等之事，行将日甚一日，必至举国无一人一事，非挂洋牌不可。"④《申报》也对领事裁判权的危害性进行了分析："我国势处积弱，与外人交涉仅凭公文之理论，不施决裂之手段。以故一事之起，倘与外人有纠葛者，无论有关国权之交涉，如土地、铁路、矿产等，只得含糊应允，任其侵蚀；推之个人交涉，亦不得问是非曲直之谁属，而横遭曲抑。纵有其是在彼，其非在我者，我固负荆谢罪之不遑。至于明知其非在彼，其是在我者，以强弱之势不敌，亦甘居下风，彼族仍得胜而去。其所以如此者，一由于国势之不振，一由于治外法权之未收回。"⑤ 从以上材料不难看出，该评论将领事裁判权列为中国外交失败的原因之一。正是由于领事裁判权的存在，在路矿权、铁路等问题的交涉上，列强经常将属于国际司法范围内的案例上升为国家之间的外交事件，这让中国非常被动。近代由于中外民众冲突而诱发的外交事件确实很多，最为典型的是教案。传教士在中国分布很广，散落在广大的城市和乡村。由于中西文化、宗教信仰以及

---

① 《论外交治本之法》，《外交报》1903 年总第 49 期。

② 《论上海公堂案关系全局》，《外交报》1907 年总第 169 期。

③ 《治外法权释义》，《东方杂志》1907 年第 11 期。

④ 《立宪与外交之关系》，《外交报》1907 年总第 167 期。

⑤ 《论厦门办理戏园交涉之失计》，《申报》1909 年 3 月 31 日。

传教士的不法行为极容易导致冲突，为列强进行外交讹诈提供了借口。清末知识分子正是意识到领事裁判权的危害，因此，迫切希望废除领事裁判权以改善中国外交。

二、主张法律改革以废除领事裁判权

清末知识分子希望通过法律改革废除领事裁判权，从而在一定程度上改善外交。他们认为列强在华享有领事裁判权，一方面由于中国衰弱，另一方面则由于中国法律过于严酷。中国法律制度与西方法律制度存在很大的差异，因此，他们希望国家在实行宪政的同时，也应该进行法律改革以达到废除领事裁判权的目的。日本最初与中国一样也与西方签订了不平等条约，但在明治维新之后，日本变法自强，修订法律，最终废除了领事裁判权。由于日本与中国有着类似的经历，因此，日本的成功经验自然也进一步坚定了中国人法律改革的信心——他们也希望中国通过法律改革废除领事裁判权从而在一定程度上改善外交。

清末国人希望通过法律改革废除领事裁判权主张有其背景原因。英国首先做出承诺，如果中国法律改革成功，英国可以放弃领事裁判权。1902 年签订的《中英续议通商行船条约》第十二款规定："中国深欲整顿本国律例，以期与各西国律例改同一律，英国允愿尽力协助，以成此举，一俟查悉中国律例情形及其审断办法及一切相关事宜皆臻妥善，英国即允弃其治外法权。"① 此后，美、日、葡等国均声明只要中国整顿法律、使与各国一致，即可放弃在华领事裁判权。1901 年之后，清政府任命刑部侍郎沈家本和出使美国大臣伍廷芳为修律大臣，主持修订法律。从 1902 年到 1911 年，起草了许多重要法典的草案及急需的行政法规。清政府的这些举措无疑进一步激发了国人通过法律改革改善外交的愿望。

清末报刊舆论对修订法律与领事裁判权的关系进行了充分论述。列强继续保有领事裁判权最冠冕堂皇的理由是中国法律及其司法太过野蛮，不合于西方的文明标准。因此，国人希望参照西方的标准，进行法律改革从而废除领事裁判权。《外交报》指出："今夫立国于二十世纪之秋，而欲外交之莫予敢侮，是固有其道焉。……一则明罚立法，以统一中外也！"② 废除领事裁判权是增进外交的重要方法之一，废除领事裁判权必须进行法律改革。"宜以修成之法典，翻译外国

---

① 王铁崖编：《中外旧约章汇编》（2），第 109 页。
② 《预备海牙第二次平和会议事平议》，《外交报》1908 年总第 217 期。

文字，播之国际新闻机关，而与国际学者共证明之。至各省及商埠审判厅既设，除万无可宣示之事件外，皆宜一律公开，使侨居外人联袂参观，恍然于吾国法律之宽大，审判之平允，与彼文明国之法律及官吏，有过之无不及焉。内备既休，夫而后可言对外之策。"① 只有法律制度与西方趋同，才有可能废除领事裁判权。"非编订完全之法律，断不能达改正条约之望；条约不改正，则领事裁判权永无撤废之日，我国国权永无恢复之时矣，岂不大可哀乎！"② 中国法律原则与西方法律原则存在很大差异，因此中国应该"速改刑律，举所谓反乎文明者，悉芟夷之，以行精神，而不徒袭其形迹。数年而后，成效昭著，即援日本修改条约之例，商诸列国，收回治外法权。"③

　　清末国人虽然对通过法律改革废除领事裁判权抱有期望，但还是有人认识到了实际存在的困难。中国与列强在国力上有着巨大的差距，即使中国建立起近代化的司法制度，收回领事裁判权也有很大的难度。《申报》评论道："即使如法改订，裁判权之能否收回，尚难决定。"④ 列强虽然做出了放弃领事裁判权的承诺，但他们不可能轻易放弃在华的既得利益。"英之所允弃者，亦自必为弃此无疑也。嗣是而美，而日本，皆见此条约于商约，所谓整顿律例臻于妥善者，彼果许，非徒形式与否？此所以有一切相关事宜之文，盖目前方发一虚愿，正未知其何日可偿矣。"⑤ 正因列强不愿轻易放弃既得利益，因此，中国在改订法律的同时也应该实行宪政以充实国力。近代领事裁判权虽然与法律制度有着一定关系，但最根本的原因还是中国的国家实力问题。

　　领事裁判权是困扰中国外交的一大痼疾，中国法律制度的弊端是列强享有领事裁判权的借口之一，知识分子提出法律改革的措施有一定的针对性。清末国人试图通过法律改革以改善外交的主张，与其文明排外的思路有着一致性：表现出在西方法律框架内思考外交问题的倾向。甲午战争和八国联军侵华战争让知识分子清楚地认识到中国国际地位，对与帝国主义对抗的后果心有余悸。因此，他们希望在国际法许可的范围内谋求国家地位的提升，并不想违反西方既定的国际规则。但是，近代中国处在一个弱肉强食的国际环境中，国家实力的强弱在很大程

① 《论裁撤领事裁判权之预备》，《外交报》1909 年总第 256、257 期。
② 《论改正条约与编订法律有连结之关系》，《外交报》1909 年总第 254 期。
③ 《论主权与民心之关系》，《外交报》1903 年总第 45 期。
④ 《论通商条约中国受亏之各款》，《申报》1909 年 9 月 15 日。
⑤ 《收回领事裁判权与改良法律之关系》，《申报》1908 年 7 月 5 日。

度上决定了外交的成败，仅靠法律改革或者文化启蒙无法彻底废除列强强加在中国身上的特权。中国废除不平等条约的艰难历程证明了，靠法律改革或者文化启蒙是无法彻底废除领事裁判权的，列强是不会轻易放弃在华的既得利益。但我们不应该以后来者的身份对当时知识分子的思考进行简单的否定，认为其对于列强抱有不切实际的幻想，毕竟他们观念中表现出来的文明理性即使在当代仍有重要价值。近代知识分子设想的通过文化启蒙、法律改革来提升国家外交的主张有着与世界接轨的积极意义，带有浓厚的理性主义色彩。虽然他们的设想在当时没有获得成功，但是为民国时期中国国际地位的提升提供了有益的探索。

第五章　清末报刊评论与中外交涉

20世纪初年，中国人的外交思想发生了很大的变化。笔者拟选择清末比较有代表性的外交事件进行分析，希望通过对外交事件的微观考察更加清楚认识国人外交思想的变化轨迹。本书选择中俄东三省交涉、中美工约交涉、中法英南昌教案交涉作为考察对象。之所以这样选择，主要出于以下考虑：第一，清末外交思想具有阶段性特征。1901—1911年虽然只是短短十年，但国人的外交观念仍呈现出阶段性发展的特征。以1905年为界，国人外交思想呈现出较大的变化，提出了明晰的国民外交思想。为了明了1905年之前国人外交观念的具体状态，本书拟选择中俄东三省交涉进行考察。由于中俄东三省交涉持续时间很长，为了考察的方便，笔者只选取了1901年到1904年这一时段进行分析。1905年是中国外交思想变化较大的一年，为了考察此种变化，笔者计划对中美工约交涉进行探讨，希望通过对其分析能够明了国人外交思想是如何变化的。第二，教案交涉是近代外交的重要部分。南昌教案并非清末非常有影响的外交事件，除了中俄东三省交涉和中美工约交涉之外，比较重要的还有路矿权的交涉。收回路矿权运动是清末政治生活中的重要事件。笔者也曾考虑选取某一典型的路矿权交涉进行考察，但对其进行分析后发现，国人在路矿权交涉中表现出来的外交观念与中美工约交涉中的思想并无太大的不同，因此对路矿权交涉事件便不再做分析。由于教案是清政府颇为棘手的外交问题，为了解决教案给外交带来的不利影响，清末国人对此问题进行了讨论，发表了不少关于消弭教案的文章。义和团运动是清末最大的反教运动，由于以往研究成果颇多，时间跨度也比较长，因此，笔者选取了南昌教案作为个案考察。南昌教案是清末较大的教案，笔者希望通过分析南昌教案透视清末国人的教案交涉观念。

第一节　报刊评论与中俄东三省交涉

义和团运动期间，沙俄趁机占领了中国东北。为了收回东三省，清政府与俄国进行了谈判，并于 1902 年 4 月 8 日签订了《交收东三省条约》，规定俄国于签字后一年半内分三期从东北撤军。但俄国撤军期间，又不断提出各种条件妄图继续霸占中国东北。东三省问题引起了国人的广泛关注，中国报刊围绕此问题发表了不少报道与评论，要求清政府坚决抵制俄国的要挟。

一、中俄东三省交涉概况

1901 年到 1904 年中俄之间的交涉主要围绕交收东三省以及由《交收东三省条约》衍生出的撤军问题展开。

列强与清政府在北京进行议和谈判之后，中俄关于东三省的谈判也在俄国首都举行。俄国在谈判最初阶段，妄想长期占领中国东北，先是由财政大臣威特于 1901 年 1 月 17 日向中国驻俄公使杨儒提出口头约款 13 条，接着由外交大臣拉姆斯道夫在 2 月 16 日提出书面约款 12 条。从条款的主要内容来看，俄国显然是要使东三省成为其独占的殖民地，并且还要进一步把蒙古、新疆和华北变成其势力范围。

俄国的要求遭到了一部分清政府官员的强烈反对。南洋大臣刘坤一、湖广总督张之洞等大员要求拒绝接受俄国的 12 条约款。他们指出，一旦接受俄国的要求，中国即将面临被瓜分的危险。慈禧深恐与俄国决裂后，俄国将永远占领东三省，所以不敢拒绝俄国的要求。但是她又害怕如果接受俄国的条款，各国将互相援引，中国会面临被瓜分的命运。清廷一方面于 1901 年 2 月 27 日、3 月 1 日、3 月 7 日、3 月 8 日电令杨儒与俄国政府商谈，指出东三省、蒙古、新疆各省铁路矿产等利益不能让与俄国，金州自治不能废除。此外，清政府还命令驻各国公使向英、日、美、德各国要求援助。由于国内外舆论坚决反对俄国的要求，俄国不得不对条款进行了修改，提出了 11 项条款，仍然想继续霸占中国东三省。俄国限定中国政府于 14 天之内签字，否则将与清政府中止谈判，拒绝交还东三省。在俄国的巨大压力下，慈禧电示奕劻、李鸿章向各国解释中国的处境，希望各国帮助说请俄国展期。另一方面，慈禧电示杨儒，"如俄能展限，如天之福；若竟不允，能再商改，不使各国借口。倘二者均不能行，惟有请全权定计，朝廷实不能遥断也。"[①] 慈禧太后害怕签订俄约会遭到国内外舆论的谴责，因此想要将责

---

① 中国社会科学院近代史研究所近代史资料编辑组编：《杨儒庚辛存稿》，中国社会科学出版社 1980 年版，第 94 页。

任推给杨儒。李鸿章、奕劻联名致电杨儒要其酌情签字，而张之洞、刘坤一等联名致电杨儒请慎重签约。① 由于国内人民反对俄约的声浪日益高涨，同时各国政府的干预力度加大，杨儒拒绝签字，清政府也于 3 月 26 日正式通告俄国外交部拒签俄约。在清政府拒签俄约之后，俄国决定对中国进行某些必要的让步，同意参照中国外务部的意见，与清政府重新谈判。1902 年 4 月 8 日，俄国驻华公使雷萨尔代表俄国政府与中国全权大臣奕劻、王文韶签订了中俄《交收东三省条约》，规定俄国在订约后一年半内自东三省分三期撤退。俄军撤退后，中国在东三省驻兵人数如有增减，须通知俄国。对于交还铁路则附有下列条件：清政府允许"日后东三省南段续修铁路或修支路"等事，"应彼此商办"，并赔偿山海关、营口、新民厅各铁路重修及养路各费。

中俄订约后，沙俄于 1902 年 10 月第一期撤兵期满时，撤退了盛京西南段驻军，并将关内外铁路交还中国。1903 年 4 月，第二期撤兵期满，照约应继续撤退盛京其余各段和吉林省驻军，但沙俄拒不履行，并乘机向清政府提出 7 项新的要求作为要挟。这些要求是：（1）退还的各地，特别是牛庄及辽河沿岸各地，不得以割让、租借、让予或以任何方式转给其他国家；（2）蒙古现行体制不得更变；（3）未得俄方同意，不得在满洲开放新的通商口岸及允许领事进驻；（4）中国如延聘外人管理任何部门的行政，其权力不得施及满蒙；中国北部事务应另成立机构，由俄人管理；（5）俄国保持管理现有的旅顺——营口——沈阳电线；（6）牛庄交还后，华俄道胜银行应照旧执行该地海关银行的职能；（7）俄国人或俄国机构在占领期间在满洲所取得的一切权利，于俄军撤走后仍然有效。从这些条款可以看出，俄国想要使东三省成为沙俄的独占势力范围。沙俄此种野蛮无理的行径激起了广大中国人民的愤慨，他们在国内掀起了大规模的拒俄运动。与此同时，英、美、日三国政府也先后向沙俄政府提出质问和抗议。在国内强大的社会舆论压力以及各国列强的干预下，清政府拒绝了俄国的要求，要求其履行《交收东三省条约》的规定。1903 年 9 月沙俄将 7 项侵略要求改为 5 条，与清政府再次交涉没有达成一致。10 月 3 日俄国政府宣布停止与清政府的谈判，并于 28 日强行闯入奉天，占领清行宫及将军衙门等各署。

① 中国社会科学院近代史研究所近代史资料编辑组编：《杨儒庚辛存稿》，第 95 页。

二、报刊视野下的中俄东三省交涉

1901—1904 年中俄东三省交涉期间，国内民众掀起了大规模的拒俄运动，反对俄国的侵略行径。中国报刊围绕着中俄之间东三省的交涉发表了不少评论，主要有《论本报译登俄人占领东三省事》①、《论中俄订立密约》②、《密约解》③、《论中国依附俄人之失计》④、《阅本报所登俄约早废及俄要订约事试申论之》⑤、《观本报详记中俄订约事慨乎言之》⑥、《论力抗俄议》⑦、《书中俄条约后》⑧、《论俄人深谋》⑨、《制俄篇》⑩、《论东三省近事》⑪、《联合日德美三国以拒俄人论》⑫、《中俄议约事》⑬、《俄人要求东三省事各国不肯与闻论》⑭、《中国倚日拒俄试陈其说》⑮、《湖北试用府经历李泄上庆亲王请代奏东三省事宜书》⑯、《论俄人新密约之用意》⑰、《论俄国之新提案》⑱、《与某友人详谈俄约事》⑲、《论政府会议拒约事》⑳、《论东三省事》㉑、《守护满洲之新约》㉒、《俄人之威胁》㉓、《俄

①　《申报》1901 年 1 月 26 日。
②　《申报》1901 年 3 月 13 日。
③　《申报》1901 年 3 月 28 日。
④　《申报》1901 年 3 月 31 日。
⑤　《申报》1901 年 4 月 18 日。
⑥　《申报》1901 年 10 月 24 日。
⑦　《申报》1902 年 1 月 7 日。
⑧　《申报》1902 年 4 月 26 日。
⑨　《申报》1902 年 9 月 30 日。
⑩　《申报》1903 年 2 月 12 日。
⑪　《申报》1903 年 4 月 21 日。
⑫　《申报》1903 年 5 月 27 日。
⑬　《申报》1903 年 7 月 26 日。
⑭　《申报》1903 年 10 月 4 日。
⑮　《申报》1903 年 11 月 10 日。
⑯　《大公报》1903 年 8 月 1 日。
⑰　《大公报》1903 年 10 月 2 日。
⑱　《大公报》1903 年 10 月 3 日。
⑲　《大公报》1903 年 10 月 17 日。
⑳　《大公报》1903 年 11 月 6 日。
㉑　《大公报》1903 年 11 月 10 日。
㉒　《新民丛报》1903 年总第 29 号。
㉓　《新民丛报》1903 年总第 31 号。

人外交之密计》①、《中国欲与满洲于俄乎》②、《极东问题之满洲问题》③、《论满洲问题》④、《俄人之东亚新政策》⑤ 等。这些评论从国际形势、中国应采取的对策等方面进行了分析与评论。

（一）分析当时国际局势

正确认识国际形势对于解决外交问题非常重要。近代国际社会联系非常紧密，外交事件往往涉及许多国家的利益，因此在交涉中必须正确判断国际形势。东三省土地肥沃，矿产丰富，长期为列强所觊觎。各国都不愿意俄国独占中国东北，因此，他们对中俄交涉颇为关注。国人也认识到列强对于解决东北问题的重要性，他们在评论中对各国的态度进行了分析。

国人认识到俄国不敢独占中国东北，主要由于各国的牵制。如《申报》指出："俄人于中国本无所顾忌，其所以不敢径行直遂者，尚顾忌乎各国也。"⑥ 国际社会一致反对俄国占领中国东北的舆论对俄国造成了巨大的压力。俄国虽然强悍，但是并不能为所欲为。报人在分析世界形势的过程中认识到，英国、日本、美国是俄国独占中国东北的障碍，因此对日、英、美三国的态度非常关注。

日本对东三省垂涎已久，对俄国独占东北的行为反应最为强烈。为了与俄国争夺中国东北，日俄双方都在紧张备战。国人意识到日本对东三省的关注，但对日本以何种方式介入还存在疑问。在中俄东三省交涉期间，时人对日本的态度颇为重视，发表了不少评论，揣测日本的意向与动态。他们认为，日本与中国同处亚洲，与中国有着密切的地缘关系，因此，"深惧俄人之势日强，害中国以波及日本"。⑦ 不过，人们在寄希望于日本的同时，也对日本是否能够保障中国的利益表示怀疑。如《大公报》认为，日本并不能保全中国的利益。"将来日俄之战，无论谁胜谁败，而蒙其大害者我中国也。盖俄人占据我东三省，已绝无退让之心，无论日本之争与不争，其东三省之土地必非复我有。苟日本与之因争而战，战而不胜，东三省仍为俄有，更难望物归原主。战而胜，东三省或见夺于日

---

① 《新民丛报》1903 年总第 32 号。
② 《新民丛报》1903 年总第 33 号。
③ 《新民丛报》1903 年总第 35、36、37、37、39、40、41、42、43 号。
④ 《游学译编》1903 年第 9、11、12 册。
⑤ 《浙江潮》1903 年第 1、2 期。
⑥ 《阅报纪俄人之言慨而论之》，《申报》1901 年 12 月 7 日。
⑦ 《连合日德美三国以拒俄人论》，《申报》1903 年 5 月 27 日。

本，我中国更无向日本索取之理。"① 从以上评论可以看出，虽然国人认为日本与中国有同文同种之谊，但对日本的侵略野心还是有一定的警惕。

除日本外，英、美两国也反对俄国独占中国东北。英国与俄国在华争夺激烈，俄国吞并中国东北当然为英国所不能容忍。为了对付俄国，英国与日本在1902年1月30日正式签订了《英日同盟条约》。国人已经敏锐地感觉到日、英两国对于解决东三省问题至关重要。《游学译编》发表《满洲问题》一文指出："英国平素所持之保全开放主义，亦与俄人独力进取有相妨之势，于举全力以防遏。"② 因此，英国对俄国侵略东三省反应强烈。美国也坚决反对俄国独占中国东北。美国是一个新兴的资本主义国家，为了在世界扩展利益，提出了"门户开放"政策，希望通过经济贸易扩展实力。俄国对东三省的独占不利于美国的利益。《满洲问题》一文在谈到美国时指出："载门罗主义飞渡太平洋而干涉极东事件者，则为美国。美国于东省事，但于通商上有密切之关系而已，非如日、英两国牵连而兼有政治上之主义。"③

人们在分析国际形势的基础上，认识到制约俄国独占东北的力量为英、日、美三国。他们希望清政府能够正确利用国际形势，采取适当对策维护国家主权。与此同时，有人意识到英、日、美三国反对俄国侵占中国东北并非出于公平正义之心，而是为了争夺在中国的利益。如他们针对英、日联盟评论道："英、日之联盟也，谋制俄也，谋保在中国之权利也。"④ 在另一篇评论《观连日本报所登英日联盟事及俄人所改约章感而书此》中谈到："英、日岂真友爱于中国及高丽哉？其所以越俎而为此者，实以抵御俄人耳。"⑤ 这说明时人能够清楚地认识到帝国主义列强的本质。

（二）"重地说"与"国家领土完整说"：解读东三省地位的两种视角

领土完整是国家主权不可分割的一部分，任何一个国家都不能容忍本国领土遭受外来势力的掠夺。近代宪政国家将维护本国的领土完整作为外交的首要目标，传统的封建国家也同样将领土完整作为外交的重要内容。但在解读国家领土

---

① 《日俄战争之问题》，《大公报》1903年10月25日。
② 《满洲问题》，《游学译编》1903年第9册。
③ 《满洲问题》，《游学译编》1903年第9册。
④ 《英日联盟俄法联盟合论》，《申报》1902年3月30日。
⑤ 《观连日本报所登英日联盟事及俄人所改约章感而书此》，《申报》1902年2月24日。

的重要性时，封建王朝与近代宪政国家有着根本的不同。王朝外交视野下，国家领土的重要性与封建王朝的正统性密切相关。而近代外交观念中，领土完整与民族国家的主权不可分离。1901—1904 年间，报刊在解读东三省地位上，存在着根本上的分歧：有些从朝廷重地的视角分析东北的重要性；有些则从近代国家领土完整这一视角评论东三省的地位。以下分别对这两种观念进行介绍：

　　"重地说"是时人认识东三省地位的一种重要视角，在当时有很大影响。《申报》便从朝廷重地的视角分析东三省的重要性，这种思想在其评论中比比皆是。如 1901 年 2 月 7 日《阅报纪俄人之言慨而论之》一文云："满洲为我朝廷根本之地，固不欲轻以让人。"① 1901 年 3 月 13 日，《申报》刊登了《论中俄订立密约后》一文指出："满洲为我朝发祥之所，虽物产未必富，土壤未必腴，而根本在，是非若台湾之可轻易割弃也！"② 从这篇评论不难看出，该文作者认为东三省是清朝发祥之地，坚决不能割弃，而台湾孤悬海外，可以割弃给日本。台湾和东三省都是中国领土的重要组成部分，在领土上并不存在主次之分，透过该文我们可以清楚地看到浓重的王朝外交观念。《外交报》是清末非常重要的外交类报刊，也持此种观点。《外交报》指出："东三省者，京师之屏障，陵寝之圣地也。以我国归会，朝廷崇戴，皇室之义衡之，小有差池，则全国为之震动。"③ 此外，《大公报》也认为："东三省是我朝发祥根本重地"④，国人不能轻易放弃。"重地说"建立在对清王朝的认同之上，虽然也有维护国家主权的成分，但根本出发点是封建王朝而非近代国家。

　　除了"重地说"外，时人还从国家领土完整的视角解释东三省的重要性。甲午战争之后，随着西方政治学说的大规模输入，一部分国人已经认识到领土、主权、人民为国家不可缺少的三个要素，他们当然不能容忍俄国对中国领土的肆意侵略与践踏。如《游学译编》在谈到满洲问题时指出："夫中国主权，非满洲政府所私有也。国民之公主权，一家一姓不得私有之，亦不得私与之。"⑤ 《游学译编》是革命色彩比较浓厚的报刊，主要撰稿人为陈天华、杨笃生、黄兴等人。他们大都深受西方政治学说的影响，以推翻满清专制统治为奋斗目标，自然从国家

---

① 《阅报纪俄人之言慨而论之》，《申报》1901 年 2 月 7 日。
② 《论中俄订立密约后》，《申报》1901 年 3 月 13 日。
③ 《论外交必有主体》，《外交报》1903 年总第 59 期。
④ 《湖北试用府经历李沺上庆亲王请代奏东三省事宜书》，《大公报》1903 年 8 月 1 日。
⑤ 《满洲问题》，《游学译编》1903 年第 9 册。

的领土完整角度评论东三省的地位。《浙江潮》论道："呜呼，满洲者，中国人之满洲也。"①《中外日报》大声疾呼："东三省者，我中国人之东三省，非俄人之东三省，俄欲夺之，我必复之，此竞存之理，各国之公理也。"②《苏报》也指出："东三省者，非满洲人之东三省，而为我全体中国人之东三省。"③ 总体来看，从领土完整视角解释东三省观点主要为：东三省属于全体国民，而非满洲人之东三省，将领土的所有权归结为近代国家而非清王朝。从国家领土完整的角度认识东三省的地位，表明了国人近代民族国家意识的增强。

对东三省地位的不同解说，表明了王朝外交和国家外交的分野。"重地说"含有浓重的王朝外交观念，是从清廷的立场来考虑东三省的地位。而"领土说"则从国家领土完整的角度认识东三省的重要性。在中国传统观念中，国家领土在重要性上有着主次之别。一般来说，京城所在地以及皇族的发祥地最为重要，边疆地区居于次要地位，周边的朝贡国是作为中原文化的屏藩而存在的。历代统治者"在治边理念上就是一方面要先中心后边缘，重中心轻边缘，另一方面，在保证中心稳定的前提下，又要重视边疆的稳定与发展。"④ "重地说"就反映了人们的领土观念还带有浓重的传统色彩。解说东三省重要性的视角不同，不仅体现了国人在领土问题上传统观念与近代观念的分野，而且也显示了外交的出发点是维护王朝利益还是捍卫民族国家主权。

（三）结盟与开埠通商：抵制侵略的两种策略

在如何解决东三省的问题上，中国人提出了结盟、开辟公地两种手段。受中国传统合纵连横策略和西方均势理念的影响，时人所提出的外交策略可以说是中国传统观念和西方观念的结合体，既有中国传统的影子，也有西方外交观念的痕迹。

第一，与别国结盟抵制俄国的外交讹诈。

结盟是古今中外外交家常用的策略之一，无论在东方还是西方都有非常深厚的历史传统。春秋战国时期，结盟之策在诸侯国之间就很盛行。西方外交家同样将结盟作为改变各国之间力量对比的重要方法。摩根索认为："联盟是在一个多

---

① 《叙德俄英法条约所载"高权"及"管辖权"之评论因及〈舟山条约〉之感慨》，《浙江潮》1903年第7期。

② 《举人蒋智由演说》，《中外日报》1901年8月27日。

③ 《中国四民总会处知启》，《苏报》1903年4月30日。

④ 孙建民：《中国传统治边理念研究》，国防大学出版社2003年版，第93页。

国体系内起作用的一个必不可少的均势功能。"① 在抵制俄国侵占中国领土的时候，时人普遍感到中国力量的不足，因此希望通过与强国结盟维护国家主权。但在与何国结盟上，人们存在一些分歧。仅以《申报》为例，1901 年到 1904 年日俄交涉期间就有几种联盟的主张：

《申报》于 1901 年 12 月 4 日发表社论《联日之利益》，主张与日、美结盟。该文认为日本与中国同处亚洲，同文同种，"诚能联约，而同持亚洲之危局，以戟虎狼吞噬之谋。"美国并没有侵略中国领土的野心，且又反对俄国独占中国东北，因此中国应该与美国联合。日、美、中三国联合，"亚、美两洲同敌一欧洲，陆路则中国扼之，海道则美扼之于南洋，日扼之于北海"②，这样就可以对付强邻俄国。该文虽然认识到了美、日与俄国的矛盾，但对帝国主义列强的共同本质缺乏清醒认识，以为美、日能与中国联合共同对抗俄国，想法未免过于天真。

《申报》1903 年 2 月 12 日刊登了《制俄篇》，主张与德国、日本、英国结盟。该文指出俄国之所以不敢吞并东三省，主要是由于各国干涉。那么，"俄既尚有所畏，宜即以所畏者制之。为今之计，无如实心联络一二国以为援助。"中国应该真诚地与别国联合，才能反对俄国独占东三省。列强处理国际关系时往往采取实用主义的态度，根本不会承付道义上的责任。而中国传统的外交观念却非常注重责任和诚信，强调遵守承诺，带有浓厚的道德色彩而忽视实际利益。时人在丛林规则盛行的国际政治背景下，幻想与列强真诚合作共御强俄，不难看出中国传统诚信理念的深刻影响。

《申报》1903 年 5 月 27 日刊登了文章《联合日、德、美三国以拒俄人论》，力倡与日、德、美三国联合。该文指出，日本与中国同处亚洲，不愿意俄国势力过于强大，中国应该抓住日本的此种心理与其联合。英、日缔结了同盟条约，与日本联合就相当于与英国联合。德国与法国为世仇，俄、法结盟必然会导致俄、德关系紧张。因此，只要中国派遣"智辩之士，陈说利害，与之联合，窃意德亦未必固拒。"③ 对于美国，中国应"远下一子以为之应，而他日排难解纷之任亦可"④。可以看出，该评论非常重视智士在国际生活中的游说作用，希望通过游

---

① ［美］汉斯·摩根索著，卢明华等译：《国际纵横策论——争强权，求和平》，上海译文出版社 1995 年版，第 238 页。

② 《论联日之利益》，《申报》1901 年 12 月 4 日。

③ 《联合日德美三国以拒俄人论》，《申报》1903 年 5 月 27 日。

④ 《联合日德美三国以拒俄人论》，《申报》1903 年 5 月 27 日。

说的方式达成与别国结盟的目的。古代国家结盟过程中，起关键作用的是辩士，这一方法在古代社会背景下有着有效性。但随着外交科学化的发展，近代资本主义国家的外交政策制定建立在科学决策基础上，这就使得中国传统的外交智术无法应付日益复杂的国际问题。近代外交决策并非只是君主一人之事，在决定与何国联盟时必须经过全方位考虑，未必会因为智士游说就会改变本国的既定方针。

除了《申报》之外，当时别的报刊也刊登了大量结盟自保的评论。在结盟国的选择上虽各不相同，但宗旨是一致的：利用各帝国主义国家的矛盾来维护中国利益。其出发点无可非议，爱国之心也值得肯定，但这样的想法却不够现实。结盟不是一厢情愿的事情，每个国家都有自己国际策略，只有对方也有结盟的意图时，才容易实现盟友关系。与一个国家结盟尚且不易，若欲将数个国家合于一个联盟之下，更不是知识分子想象的那样简单。更重要的是，结盟必须建立在各国利害相同，强弱相等的基础上。弱国与强国结盟不仅不能维护本国利益，反而会带来更大的损失。在20世纪初，中国积贫积弱，列强在中国领土上划分势力范围，纷纷将中国作为掠夺的对象。在这样的时代背景下，中国与列强实力相差悬殊，与列强结盟无异于羊与狼结盟，维护国家利益的希望何其渺茫！从中国人对于结盟问题的思考来看，他们还对列强抱有道德上的幻想，这一方面反映了传统伦理文化的影响，另一方面也说明，有部分知识分子对帝国主义的本质还缺乏认识。当时的现实是，中国是不可能找到任何道义上的盟友，无论与哪一个国家联盟都不能从根本上维护国家主权。

第二，将东三省开辟为万国通商公地。

将列强争夺之地开辟为商埠是近代国人维护领土主权的一种主张。中俄东三省交涉期间，人们看到了列强在东北的利益争夺，因此，他们希望通过将东三省开为商埠从而制约俄国的侵略。

《外交报》在第42、44期刊登了《论外患之亟》、《东三省辟公地论》等文，主张将东三省开辟为商埠抵制俄国的侵略。国人希望在东三省开辟商埠，允许各国通商以牵制俄国。"俄之不欲开通商埠者，正畏各国厕身其间，不得独行其吞并之计耳。"[①] 开辟商埠之后，"群客麇至，我犹不失为主人，且可以扼制俄国南下之势，而京畿亦尚有所屏蔽乎。"[②] 《国民日日报》也力倡将东三省开辟为公

---

① 《东三省开辟公地论》，《外交报》1903年总第44期。
② 《论外患之亟》《外交报》1903年总第42期。

地，借用各国势力抵制俄国："美、日二国之所特别要求者，则开放满洲之问题也；开放满洲者，所以分俄国之势也。各国之为均势起见自宜出此，而借此开作万国公地以抵制俄，亦未始非外交之下策。"①《申报》也认为最好的方法是将东三省开放为通商公地。"作为通商公地，中国之利虽为他人所分，而其地则仍为中国之地，将来克自振作，得有治外法权，即永为租界，较之为俄侵夺，其利害得失不已有天壤之判耶!"② 开埠通商将各国势力引入东北，通过列强之间相互竞争形成势力制衡的局面，从而抵制俄国侵略企图。开埠通商实现列强的势力制衡，带有更多的近代色彩，是近代资本主义经济条件下的产物。现实主义国际关系学者摩根索认为，均势模式主要分为两种：直接对抗型与竞争型。一般来说，竞争型模式比两国直接对抗的模式更具有稳定性。国人开辟公地的主张，则是希望通过更多国家介入，变直接对抗型为竞争型模式，从而维护中国局势的稳定。清末中国处于列强争夺的中心，如果中国与强国直接对抗，在实力对比上存在巨大的差距，必定处于不利地位。如果将列强争夺的区域开辟为各国通商之地，就会使列强互相牵制，减少中国的损失。此种主张从学理上来说有一定的可行性，但在操作时往往会遇到现实的困境。尤其对于像中国这样的弱国，实行均势政策往往没有预设的顺利。

综上而言，在如何抵制俄国侵略问题上，知识分子在报刊中主要提出了两种主张，即结盟和开埠通商。这两种主张，都是近代均势理论的重要内容。均势理论从洋务运动时期传入中国，并逐步在对外交涉中得到运用。由于均势策略与中国古代的合纵连横有着一定契合之处，都是通过他者改变国与国之间的实力对比。因此，中国人在运用均势策略时，传统合纵连横的外交经验在不时地影响着他们的观念，尤其是在结盟策略的讨论中，对辩士寄予厚望，从而表现出浓厚的传统色彩。与此相反，开埠通商的主张，表现出了更多的近代性，更明显地体现着西方理念对国人的影响。

三、报刊舆论与清朝官员观点之比较

东三省不仅是清朝的龙兴之地，而且战略地位也非常重要。因此，中俄东三省交涉也为广大清政府官员所重视，他们在交涉期间发表了不少意见。笔者通过

---

① 《论商约》，《国民日日报》1903 年第 71 号。
② 《与客论东三省事》，《申报》1903 年 5 月 6 日。

梳理资料发现，在对国际形势的分析与应对策略方面，民间报刊舆论与政府官员之间有很多共同之处。

（一）清政府官员在中俄交涉时的态度

清政府官员中有很多人主张开放东三省抵制俄国侵略。张之洞、刘坤一、盛宣怀、王之春、伍廷芳等人都是此种主张的积极提倡者。他们都看到英国、美国、日本与俄国在东三省上的矛盾与冲突，希望借列强之间的矛盾斗争抵制俄国的侵略。

张之洞、刘坤一坚决主张抵制俄国的侵略。当他们获悉 1901 年 2 月俄国提出的 12 条约款时反应强烈，指出："反客为主，权力尽失，果如所约，则东三省及晋、陕、甘边一带土地，皆非我有。各国既均声告如允俄人之要求，必引起各国之效尤，群起相争，中国不分而分，名存实亡，今惟有断然拒绝俄人之要求。"①

那么如何采取切实措施抵制俄国的侵略呢？张之洞、刘坤一、王之春等人主张联合外援开放东三省。早在 1901 年 3 月，张之洞就提出开放东三省的设想。他认为："中国无利益于各国，各国断不能用实力相助。今拟有一办法，于我及各国均有大益，莫如将东三省全行开放。令地球各国开门任便通商，所有矿务、工商、杂居各项利益，俱准各国人任便公享，我收其税，西语谓之'开门通商'，即密告英、日、美、德各国，如肯为我切实助力，我即以此酬之，各国必然欣允，力驳满洲不允他国均沾路矿工商利益之条。查东三省土地荒阔，物产最富，凡矿务工商诸利，若不招外国人开辟，中国资本人才断难兴办，国势贫困如此，而地利坐弃，安望富强？此条如开，于中国兴利亦有大益，而从此俄人独吞满洲之计永远禁绝矣。洞前奏所谓中国一线生机，惟恃'各国牵制'四字者即指此。"② 张之洞认为开放东三省，允许各国自由贸易，是争取各国支持中国抵制俄国的一个条件。中俄实力相差悬殊，只有联合别国才会对其造成压力。开放东三省不仅可以抵制俄国的侵略，而且还可以振兴东北经济。东三省矿产丰饶，但中国没有经济实力进行开发，因此，引进外资可以振兴东北工商业。东北开放通商之后，就可以使各国互相牵制，从而打破俄人独占东北的企图。事实证明，这

① 《日本外交文书》，第 34 卷，第 126—134 页，转引自中华文化复兴运动推行委员会主编：《中国近代现代史论集·清季对外交涉》（15），台北商务印书馆 1986 年版，第 599 页。
② 中国社会科学院近代史研究所近代史资料编辑组编：《杨儒庚辛存稿》，第 251 页。

是张之洞一厢情愿的设想。

刘坤一也主张开放东三省以抵制俄国的侵略。他与张之洞1901年3月21日致电杨儒说："即与各国相商，如能力助中国拒俄，愿将东三省全地均准各国通商，公享利益，各国当必欣然。与其为俄独占其利，受无穷之害，不如借各国通商，以为牵制之策，不独目前可以拒俄，亦从此可免俄国侵吞满洲之患。"①

安徽巡抚王之春力倡开放东三省。他在致朝廷的电文中强调："开门通商，尤是存东制俄要策，早应如此，何况此时。历次外人开衅，从无一兵一炮扰及通商口岸，可谓确证。"② 要求清廷下令东三省开埠通商。

《中外日报》刊登了刑部官员吴君遂的信函，此官员称："宁将东三省开通，许各国通商立埠，作为公共保护之地，不犹较胜于所谓中俄之密约也耶？则俄约可不废而废矣。"③ 认为开埠通商可以抵制俄国侵略。

奕劻、李鸿章等人与张之洞、刘坤一等态度不同，在中俄交涉中比较软弱。李鸿章长期以来是联俄政策的积极提倡者。在义和团运动期间，虽然俄国趁机占领了中国东北，但李鸿章仍然对俄国抱有幻想。当中俄开始谈判东三省问题时，清政府与各国的和谈也在北京进行。李鸿章为了争取俄人在与各国的谈判中支持中国，对俄国表现比较软弱。在1901年3月俄国逼迫中国签约时，李鸿章致电杨儒，认为该条约中"刺目处皆删除，照允无后患。"④ 后又于3月23日，与奕劻联名致电杨儒，要他"酌量画押，勿误。"⑤

总体来看，主张对俄采取强硬态度的官员居于多数，这在杨儒的电文中可见一斑。杨儒在致电李鸿章时说："通国士夫，群焉力阻，该督等身在中国，必确有所见而云然。朝廷俯察民情，亦不便轻违公议，即儒在外洋办事，亦不敢罔顾众论，谬然允行。"⑥ 不难看出多数官员强烈反对俄国侵略的情形。

（二）民间报刊舆论与政府官员观念之比较

由于报刊政治背景存在着很大的差异，因此，在东三省交涉中表现出来的外交观念也存在一定差异。大体来看，具有革命倾向的报刊表现出强烈的国民意

---

① 中国社会科学院近代史研究所近代史资料编辑组编：《杨儒庚辛存稿》，第253页。
② 中国社会科学院近代史研究所近代史资料编辑组编：《杨儒庚辛存稿》，第263页。
③ 《刑部吴君遂函》，《中外日报》1901年4月2日。
④ 中国社会科学院近代史研究所近代史资料编辑组编：《杨儒庚辛存稿》，第88页。
⑤ 中国社会科学院近代史研究所近代史资料编辑组编：《杨儒庚辛存稿》，第94页。
⑥ 中国社会科学院近代史研究所近代史资料编辑组编：《杨儒庚辛存稿》，第96页。

识，显示出国民外交的趋势。而《申报》、《大公报》、《外交报》则表现出浓厚的臣民意识，如他们从"重地说"的角度认识东三省的重要性，这表明他们与清政府官员立场基本一致。不过，报刊舆论与张之洞、刘坤一等人在反对俄国侵略、联合外援开埠通商观点上却存在惊人的一致。

国民外交的重要特征是对国民力量的重视，在中俄东三省交涉中报刊舆论已经认识到此点。国民对国家事务有着强烈的责任感和参与意识。知识分子通过报刊呼吁民众维护国家领土主权，表现出一定程度的国民意识。

国人将中俄东三省交涉看作是国民应该关注之事。如《游学译编》呼吁："国民国民，谛听谛听！今日所当知者，满洲问题，非满州政府之问题，而吾国民之问题也。"[①] 既然东三省交涉是国民应该关注的问题，那么，满洲政府"卖国而私与之，吾国民固不当公认之。吾国民既不当公认之，则争主权之存在者，为吾国民之所自担任。"[②] 国民应该承担起国家交涉的重任，以自身的实际行动维护国家主权。《国民日日报》在谈到增祺私定《交收东三省章程》时指出："今以满政府提挈国权于最高团体之上，不以公民之合意而与人私订贩卖土地之约，是致一误再误，而败坏至今。"[③] 已经表现出人民对外交权的诉求。在中国封建专制制度下，外交权属于君主，条约的缔结与废除以君主的意志为转移，普通民众根本没有机会参与外交事务。《国民日日报》对封建专制外交进行了批判，认为其是中国外交失败的根本原因，表明人们已经认识到国民享有外交权对于国家外交成败的重要性。在 1901 年到 1904 年中俄交涉期间，为了抵制俄约，国人掀起了大规模的拒俄运动，在日本的留学生甚至组织了拒俄义勇队准备回国参战。《江苏》杂志论道："俄人眈眈虎视，思得一逞，其席卷之势，宁止一日？乃一再踌躇而不即发者，非有阻于吾外交之强硬，非有怯于吾陆军之精炼，一则以庚子排外暴动之民气有以致之，一则以辛丑电阻密约之民气有以致之。虽其间不无文野之判，而其不可奴隶、不可屠割之一种毅然独立之血诚，则实吾中国前此未有之特色也。"[④] 知识分子已经看到，中国国内日益高涨的民众运动是抵制俄国外交讹诈的重要因素。20 世纪初年，中国的民族主义意识开始崛起，这使得国人表现出强烈的维护国家主权的愿望。而中国的现实国情和清政府的腐朽统

---

① 《满洲问题》,《游学译编》1903 年第 9 册。

② 《满洲问题》,《游学译编》1903 年第 9 册。

③ 《满洲撤兵问题》,《国民日日报》1903 年第 63 号、1903 年 10 月 8 日。

④ 《对于俄约之国民运动》,《江苏》1903 年第 2 期。

治使得国人意识到不能靠清政府维护国家的主权，从而产生外交参与意识。不过，此时国民外交思想并不普遍，即使在革命色彩比较鲜明的报刊中，也缺乏对国民外交思想的系统论述。

通过对 1901 年到 1904 年关于中俄交涉中报刊评论进行分析可以看出，此时期国人外交观念呈现出比较复杂的状态：既带有传统色彩又显示出近代意识。国人外交思想的传统色彩表现在如下几个方面：从王朝发祥地的视角来看东三省的地位、运用"以夷制夷"的外交策略、主张策士游说各国与中国联合、运用历史分析现实国际形势。虽然中俄东三省交涉期间国人的外交思想还带有传统色彩，在外交观念上还存在王朝外交和近代国家外交观念的矛盾，但我们不难发现，国民外交——一种全新的外交观念已经开始滋长。

第二节　报刊评论与中美工约交涉

1905 年前后，国人的外交观念发生了很大的变化，国民外交思想在报刊频频出现。虽然在 1905 年之前已显示出国民外交思想的萌芽，但只局限于革命色彩鲜明的报刊中，并不普遍。国人外交观念的变化原因，与声势浩大的抵制美货运动有着直接的关系。中美工约交涉是继东三省交涉后影响较大的外交事件，正好发生于 1905 年。为了考察国人 1905 年前后在外交观念上所发生的变化，笔者对中美工约期间的报刊评论进行分析，以期揭示国人在此期间外交观念所呈现的状态，探讨变化的原因。

一、中美工约交涉经过

中国华工大规模入美开始于 19 世纪 40 年代末期。1848 年美国加利福尼亚发现金矿，由于劳动力不足，美国人开始到中国东南沿海招募华工。60 年代美国修建横跨大陆的第一条铁路，也从中国招募了大量的华工。华工在美工资低廉，为美国的经济繁荣付出了辛苦与血汗。然而，1873 年美国爆发经济危机之后，美国掀起了排华浪潮。除了订立条约与通过法案限制华工入美外，美国政府还制定了大量的则例，对寓美华工和不属于排华法律的限外人员（官吏、商人、教师、学生）也极尽侮辱和刁难。由于限制华工的苛约《中美华工条约》将在 1904 年 12 月 7 日期满，旅美华侨联名上书清政府，强烈要求废除这一苛约。

由于华侨强烈呼吁废约，清政府在中美工约交涉初期采取了较为强硬的立场。1904 年 1 月 24 日，清外务部照会美国公使康格，宣布废除旧约，另定新约。在接到清政府的照会后，美国国务院指示康格，要他劝说清政府将照会撤回。①但清政府态度比较坚决，外务部在给康格的照会中指出："此事贵国为难情形，本部非不深知。惟此约未改，贵国苛例日繁，在美华人不堪其虐，数十万人屡次呼吁，本部何能漠视？所有收回前所致停止该约之言，实难办到。"② 清政府之所以态度如此强硬，是怕一味妥协将会失去民心，故希望借助激昂的民气在外交谈判中有所收获。此后，清政府指令驻美公使梁诚于 1904 年 8 月和 1905 年 1 月先后两次向美国提出新约草稿，作为进一步谈判的基础，但遭到了美国的拒绝。从 1904 年 8 月到 1905 年 5 月，中美谈判没有任何进展。

由于梁诚态度强硬，于是美国决定将谈判转移到北京，试图绕过梁诚直接与外务部谈判。美国的态度激起了中国人的愤怒，1905 年 5 月 10 日上海总商会率先提议：如果美国坚不修约的话，他们将于两个月后举行全国性的抵制美货运动。清政府官员对抵制美货持默许态度，希望借助民间的抵制运动向美国施压，从而达到修改禁约的目的。中国民间实行抵制的言论引起了美国政府的重视，在总统罗斯福试图要求参议院修改排华立法未果后，决定向清政府施压。1905 年 6 月 3 日，美国驻华公使柔克义拜会庆亲王奕劻，要求清政府及时制止这次运动。在美国的压力下，清政府于 6 月 29 日向南北洋大臣及四川、两湖、两广总督等发出电令，指出："商民的行动原属激于公愤，但恐匪徒，致兹他变，务希实力劝导，将本部现在商办情形晓谕各商，以释群疑。"③ 除了通电地方官员劝阻抵制运动外，清政府又照会美国，希望能够修改华工禁约。清政府的态度非常明确，其通电劝阻抵制运动只不过是对美国所做的一种姿态而已，实质是想要借助民间运动达到修改条约的目的。7 月 20 日，由于美国还没有修改华工禁约，因此，抵制美货运动如期进行。在抵制运动发生之后，美国政府态度非常强硬，柔克义向清政府发出措辞强硬的照会，要求彻底禁止抵制运动，并要求将抵制运动

---

① 《外务部档·侨务招工类》第 3312 卷，存于中国第一历史档案馆，转引自袁丁：《1901—1905 年间中美关于华工禁约的交涉》，《中山大学学报》1994 年第 3 期。

② 《外务部档·侨务招工类》第 3312 卷，存于中国第一历史档案馆，转引自袁丁：《1901—1905 年间中美关于华工禁约的交涉》，《中山大学学报》1994 年第 3 期。

③ 《外务部档·侨务招工类》第 3312 卷，存于中国第一历史档案馆，转引自袁丁：《1901—1905 年间中美关于华工禁约的交涉》，《中山大学学报》1994 年第 3 期。

的领袖上海总商会领袖曾铸革职，并停止与清政府的谈判。① 在美国政府的强大压力下，清政府于 8 月 31 日下令要求地方官员禁止抵制美货运动。但是，民间的抵制运动直至 1906 年 2 月 13 日清政府再次宣布严厉禁止时才告结束。美国政府在中国抵制运动结束时，放弃了赔偿美国损失和承办中国官员的要求，但是并未修改华工条约。

　　1904 年到 1906 年的中美工约交涉，清政府最初态度比较强硬，试图借助民间舆论力量迫使美国让步。但在美国的巨大压力之下，清政府做出了妥协，禁止了国民的抵制运动，也没有达到修改条约的目的。

二、报刊视野下的中美工约交涉

　　中国报刊对 1904—1906 年的中美工约交涉给予了充分关注。《时报》、《申报》、《中外日报》、《大公报》、《东方杂志》、《外交报》、《广东日报》、《有所谓报》、《女子世界》、《杭州白话报》、《亚洲日报》、《领东日报》、《醒狮》等报刊都对此交涉甚为关注。他们除了进行相关的报道之外，还刊载了如下评论：《敬告会议对付美约之诸君》②、《上海镜学社上各会书书后》③、《论美禁华工新约》④、《论对付美约今日应办之事》⑤、《美国李佳白先生论华工禁约》⑥、《正美货之名以定实行抵制办法说》⑦、《论抵制美约之结果》⑧、《论抵制美国之禁约》、《论抵制美国华工禁约》⑨、《对于抵制美约之演说》⑩、《抵制美约与中美国交之关系》⑪ 等。在此些评论中，国人对中美交涉的症结所在、民众应采取的措施都进行了分析，表现出强烈的参与意识。

---

① 《五月二十四日收美公使柔照会》，《外务部档案·工约》，转引自张存武著：《光绪三十一年中美工约风潮》，"中央"研究院近代史研究所 1982 年版，第 71—72 页。
② 《广东日报》1905 年 5 月 23 日。
③ 《上海人镜学社上各会书书后》，《广东日报》1905 年 7 月 3 日。
④ 《申报》1905 年 5 月 10 日。
⑤ 《申报》1905 年 5 月 28、29 日。
⑥ 《申报》1905 年 7 月 11 日。
⑦ 《申报》1905 年 7 月 24 日。
⑧ 《申报》1905 年 8 月 2 日。
⑨ 《时报》1905 年 4 月 20 日。
⑩ 《时报》1905 年 6 月 6 日。
⑪ 《新民丛报》1905 年总第 68 号。

（一）介绍华人在外受虐情形与交涉的意义

报刊杂志在中美工约交涉期间发表了一系列介绍华人在外受虐情形以及美国态度的评论，让中国民众及时了解该交涉的相关背景资料，呼吁国民关注中美工约交涉，声援海外华侨。报刊通过渲染性的描述向人们传播华人在美国的状况，让国人通过形象的人物故事更加真切地了解华人在美国的艰难，大批量的信息反复在报刊刊登，并加以导向性明确的评论，从而在国人心目中不断重复和加强一个概念：华人在外受辱。与此同时，报刊还不断加大美国态度强硬的报道，激起国人的义愤，使他们在报刊舆论的引导下配合抵制美货运动。

中国报刊对华侨在美国遭受虐待的情形进行了介绍。从 19 世纪 70 年代之后，美国便实行排华政策，对在美华侨百般虐待。美国国会除制定各种立法严格限制华工入美外，而且还制定了大量的则例对限外人员进行刁难。美国移民局制定了很多限制华人入境的办法，如借口证明不全不准中国人登岸、将中国人关闭在木屋内。1904 年夏季以后，各地华侨报纸和国内报纸纷纷刊载华侨在美受虐的情形，强烈呼吁废除苛待华人的条约。上海以《时报》、《申报》、《中外日报》最为积极；天津《大公报》较为活跃；广东则有《广东日报》宣传最力。总之，关注中美工约交涉的报纸分布在全国各地。如《申报》对华工在美国遭受虐待的情形进行了报道："凡华人道经美境候船接济，不特禁彼登岸，即亲友诣码头探望，亦多被巡查殴阻，不得与言。且更早晚点名一次，不分良歹，当作犯人看待，时恐走脱，期留难阻滞之情形，已不可胜数矣。"① 呼吁国人关注海外华侨的生存状况。

美国虐待华侨的政策激起了中国人强烈的民族感情，他们将华侨在外受辱视为中国人的耻辱。《时报》指出："彼虐待我华侨即辱我全国。"② 将华侨与祖国的荣辱联系在一起，呼吁国家采取积极的措施切实保护在美华侨。福建《日日新闻》评论道："禁工之约，非特粤人之愤，中国四万万人之大辱也；以四万万人之大辱而不为粤人之援助，是瞀昧国家之原理，顿忘种族之大义也。"③ 因此呼吁"四万万之同胞而均如粤人之义侠，则美国必不敢禁我，即世界各强国亦必不

---

① 《恤华工说》，《申报》1902 年 1 月 8 日。

② 《对于抵制美约之演说》，《时报》1905 年 6 月 6 日。

③ 《阅筹拒美禁华工公启系之以论》，《日日新闻》光绪三十一年四月初六日，转引自阿英编：《反美华工禁约文学集》，中华书局 1960 年版，第 605 页。

敢凌我，辱我，奴隶我，牛马我，而中国四万万人乃得侧立于天壤之间。"① 该评论指出美国之所以敢虐待华人，主要由于中国民气不振，缺乏国家民族观念，这表明国人把海外华侨在美国遭受虐待看作是整个民族的耻辱。《申报》非常关注中美工约交涉进展，及时评论交涉近况，强烈呼吁美国放弃排华政策。1905年5月10日《申报》发表了《论美禁华工新约》称，美国现在"禁约越修越苛，至今日所订之约有令人不忍言不忍闻者。……今美以如此惨酷之约强梁星使以画押，星使不允则强政府以逼迫之，关系至大，此吾国民当出全力以争之者也。"② 美国对中国施行外交压力，强迫中国接受美国提出的条约，中国人应该竭力抵制美国的苛约。在抵制美货运动期间，美国传教士李佳白发表演讲，认为中国实行抵制美货运动有损中美交谊。他指出美国商人并不主张限制中国华工，因此，希望中国人能够考虑中美睦谊，放弃抵制美货运动。针对李佳白这一言论，《申报》将其放入"代论"一栏中介绍并加以评论，指出："美之虐待华人是先失其和睦邦交之谊矣，故如先生所言，'不知'二字还当诘问之美国，不当强加之华人；先生又以虐待之事归咎美官吏，是言诚然所不解者。……此次抵制在华人固求续约之完全改良，而在美国则益有裨于文明进步，两国邦交彼此有益。"③ 中国民间抵制美货的目的是希望美国能够放弃苛约。《申报》明确指出中方的主要目标是废除苛待华人的条约，希望中国民众抵制美货以迫使美国做出让步。

（二）国民：外交的依靠力量

在中美工约交涉中，国人在报刊评论中清楚地表达了这一思想：他们强调利用民众的力量影响政府的外交谈判。清末人士对媚外的清政府比较失望，他们将希望寄托于民众身上，强烈呼吁民众干预政府外交。在此问题上，报刊由于政治立场的不同，在处理国民与政府关系的问题上存在分歧。持立宪态度的报刊主张国民应与政府合作，以抵制美货、集会、演讲等民间行为支持政府；而革命派报刊则主张国民自发起来抵制美国苛约，与清政府采取不合作的态度。

持立宪态度的报刊呼吁民众起来反对苛约，促使美国改变对华侨的政策。

---

① 《阅筹拒美禁华工公启系之以论》，《日日新闻》光绪三十一年四月初六日，转引自阿英编：《反美华工禁约文学集》，第605页。

② 《论美禁华工新约》，《申报》1905年5月10日。

③ 《美国李佳白先生演说中美之睦谊及如何改良美国苛待华人之法讲义》，《申报》1905年10月5日。

《时报》主张依靠民众舆论力量，增强政府外交筹码。在评论中指出："我国民之倚赖政府，累千百年于兹矣，一切内治外交，无不政府独专其事……吾民惟俯首受成，于其措置之得失是非，初不过问。……今禁工续约，我使臣既坚不署押，美廷乃复别遣公使，移谈判于我京师，固深窥我政府之易与，将肆其要挟之故技也。我国民万众一心，有此强硬之民力，足为政府之后盾，政府得此援助，或有所恃而可与抗争。即政府不能坚拒，我国民挟此实力以持之，彼或尚有所惮而思改计。"①《时报》的这一评论清楚地表达了依靠国民抵制美国外交压力的思想。清政府在外交谈判中表现软弱，在列强的压力下常常妥协退让。国人正是认识到了清廷的本质，因此，当美国政府将谈判转移到北京时，他们呼吁民众支持政府抵制美国苛约。

《新民丛报》刊登了梁启超撰写的评论《抵制美约与中美国交之关系》，在文中梁启超指出只要国民坚决抵制，美国一定会修改苛约，"不及半年，凯歌之来，吾操券以俟也。且以此役，而使我全国民自知其魔力之伟大。……敢于利用此力以为政府之后援，以使我国民之资格、之位置益见重于世界。"②从梁启超的评论中不难看出，他认识到国民的巨大力量，希望通过民众的抵抗运动达到修约目的。

《申报》依靠国民进行外交的思想非常明显，这在《论抵制美约之结果》一文中有表现。该文论道："我国自与东西各国通商以来，数十年中办外交者，无一不归于失败。其始也，以不知外国之强，步步退让而败。当其议一款，争一约，恒秘不使民知，而民即知之，亦以为政府之事，与我侪无涉也。及一画押之后，我国之权利现入于外人之手，则虽欲挽回而已无及，四万万人子子孙孙遂长受此束缚，而不可脱矣乎！……然究其原因，彼何以强，不过恃全国之民力以与外人议交涉而已；我何以弱，不过恃一孑然孤立之政府以与外人议交涉而已。与外人议约之必有赖乎国民，盖如此其重也。"③中国长期实行封建专制制度，外交往往密不示人，国民无从知道政府的外交政策，从而也就无法为政府提供援助。由于得不到民众的支持与声援，因此中国在外交中常常失败。而西方国家在一定程度上向国民公布国家外交政策，因此能够得到国民的支持，这是其外交胜

① 《论抵制美国华工禁约》，《时报》1905 年 4 月 20 日。
② 《抵制美约与中美国交之关系》，《新民丛报》1905 年总第 68 号。
③ 《论抵制美约之结果》，《申报》1905 年 8 月 2 日。

利的重要原因。《申报》在抵制美货运动中看到民众中蕴藏着的巨大力量，强烈要求政府在外交活动中充分借助民众力量。《申报》对民众在外交中弱点也有认识："吾国之舆论沉默无生气者久矣。今为美禁华工新约事，举国震动，咸所以集议谋所以抵制之方，不可谓非吾国民之进步也，此则深可喜者也。然观近年来集议抵制外人之策，大率始则义愤向声，终则杳无结束。"①民间抵抗往往开始时声势浩大，最后却经常无果而终。因此，希望国民此次抵制美约能够持之以恒。

革命派报刊认为腐朽软弱的清政府不能够保护华侨，也不能维护国家利益。《广东日报》和《有所谓报》一致认为此次中美工约交涉不能依靠清政府，而要依靠民众。《广东日报》在运动初期就撰文指出："此次抵制美约，清政府为一路，我国民为一路，各办各事，不相涉也。"②他们对清政府没有抱任何希望，认为"勿倚赖清政府，而专恃民气。"③

国民外交思想的凸显是清末中国人外交观念的一大变化。在中美工约交涉中，这一思想得到极大彰显。依靠民众进行交涉不仅是报刊的流行话语，而且也为广大的商人、知识分子所认同。绅商是此次抵制美约运动的中坚力量，他们将民众作为修约的支持力量。上海总商会会长曾少卿在上外务部书中指出："此后外人如有要挟，宪部或有为难，似不妨转谕商董开会筹议，或可因此为办理外交之一助。"④抵制美约运动中，绅商与知识分子运用报刊、电报、小册子、演讲等方式进行宣传，形成了强大的舆论力量。正是在此次运动中，国人认识到了民众的力量、认识到了舆论对外交的影响力。在抵制华工禁约的过程中，报刊舆论始终以重视国民相号召。事实证明，外交以国民为后盾的观念是正确的，对运动产生了积极的影响。国人之所以如此强调民众在外交中的作用，是中国极度衰弱的现实使然。清政府腐败无能，没有足够的军事实力和经济实力作为外交后盾，国人将希望转向民众是非常自然的。

（三）主张采取文明的抵制方式

文明排外是清末国人提倡的外交策略之一，其主旨是通过文明理性方式维护国家的主权。1904—1906年的中美工约交涉中，国人将抵制美货作为影响美国政

---

① 《论对付美约今日应办之事》，《申报》1905年5月28日。
② 《上海人镜学社上各会书书后》，《广东日报》1905年7月3日。
③ 《敬告会议对付美约之诸君》，《广东日报》1905年5月23日。
④ 苏绍柄编：《山钟集》，上海1906年油印本，第13页。

府的重要方式，这一主张为众多报刊所提倡。中国报刊发表了一系列评论，主张将抵制运动控制在国际法许可的范围之内，以避免美国的武力干涉。国人在报刊刊登评论系统地阐述了此观点：

梁启超认为美国虐待华侨，中国完全可以采取抵制措施，这符合国际法报复原理。他在《新民丛报》指出："国际法先例本有报复之一义，英语所谓 Retorsion 也。学者释其界说谓：若甲国对于乙国，忽有触害友谊或不公平之处置，则被害国政府得以还以其道对付加害国政府，使其废弃此不法之行为然后已。……美国政府之禁约正属此类。"① 由于美国先不公正地对待华侨，因此，中国人采取抵制措施符合国际法精神，不会遭致国际社会的非议。梁启超指出："若夫人民之举动则与国际法之范围渺不相属，人民欲购何国之货，不欲购何国之货，全属其意志之自由，非直不能以国际条约束缚之，即国内法亦无所容其干涉之余地也。"② 只要民众的行动不违犯国际法，美国就没有干涉中国的借口。这样既可以支持政府外交，又免除了美国干涉的借口。

《申报》文明抵制的思想也比较突出，所刊评论指出："夫我国处今日之地位，抵制外人事不可胜数也。昔也以不知交涉之办法，故徐图野蛮之暴动外，别无抵制之术也。今则民智日渐开，知权利不可让人侵侮之，不甘顺受而和平抵制一法，尤足折冲于樽俎之间，于是以美约一事为之萌芽。"③ 国人欣喜地发现国民的思想有了新的进步，在抵制美约运动中自觉采取文明理性的方式。在《申报》另外一篇评论《恭读本月初二日上谕》中谈到："今以不用美货为抵制，既为个人之自由权，美人亦岂能责我以必用乎？美既不能责我以必用，则所谓抵制者，既不以口舌争论，又不以暴力从事，自不致牵累于国际上之交涉，而于两国交谊绝不相关。"④ 中国人不用美货属于国民个人的自由，并不牵涉外交问题，美国政府无权干涉。

《外交报》一贯持文明排外思想，在中美工约交涉期间发表了诸多文明抵制的论说，高度评价此次抵制美货运动："始终无涣散之情状，无暴动之枝节……各国赞成我者必多。"⑤

---

① 《抵制美约与中美国交之关系》，《新民丛报》1905 年总第 68 号。
② 《抵制美约与中美国交之关系》，《新民丛报》1905 年总第 68 号。
③ 《论抵制美约之结果》，《申报》1905 年 8 月 2 日。
④ 《恭读本月初二日上谕》，《申报》1905 年 9 月 5 日。
⑤ 《论抵制美约》，《外交报》1905 年总第 117 期。

《时报》也呼吁国人抵制运动必须限定在国际法许可的范围内："论者或恐因不用美货而生出国际交涉及酿成兵衅，不知各国公法原有抵制之术，如彼国重抽此国货税，此国亦重抽彼国货税以报之是也。我国势弱，万不能行此抵制之术。若国民自不用美货，则出于人人自由，政府亦不能干涉，断无因此生出国际交涉及兵衅之理，但由文明之道行之，勿别生枝节，必不愁其藉口，可决其无害者。"① 《时报》主张抵制运动也是根据国际法的报复理论，但认为中国国力不强，不能由政府采取报复行动。国民有购买货物的自由，国家法律不能强制之，因此，民间自行抵制美货从法理上使美国没有干涉的理由。《时报》认为这样既给美国造成了压力，又使其没有借口干涉民众的自发行为。

福建《日日新闻》对和平抵制美货的行为评论道："不办美货，不受美国佣工，所有人货不搭美船，今日筹拒美约，莫善于此策者。何也？中国今日之国势，既不能以理争，又不能以力抗，所持者，民间之团结力，则以其人之道，还治其人之身，彼号称文明之美国人应亦哑口无言也。"② 他们认为中国国力衰弱，唯一可以凭借的是民众的力量。只要民众齐心协力共同抵制美货，美国也毫无办法。

《东方杂志》撰文指出：从法理上来说，中国民间采取文明抵制方式，美国没有干涉的借口。美国实行虐待华侨的政策，"吾国民因此而不用美货，亦自为其国，非美人所得干预也。况禁止华工之事，彼固公然立约，而为外交上之问题矣，抵制美货之事，则不过吾国民微示意向，并未具国际交涉之形式，彼又何从施其干预耶。"③ 虽然该文是中美交涉事后进行的评论，但其依据国际法文明抵制的思路没有变化，与当时人们的观念一致。

国人主张采取文明理性的方式进行抵制运动，是分析现实情形后做出的理性选择。义和团式的暴力排外打击了列强瓜分中国的企图，人们在赞叹他们英勇斗争的同时，又不禁为其落后的一面而悲叹。正是由于义和团运动的巨大冲击，20世纪初年文明排外成为大多数中国知识分子的共同价值趋向。经历义和团运动之后，国人深感国家危亡而奋起自救，在反思以往反抗斗争经验教训的基础上提出了文明排外的策略。抵制美货运动是国人文明排外策略的现实运用。文明排外观

①《对于抵制美约之演说》，《时报》1905年6月6日。
② 阿英编：《反美华工禁约文学集》，中华书局1960年版，第605—606页。
③《论二十世纪国际竞争胜败之总原因及中国于世界上之位置》，《东方杂志》1907年第8期。

念带有很强的策略性，文明理性是其抵制方式的内涵，主要目标是通过和平方式达到维护主权的目的。抵制美货运动主要目标是迫使美国改善华侨待遇，保护在美的同胞。抵制美货运动开始于1905年7月，到1906年2月基本结束，一直限制在文明理性的范围内。抵制运动开始后，各地拒约组织均一再强调采取和平文明方式，杜绝暴力行为。如福州商会声明："我同胞皆认定不买卖美国货为宗旨，至于寓闽之美国人仍当照常宽待，慎勿误会宗旨，别开事端，以明我辈为文明之抵制，有别于野蛮之暴动也。"① 上海总商会会长曾铸强调：如果他个人声明遭受侵害，"抵制办法仍以人人不用美货为宗旨，千万不可暴动，若贻各国以不文明之口实，则我死不瞑目也。"② 在整个运动中国人坚守文明抵制，始终将运动限定在不用美货的范围内，对美国人仍然以礼相待，没有攻击美国人的现象。中国人的文明抵制使外国人非常震惊，他们觉得中国人正在发生巨大的变化。《泰晤士报》驻北京记者莫理循说："目前在中国，民族精神正在兴起，其激昂的程度同1860年以后若干年里在日本出现的一样……中国的抵制运动就是个例子，中国绝对有权力那样做，她以合乎潮流的精神和体面的做法，指挥了这次以牙还牙的运动。"③ 国人文明抵制的行为使外国人震惊，认为中国开始以崭新的姿态出现于国际社会中。

中国报刊舆论在注重民众力量与文明抵制观念上有着共同之处，但对政府外交与民众外交的关系存在着不同看法。革命派的报刊对清政府没有幻想，认为其腐败无能根本不能依靠。改良派的报刊则表现出更多的矛盾：一方面他们与清政府采取了合作的态度，想要通过舆论宣传为政府提供支持；另一方面，又对清政府非常失望，认为其根本无法保护在美华侨的利益，强调外交应该依靠民众。改良派的报刊承认清政府的合法地位，想要在交涉中将民众抵制与政府交涉结合起来，增强中国在谈判中的地位。从法理上说，普通民众没有缔结条约的权利，只有清政府才有缔约权。因此，改良色彩浓厚的报刊虽然对清政府非常失望，但仍然希望与清政府进行沟通。《新民丛报》指出：清政府"非代表人民之意志，盖人民之与国家尚不备有机体之性能。故抗约者，国人也；订约者，政府也，其事显分为两橛，而抗约遂无何等之联合性，而于其间之关系甚大，无以沟通之，而

————————

① 朱士嘉：《美国迫害华工史料》，中华书局1958年版，第155页。

② 苏绍柄编：《山钟集》，上海1906年油印本，第221页。

③ 莫里循：《1905年12月29日致盖德润》，［澳］骆惠敏编，刘桂梁等译：《清末民初政情内幕》（上），上海知识出版社1986年版，第434页。

必不能收终局之效。"① 将民众抵制与政府交涉结合起来，两者之间及时沟通，无疑会增强中国政府在谈判中的地位。从事实来看，清政府在最初的谈判中确实曾借助民力，但随着美国政府日渐强硬，软弱的清政府最终与民众分道扬镳。因此，《申报》愤慨地说："我国自学界、商界、工界齐心力，合团体倡议抵制美约，一时风潮所播，影响所及，美政府亦既渐知我国民之不可欺侮，而有改良工约之希望。然则此次禁工苛例，得以有一线转圜之机会者，我国民团结之力也，于政府何与？于外务部何与？"② 认为美国对中国有一定程度让步主要由于民众抵制运动的结果，与清政府并没有关系，对清政府妥协退让表示愤慨。总之，此次中美工约交涉，中国报刊舆论虽然存在一些差异，但总体来看，在团结全国民众实行文明抵制问题上是一致的。

三、报刊舆论与清朝官员观点之异同

中美工约交涉不仅引起了广大华侨、知识分子和绅商的关注，而且也为清政府官员所重视。在中美工约交涉期间，由于民众自发的抵制运动几乎波及整个中国，因此，中美工约交涉也引起了广大清朝官员的重视。通过分析当时清朝官员留存下来的奏折、文集、书信等资料，笔者认为报刊舆论与清政府官员在依靠民众进行文明抵制问题上有着一致性。

民间自发的抵制运动使清政府官员看到了民众中蕴藏的巨大力量，认为政府应该借助民间舆论对美国施加压力，从而增强清政府在谈判中的地位。驻美公使梁诚便是此种观点的积极实行者。

驻美公使梁诚对在美华侨的处境颇为同情。1905 年 1 月 12 日他在给外务部的信中说："此间华人有议禁购美货以为抵制者，探本穷源，实是制其生命而起其恐心，惟事涉商务，牵引颇多，国家苟为支持，势必兴戎启衅。若由民间商会自为禁约，纵使彼有责言，我尽可以民情如是，压力难施等通套语复之，以彼之矛刺彼之盾，谅亦无如我何，或可立驰苛禁，即未必果行，而姑存是说，于约事亦必有辅助也。"③ 从以上材料不难看出，梁诚将民间抵制美货看作向美国施压的有效手段。

---

① 《对内对外之举动》，《新民丛报》1905 年总第 69 号。
② 《恭读本月初二日上谕》，《申报》1905 年 9 月 5 日。
③ 《外务部档案·工约》，光绪三十一年一月十三日收梁诚函，转引自张存武：《光绪三十一年中美工约风潮》，"中央"研究院近代史研究所 1982 年版，第 30 页。

山西道监察御史张学华 1905 年 6 月 18 日上奏："民情不可拂，事机不可误"，中国不能与美国续定《中美华工条约》，否则会"辱国体"、"蹙民生"、"失民心"。现在政府应该趁商民与学生抵制之机与美国交涉订立新约。"一日不订约，一日尚可挽回，断不致轻起衅端，更何必稍存退让。……美廷知我内外一心，决无中变，亦较易于转圜。"① 希望清政府能够借助民众的力量向美国施压，以达到修订新约的目的。

两广总督岑春煊也对民间的抵制运动比较赞同，认为中国商民的抵制运动合情合理。他在 1905 年 6 月给美国驻广州总领事雷优礼的照会时说："中国商会聚议，发明不用美货，系为保全国民公益，出于人心之不得不然"②。他认为此次抵制美货运动全国民众非常团结，如果强行压制，后果将不堪设想，只有美国废除排华苛约才是解决问题的办法。

清政府官员中明确反对抵制运动的是袁世凯。他于 1905 年 6 月 21 日请求外务部禁止各地商民与学生的抵制美货运动。袁世凯认为，日、俄在东三省争夺非常激烈，中国要想避免被侵占的命运，只有靠美国主持公道。所以，他认为现在民间抵制运动不合时宜，恐怕会牵涉大局。

总体来看，虽然地方官员最终都执行了清政府禁止抵制运动的命令，但除了袁世凯等少数人外，都有借助民力对美国施压的倾向。政府官员与民间报刊舆论由于身份不同，在思想激烈程度和对清政府的态度上存在差异，但他们在文明排外与维护国家主权问题上有着一致性。这说明以民众为国家外交后盾和文明排外的观念为广大国人所认同，成为当时中国人外交思想的主流。通过将中美工约交涉与中俄东三省交涉期间的报刊评论相比较，我们不难发现，国人外交观念发生了重要变化：无论是何种政治派别的报刊都提出依靠国民进行交涉和文明排外的策略。中国人外交思想中的王朝外交观念已经淡去，从国家利益和民族存亡角度考虑外交成为当时的主流。国人外交思想显示出鲜明的近代意识和强烈的国民意识。

① 陈翰笙主编：《华工出国史料汇编》第 1 辑，中华书局 1985 年版，第 1459、1460 页。
② 《外务部档案·侨务招工类》第 3323 卷，存于中国第一历史档案馆，转引自袁丁：《1901—1905 年间中美关于华工禁约的交涉》，《中山大学学报》1994 年第 3 期。

第三节　报刊视野下的南昌教案交涉

1906 年发生的南昌教案，震惊朝野，是清末较大的一起教案。以往学者对南昌教案发生的史实进行了考订和梳理，但并没有从更广阔的文化视野中分析时人对南昌教案的不同解读。① 南昌教案发生后，除了清政府官员不断上奏议论之外，民间知识界也颇为关注此问题。对南昌教案的报道、分析和评论一时间成为当时报刊的主要议题，在民间产生了很大的影响。综观南昌教案发生之后，各大报刊的分析评论，表现出多元的文化视野，也展示出清末国人对于教案交涉的不同看法。笔者试图通过分析南昌教案发生后各报评论，旨在透视清末中国社会关于教案问题思想风貌。

一、南昌教案交涉概况

1906 年 2 月 22 日，法国传教士王安之为了议翻迕港、新昌旧案，邀请南昌知县江召棠到天主教堂便饭。在商谈过程中，彼此意见不合，王安之竟然逼迫南昌县令自刎。南昌县令江召棠在教堂受伤后回到县署，于 3 月 1 日身亡。南昌民众听到县令受伤的消息后，群情激愤，于 2 月 25 日，烧毁法教堂 3 处，毙王安之等 6 人，波及英教堂 1 处，毙金姓教士夫妇 2 人。

南昌教案发生后的第二天，英、法两国便派军舰驶入鄱阳湖示威。法国公使吕班照会清政府，指责地方官保护不力。② 英国公使萨道义也照会外务部"要求电咨该省，竭力保护该处教堂人民，并将此次殊堪痛恨之凶手速行缉获"③。接到英国与法国照会后，外务部采取了分别对待的策略。外务部首先对英国做出回应，表示对英国教士自应格外抚恤，对法国则态度较为强硬。

---

① 来新夏：《南昌教案》，《历史教学》1952 第 1 期；帅之光：《"南昌教案"的调查》，《江西教育》1964 年第 6 期；李萍．：《1906 年的南昌教案》，《南昌大学学报》（人文社会科学版）1985 年第 2 期；吴永兴：《梁敦彦在南昌教案中的往来函稿》，《清史研究》1992 年第 4 期；黎静安：《震惊朝野的"南昌教案"》，《纵横》1999 年第 5 期；张秋雯：《光绪三十二年的南昌教案》，中华文化复兴运动推行委员会主编：《中国近代现代史论集》第四编"教案与反西教"，台湾商务印书馆 1985 年版。

② "中央"研究院近代史研究所编：《教务教案档》第 7 辑，"中央"研究院近代史研究所 1981 年版，第 723 页。

③ "中央"研究院近代史研究所编：《教务教案档》第 7 辑，第 724 页。

　　1906 年 3 月 3 日，外务部派遣津海关道梁敦彦赴南昌办理教案，法国则派参赞官端贵前往南昌。1906 年 3 月 21 日，梁敦彦会同余肇康与法国参赞端贵开始商谈南昌教案，磋商多日也未达成一致。在江召棠死因问题上，清政府态度比较强硬，不同意法国提出惩办江召棠的条款。外务部坚持"恤款尚可酌商外，其余各节，断难迁就。如彼竟有意决裂，只可听之。"① 而法国参赞坚持必须在合同上声明，南昌教案"全不归咎于教堂，但只因江令自尽而起谣传等字样。"② 法国其实想要将南昌教案的起因归咎于中国，这为外务部和中国舆论难以容忍。由于法国态度强硬，江西巡抚胡廷干、江西按察使余肇康等人主张趁吕班任内快速了结南昌教案，避免对中国大局产生不利影响。江西巡抚胡廷干随后在致外务部电中称："连日与梁敦彦、余肇康暨各司道熟商，实只能执定威逼二字，与之抗争到底，断不稍予迁就。拟于议约中略云：此事实因正月二十九日江令在教堂与王安之争论棠浦、荏港教案，受逼忿极自刎，致滋腾说，遂有二月初三日焚杀之事，两国国家同深怅惜云云。似此于事实、国体两均不失，谋之各绅亦皆谓然。"③ 主张在江召棠的死因上只坚持被逼自刎，而放弃自刎之后王安之又加害的说法。针对江西巡抚胡廷干等人的电报，外务部并未马上赞同，而回电主张等张之洞查明事情真相之后再行办理。之后，津海关道梁敦彦与法国参赞的交涉基本陷于停顿。

　　由于谈判没有取得进展，法国公使吕班开始在中国重臣中活动。他与北洋大臣袁世凯商谈了南昌教案，袁世凯虽然不同意江召棠在教堂自杀之说，但主张外务部不必在江召棠问题上过度坚持。他于 4 月 3 日致电外务部，称："江王均已身死，无论根由何人，皆无办法。彼此因此相持，毫无实际，不如先缉办凶手，商赔损失，较为实着。至江王是非，应俟详细查明，另行核议，此时可不必深纠。"④ 主张与法国商赔损失，尽快了结此案。外务部担心南昌教案拖延下去有碍大局，便于 1906 年 6 月 20 日与法国签订了《南昌教案议结合同》，承认江召棠与王安之"彼此意见不合，以致江令愤极自刎。乃因该令自刎之举，传有毁谤

　　① 中国第一历史档案馆、福建师范大学历史系合编：《清末教案》(3)，中华书局 1998 年版，第 837 页。
　　② 中国第一历史档案馆、福建师范大学历史系合编：《清末教案》(3)，第 832 页。
　　③ 中国第一历史档案馆、福建师范大学历史系合编：《清末教案》(3)，第 839—840 页。
　　④ 中国第一历史档案馆、福建师范大学历史系合编：《清末教案》(3)，第 845 页。

法教士之讹，以致出有二月初三日暴动之事情。"① 实际承认了中国应负全部责任。《南昌教案议结合同》规定：中国赔款 20 万两；由江西拨款 10 万两，建造医院 1 所，延法国医生主持；凶犯龚栋等六人处死；保护教堂不力的官员给予处分。南昌教案起因在于中国地方官员在教堂身受重伤，但最终以逞凶、赔款、承认江召棠自杀而了结，这自然引起了舆论界的广泛评论。

二、报刊视野下的南昌教案交涉

南昌教案发生后，一时间成为报刊舆论关注的中心。以《申报》、《通学报》、《外交报》、《东方杂志》、《时报》、《中外日报》、《新闻报》、《京话日报》、《大公报》等为主，中国报刊对南昌教案发生的原因、交涉经过进行了较为详细报道并发表了评论。从评论的视角来看，《大公报》从文化启蒙的视角分析南昌教案；《申报》等报刊主要从国家主权的视角评说此次教案交涉。

（一）文化启蒙视野下的南昌教案

南昌教案发生后，以《大公报》为首的天主教报刊，主要从文化启蒙的视角言说南昌教案。《大公报》的创始人为英敛之，是虔诚的天主教徒。南昌教案发生之后，其更多地站在天主教的立场上来对事件做出报道与评论。正是因为《大公报》的天主教的背景，其着眼于从文化冲突的背景介绍与评判南昌教案。《大公报》除了刊登有关南昌教案的新闻与消息外，还于 1906 年 3 月 19、20 日，发表了"代论"《南昌教案实在情形详述》、1906 年 4 月 12 日关于南昌教案的无标题文章、1906 年 4 月 13 日发表了"代论"《南昌教案纪略》等文章。南昌教案主要是由于天主教徒引起的，因此，《大公报》在评论此事件时不可避免地站在天主教徒的一边，带有强烈的主观色彩。但是，《大公报》对南昌教案的态度也不能简单地斥之以"反动"，对其言论进行深层次的思考，我们不难看出《大公报》在解决教案的问题上的文化启蒙主义立场。综观《大公报》在南昌教案中的言论可以归为如下几点：

第一，认为江召棠为自刎，并非为教士所杀。

《大公报》发表南昌教案中幸存者劳乐之语，指出江县令之死，是自刎，并非为教士王安之所杀。南昌县令江召棠系自杀还是为教士所杀，这是南昌教案的关键所在。《大公报》在此问题上，站在天主教徒的立场上，认为江召棠是自杀

---

① 中国第一历史档案馆、福建师范大学历史系合编：《清末教案》（3），第 892 页。

于教堂。这引起了大多数士绅的强烈不满。1906 年 4 月 18 日，"代论"中回答了某士绅的质问，"今日之各报或言被刺或言自刎，不过各存一说，以符有闻必录之例。若欲定于一焉，自后日之大结果在，非鄙人与公所得主持而妄为拟议也！若如尊函，必欲一一调查，则报纸多矣！大有日不暇给之势，倘曰必自隗始，则又为情理之所不可解者也！且丈夫行径磊落光明，岂有凭空杜撰而故为骇俗者哉！……故为大局起见，而不敢妄为迁就以曲循众情者。"此外，《大公报》在代论栏目中刊登《南昌教案实在情形详述》，叙述了江召棠在天主教堂自杀的情形。在文后编者附言：该文"由某报翻译，较得翔实"，南昌县令实"为自戕无疑，而竟欲归狱于教士，岂公理欤?"① 坚持认为江召棠为自杀。南昌教案发生之后，中国报刊大都持江召棠被法国传教士刺伤说，而《大公报》则持江召棠自尽说。虽然英敛之在报纸刊登启事，以尊重事实的态度，但其并未能做到尊重事实。《大公报》在江召棠的死因问题上，虽然以公正自居，但是由于其天主教色彩，相信教士所言，必然使其言论带有主观性。

第二，批判南昌教案中民众的暴力行为。

《大公报》认为南昌教案为国家外交事件，应该由国家来处理，而人民不应该暴动。《大公报》指出"独此暴动之力，日益膨胀而无所范围，登野蛮之舞台而演铁血之惨剧。"② 正是民众的非理性行为进一步导致了西方列强的侵略。经历了八国联军侵华战争之后，知识分子清晰地认识到国民素质对于外交的重要作用，因此，文化启蒙的呼声在中国知识界中非常盛行。国人撰写了不少评论介绍国际形势、品评外交事件，以期国民增进外交知识。《大公报》批判民众暴力行为的言论与 20 世纪初年的社会潮流有着内在的一致性，其希望民众在教案中保持冷静，依靠国家交涉来解决此问题。《大公报》创刊于义和团之后，其在创刊初期便刊登了不少论说主张文化启蒙、调和民教冲突的文章，这种思想在南昌教案中同样如此。《大公报》认为，焚烧教堂、杀死教士的野蛮行为只能逞一时之愤。民众闹教主要有以下几个坏处："一曰失主权；一曰流民血；一曰穷国库。三者交乘，几至不国，非细故也！愿我同胞猛醒之!"③ 正是由于民众的野蛮行为往往使中国赔款、失主权，并不利于中国，所以《大公报》对民众的暴力行为

---

① 《南昌教案实在情形详述》，《大公报》1906 年 3 月 21 日。
② 《南昌教案记略》，《大公报》1906 年 4 月 13 日。
③ 《南昌教案实在情形详叙》，《大公报》1906 年 3 月 21 日。

进行了深入批判。《大公报》的这一言论，有着一定的合理性，民众在教案中不加克制的非理性行为确实为列强扩大侵略提供了借口，但仅从这一角度彻底克服外国的侵略无疑是不可能的，中国真正抵御西方的武器还在于国力的强盛。

第三，主张开启民智以消弭教案。

《大公报》主张通过文化启蒙开启民智，从而消弭民教冲突。基督教是与中国传统完全不同的宗教文化，它主张一神崇拜，而中国则以多神崇拜为特征。基督教在宗教信仰、价值理念、社会习俗等方面都与中国传统不同，自然会与中国民众产生冲突。历史积淀甚深的中国传统文化习俗具有极强的稳定性和历史惯性，对社会有很强的影响力，根深蒂固地支配着人们的思想和行为。作为异质文化的基督教在传播过程中，自然会与中国民众的传统信仰发生冲突。民众在对基督教不了解的情况下，难免会滋生出种种臆想和猜测，从而激发出暴力的过激行为。《大公报》正是从此出发主张对民众进行文化启蒙，从而在面对民教冲突时能够采取理性的态度。《大公报》曾经在 1902 年 8 月举行调和民教的征文，并于 1902 年 8 月 18 日、9 月 5 日、9 月 6 日刊登有关调和民教的来稿。来稿虽然并非《大公报》主笔所写，但是，来稿的采用说明了与英敛之思想的一致性。通观该报所登的这几篇《和民教政策》的论说以及南昌教案发生之后的评论，不难看出《大公报》在教案问题上的文化启蒙态度。

《大公报》非常重视国民行为文明与否与国家强盛的关系。在《南昌教案记略》一文谈到："国民之开化则可竞争，则可知耻，则可公愤，则可自治自强，以至于文明排外均无不可。"[①] 由于《大公报》将国民的暴动行为视为教案发生的一个重要原因，所以如何消除教案，便成为其思考的一个重要问题。1902 年刊登的征文中，《大公报》将开启民智作为调和民教的一个重要方法。在《和民教政策》的论说中指出：

> 余观津郡城厢内外，信邪说者几于笔不罄书，约其大概，如堪舆符咒谶卦测字扶乩，虽缙绅先生亦信之。……为之策，莫如多读新书以开其智……令其随诵随讲解，熏陶渐然，庶乎医障消而灵名启，可绝野蛮之根株矣！[②]

① 《南昌教案记略》，《大公报》1906 年 4 月 13 日。
② 《和民教政策》，《大公报》1902 年 8 月 18 日。

1902 年 9 月 5、6 日的《调和民教政策》一文，则主张"改刑律、设陪审、息邪说、兴新学、定出教之例"，将其作为平息民教冲突的五个重要方法。传教士与中国民众在思想意识、文化观念上存在着较大的差异，他们置身于中国行为惯性之外，中西文化冲突与隔膜容易使二者产生冲突。因此，《大公报》主张对民众进行文化启蒙使其了解西方文化。在近代中国，由于中西文化不同而产生的教案占有一定比例。《大公报》并非一味站在教会的立场上来认识教案问题，其着眼点为中国的强大与富强。这可以为认识 1906 年南昌教案时《大公报》的态度提供注解。《大公报》主张以近代西方知识开启民智，对民众进行教育使其增进对基督教的了解，从而减少教案的产生，有一定的合理性。近代教案的发生除了帝国主义侵略的因素外，文化冲突也是一个重要的原因。因此，开启民智，使民众增进文明知识不仅可以避免误信谣言，而且也可以使民众避免使用暴力，采用文明的行为处理教案。

《大公报》在评述南昌教案时，除了文化启蒙主义色彩外，还带有一定的维护国家主权思想。《大公报》虽由法国人投资创办，但言论基本由英敛之负责，在清末一直以敢言著称。教案自中国开埠通商以来，就一直是困扰中国外交的一个重要问题。《大公报》认为"中国海通大开垂四十年，与外人交涉日以繁，总其大要曰清界、曰通商、曰传教。"① 正是因为其看到了教案在中国外交中所占的重要地位，所以，该刊异常关注教案问题，并将文化启蒙作为挽救中国危亡的一个重要手段与方法。但由于《大公报》的主要负责人英敛之有着浓厚的天主教色彩，在江召棠死因问题上过度偏袒法国传教士，使其维护国家主权思想显得异常苍白，遭到时人的诟病。

（二）国家主权视野下的南昌教案

南昌教案发生后，以《外交报》、《申报》《东方杂志》、《时报》、《中外日报》、《新闻报》、《通学报》为主的报刊则从国家主权视野下评说南昌教案。他们之所以采取和《大公报》不同的视野，是因为报刊的编排工作主要由中国知识分子负责。对中国文化的认同感与教徒杀害中国官员的义愤使其在评说过程中带有鲜明的国家主权色彩。综观以上报刊关于南昌教案的评论，主要有以下几个方面：

第一，江召棠的死因。

---

① 《和民教政策》，《大公报》1902 年 8 月 18 日。

    南昌教案主要是由于传教士王安之杀死南昌县令江召堂而引起的，因此，在与英、法两国的外交谈判中，江召棠的死因至关重要。法国政府坚决否认江召棠被天主教徒所杀的真相，在谈判中无理要求清政府官员承认江召棠自刎于天主教堂是发生此次教案的主要原因。针对法国的无理要挟，《申报》、《时报》、《通学报》等报纸都认为，天主教徒王安之杀害中国南昌县令骇人听闻，中国政府在此问题上一定要坚持。

    《通学报》认为南昌县令一定被教士所杀害，不是自杀。其理由如下：

> 一、宾主宴饮，欢乐可知，当觥筹交错之时，遽行拔刀自戕之事，此必无之理也！二、主人在座，目击其宾客自戕而不救，此必无之理也！三、江令之颈，其伤有三。自戕而至于三次，此必无之理也！四、自戕至三次而主人犹不之救，此必无之理也！①

    指出南昌县令江召棠于情于理都没有自杀的可能性，必然是他杀。传教士竟然明目张胆杀害中国地方官员，可见其对中国国权的何等藐视！传教士杀害中国官员一事外交事件中所未曾有，而且在世界来说也是没有发生过的事情。此些报刊都认为南昌县令被杀是引发教案的重要原因，那么教案的主要责任就不在中国，而在于法国了。《申报》认为：

> 此案重大关键，全在自刎被刺二者为扼要之谈判，尽人知之。……彼中之所争执，在诬我自刎，而按之真情，则实在被刺。（据江令遗禀西医验单）自刎则以曲诬我，而彼可卸其罪戾，以肆分外之要索。被刺则曲在彼，而我得雪沈冤，平众怒，以博最后之战胜。②

    主张在江召棠死因问题上一定要坚持，不能让法国有所借口。《京话日报》的创刊者为彭翼仲，具有强烈的爱国主义情怀，以创办报刊揭露社会黑暗和宣传爱国为主旨。在南昌教案发生后的第五天，《京话日报》明确指出："这场祸乱无论闹到怎样，过处全在教士一人。"③ 认为教士的不法行为是引发教案的原因。《外交报》指出：

> 江西南昌教案，自中法各派专员查办后，英使亦命其驻九江领事办

---

① 《南昌教案说略》，《通学报》1906 年第 11 册。
② 《恭读三月二十二日上谕谨注》，《申报》1906 年 4 月 17 日。
③ 《京话日报》1906 年 2 月 27 日。

理此事，该领事既抵南昌，即偕英医验江大令尸，认系被刺，美医亦谓实非自刎，且均签字为凭。①

坚持认为南昌县令江召棠是被刺身亡。

在江召棠的死因问题上，目前学界有两种说法：一、大陆学者认为江召棠被教士刺伤。持此观点者有赵树好、黎静安、吴铁锋。② 二、台湾学者张秋雯认为南昌知县江召棠是自杀，不可能被教士所杀。③ 张秋雯对南昌教案进行了详细分析，认为王安之没有杀害江召棠的动机。笔者认为，江令受伤时在场者为教堂的教民，凶器在教堂掌握之中的可能性较大，不提交凶器既不合常理，又有有意隐瞒真相之嫌。此外，教堂不让江令受伤时目击者听候传讯，更为不合情理。如果教士没有杀害江令的话，完全可以让在场的教民出堂。为什么拒绝与中国官方合作呢？只有一个理由可以解释，那就是教堂担心江令受伤的真相被揭穿。张文的另一个根据是江令手书。江召棠在受伤之后，曾忍痛书写受伤情形。根据张之洞奏报：江令手书在法主教郎守信手中八张，新建县及道府处有 7 张，江令的家属有 10 张，后任南昌县有 1 张。郎守信手中江令手书与其他手书记述江令受伤事实完全不同，郎守信手中手书为自刎说，而其余手书则为被刺说。张文认为，郎守信处的手书更为可信。认为郎守信所保存的江令手书是"江令受伤之后，在现场书写，其情况当较乎真实。"但是，江令颈部受重伤，在教堂书写受伤情形似乎不合情理。此外，张秋雯认为江令在家所写手书可能有作伪的成分。那么，按照张文的推论，主教郎守信手中的江令手书可信度也不高。该手书完全是江召棠自尽的话，这对法国非常有利，这也不可避免有作伪的成分。做如此多的推论，来探讨江令是自刎还是他杀，其实并没有太大的意义。江召棠之死，法国传教士王安之有着不可推卸的责任，这是不证自明的问题。如果不是王安之逼迫的话，江召棠自刎似乎不合情理。法国教士庇护犯人，且又无理要挟，证明此人是极端强悍之辈，那么其在愠怒之中，刺伤江令也在情理之中。此外，既然王安之没有加害江令之心，在江令自刎时就应该及时阻止，不至于让江召棠身受三处刀伤。从今人研究成果来看，在江令的死因问题上当时报刊分析更为合乎情理。

---

① 《论南昌教案》，《外交报》1906 年第 142 期。

② 吴铁峰：《清末大事编年》，湖南大学出版社 1996 年版，第 187 页；赵树好：《教案与晚清社会》，中国文联出版社 2001 年版，第 238 页；黎静安：《震惊朝野的南昌教案》，《纵横》1999 年第 5 期。

③ 张秋雯：《光绪三十二年的南昌教案》，中华文化复兴运动推行委员会主编：《中国近代现代史论集》第 4 编，台湾商务印书馆 1985 年版。

中国报刊激于民族义愤，主张与法国必须辨明此问题。江召棠之死，法国传教士王安之有着不可推卸的责任。报刊舆论在江令死因问题上坚持，可谓抓住了中法谈判的关键，对法国造成了一定的压力。人们充分意识到江召棠死因是交涉的重点，辨明此问题非常关键，这表明清末人士在外交问题上理性思考，能够分清楚外交问题的主次。他们通过大众传媒的方式宣传传教士的恶行，在民众中产生了巨大的影响，在一定程度上支持了政府外交。

第二，如何解决南昌教案。

南昌教案发生之后，各报对应该采取何种策略进行了评论。他们认为应该依据国际法与英法两国进行谈判，在谈判中对英国与法国采取分别对待的政策。杀害南昌县令的凶手为法国天主教徒，南昌民众的暴动行为皆由法国教士杀害中国官员而起。因此，报刊主张政府应该据理力争，对法国采取强硬政策。由于民众在捣毁天主教堂的时候，英国教士也受到牵连。英国传教士并没有过错，因此，国人认为应该对英国应采取温和态度，赔偿英国的损失。

《时报》、《通学报》先后刊登了《论南昌教案》一文，指出：

> 南昌教案自有交涉以来所未闻其情节，亦为向来教案所未有……且以如此非常之事，为寰球各国所骇闻，而敷衍以终，人将谓中国为何等国？将来外交尚安能办？且从此官吏将益畏葸，教徒益恣横浸淫，酝酿教案，必以益多丧利失权，更复相因，而至中国当永无挽回之日。①

因此，中国对于法国绝对不能让步。现在中法交涉的关键在于江召棠的死因。

> 赔偿抵罪与否，又视江令被戕与否为枢纽。现在江令被戕，已有种种证据，而法参赞坚不肯认，又未闻据有何种反对之理由……总之，此事在我理直气壮，必可争胜。②

认为种种证据证明江召棠为传教士王安之所杀，因此，主张对法国采取强硬态度。此后，《通学报》又在《南昌教案之愤叹》中指出：

> 对于法国，赔款抚恤，义所应尔。而县令含冤而死，实为我国之奇

---

① 《论南昌教案》，《通学报》1906 年第 11 册。
② 《论南昌教案》，《通学报》1906 年第 11 册。

辱，国体所在，不能不争也；对于英国，教士无端受害，赔款抚恤，亦义所尽尔，而试问此事因何而起，则法教士王某，实为此案主动之人。①

教案的主要责任人是法国传教士王安之，如果中国妥协退让，对国家将是奇耻大辱。《申报》刊登了王念祖的条陈，对应该如何办理南昌教案进行分析："法教士此次之事，其为悖公法，戕代表伤害感情，固为万国公法评判，所不容者也！"② 他认为法国传教士杀害中国政府官员，有悖国际公法，性质非常恶劣。而且"法国必将利用此事，以扩张其强硬势力。"因此，中国对法国应该采取强硬态度，防止法国利用此次教案进行外交讹诈。《外交报》认为如果法国过于坚持，中国可以将江召棠死因与惩凶、赔款分别办理。"教堂教士，业已焚毁，惩凶可也，偿款可也。至江令之应予追恤，自刎之不可承认。"③ 在江召棠死因上绝对不能退让。

国人强烈要求对法国政府采取强硬外交，认为南昌县令被杀，事关中国国家主权，在此问题上不应该退让。如果中国政府向法国政府屈膝的话，那么中国以后外交就更难以办理。报刊主张对英、法分别对待的政策有其合理性，表现出一定的策略性。但他们对问题的分析也不免有天真之处，忽略了一个事实——英国与法国在处理教案问题上有着一致性。英国在江召棠死因上，与法国持同一态度。对于英国来说，关键并不在于传教士是否杀害中国官员，其注重的是中国民众的暴力行为对其构成了威胁。英国与法国利益的一致性决定了其必然采取与法国相同的态度，这样，即使中国对英、法分别对待，并不能争取英国的支持。南昌教案交涉期间，英国正在谋求在中国西藏获取更多利益。南昌教案正好成为其要挟清政府的一个筹码，因此在南昌教案问题上不会支持中国。国人对英国存在幻想，表明中国儒家传统"诚信"理念仍对清末人士有着影响。他们认为可以以道义争取英国的支持，这与近代外交的本质——国家利益至上可谓有着很大的差距。但是，民间知识分子终于放弃了这一想法，愤愤道："平情而论，英人当助中国，以责问于法国，而使得一最公正之裁判。若不问其他，如近日京电所云，一味借端以索鄱阳湖行驶兵舰之利权，此等举动，则决非吾所期待于文明国者

①　《南昌教案之愤叹》，《通学报》1906 年第 9 册。
②　《候补县王念祖条陈南昌教案事宜》，《申报》1906 年 4 月 9 日。
③　《论南昌教案善后之方》，《外交报》1906 年第 149 期。

也!"① 对英国的行为表示了愤慨,最终认识到所谓"文明国"的本质。

第三,抨击清政府的软弱外交。

南昌教案本因天主教徒杀死中国官员而引起,但清政府最终以承认江召棠在教堂自刎,逞凶、赔款了结了此案。针对清政府在外交谈判中软弱无能的表现,民间舆论进行了批评。清末近代大众传媒崛起,国民意识彰显,民众参政意识大为提高。20 世纪初,中国国际环境日益恶化,外交成为中国民众关心的重要话题。传教士竟然杀害中国地方官,为以前教案所未有,因此也格外受到民间舆论的关注。如《申报》除了刊登评论外,而且还连日刊载了《续照录访函述南昌大教案详情》、《候补县王念祖条陈南昌教案事宜》等文,详细记述了南昌教案发生的情形。《广益丛报》辟有专栏刊登有关南昌教案交涉的情形,密切关注政府交涉。此外,《东方杂志》、《外交报》等众多的刊物除发表评论外,还刊登了清朝官员主张对法国采取强硬态度的奏折。近代报刊的宣传与鼓动,在民间形成了一股巨大的舆论力量。

《申报》发表了《论南昌教案提京议结之迅速》的评论,对外务部在南昌教案交涉中失败之处进行了评论,可以说是关于南昌教案评论最为深刻的一篇,现录部分如下:

> 我国之外交向以迟滞迂缓而闻,而此次对付南昌教案,乃独出于迅速仓皇而决策草率而应命,尤为出乎国人之意外,而入乎外人之意中矣。……然对于此次教案,全国舆论翕然一致,其足为外交官之资料者,抑未始失其资格也。江西绅士致同乡书,江西京官呈请都察院折稿,类皆能言其肇事之由,与夫着手之处;即各埠报章,对于此事亦无不代表舆论,抵抗强权以为外交家之声援。假使外部主持,公理得所凭藉,而与彼中相折冲,则亦未始不可稍减非分之求,而暂缓弥天之祸。乃事前不预备,临事无所驳覆,浃辰之间了结此案,以如是乎外交官,虽至国民教育普及,则亦何所见长哉!②

从以上材料不难看出,《申报》对清政府的屈辱外交进行了猛烈抨击,对其不能维护国家主权表示了强烈愤慨。该文作者以问答的形式对南昌教案交涉进行

---

① 《南昌教案之愤叹》,《通学报》1906 年第 9 册。
② 《论南昌教案提京议结之迅速》,《申报》1906 年 5 月 7 日。

了评论。该评论针对中国民智未开，国民不能为外交官提供支持的说法提出反驳意见。南昌教案发生之后，江西士绅、江西籍京官以及报刊一直要求抵制法国的无理要求，但清政府无视舆论的要求而妥协退让。外交虽然以综合国力为后盾，但国民的支持在交涉中也有着重要的作用。清政府无视民众的力量，没有将民众作为外交谈判的有力支撑。从该评论中我们可以看到，《申报》非常重视国民在外交中的作用，这与1905年中美工约交涉时的思想一脉相承。《通学报》对清政府在南昌教案交涉中的表现非常不满，指出："国家权力强，兵力干涉之；我之权力弱，民力干涉之。"① 中国外交没有强大的国力支撑，就应该依靠民众与之交涉，而不应向法国妥协退让。该文作者明确地表达了利用民众舆论支持外交的思想。利用民众舆论影响外交是外交家常用的外交策略，尤其是在大众传媒崛起的近代社会，舆论对外交的重要作用日渐凸显。舆论影响外交的主要手段是"在相对较短的时期内集中对某一事件和相关政策进行报道与评论，调动公众舆论以引起决策者的注意，最后达到修正政策与政策定型的目的。"② 南昌教案发生之后，中国报刊表明了利用舆论力量支持外交的观点。报刊除对南昌教案进行报道外，还刊登了大量的评论、士绅来稿、清朝官员的奏折等，这在社会上形成了一个议题，形成了强大的舆论力量。但外务部并未有效地利用舆论，最终以妥协退让而告终。

第四，反思如何消弭教案。

教案不仅困扰外交，而且也不利于内政。晚清人士一直将教案视为困扰中国的重要问题。如《申报》所说："自通商以来，办理交涉之事最为棘手者，其为交涉乎。而交涉之中，尤以教案为尤难，且交涉之事大半因教案而起，故教案不起则已，起即枝节丛生，数十年来蹙我土地，罄我资财，利权旁落，国势不振，无不由教案贻之害。"③ 国人认为教案对中国外交造成了非常不利的影响，教案是外交失败的重要因素之一。外国传教士竟然残害中国官员，这带给中国人强烈的震撼与耻辱。如何消除教案，彻底根除对中国外交的不利影响，成为国人思索的重要问题。南昌教案发生之后，报刊发表了许多评论，探讨彻底根绝教案的方法。《中外日报》发表了《欲弭教案宜讲求吏治》（《东方杂志》于1906年第7

① 《南昌教案说略》，《通学报》1906年第11册。
② 刘继南主编：《大众传媒与国际关系》，北京广播学院出版社1999年版，第202页。
③ 《论设立保教公所尤宜遍设保教会以期联络》，《申报》1902年4月14日。

期全文转载），《时报》发表了《消弭教祸良法》（《通学报》1906 年第 6 册转载），《通学报》先后发表了《调和民教救急良方》、《论内地绅衿宜亟设民教和平会》，《申报》发表了《论天主教在华传教宜速订新约》等评论，提出了各种消弭教案的方法与主张：

设立民教和平会。《通学报》主张设立民教平和会以解决中国民教冲突问题。《论内地绅衿宜亟设民教和平会》一文指出：消弭教案不能依靠官员，只能依靠绅士来解决。中国各地之教案，"其肇祸之始，则多由于强权之逼索，政权之压制"。西方传教士每遇民教冲突，必然强迫地方官偏袒教民，压制平民。平民激于义愤，往往会导致教案发生。因此，中国绅士应该与西国传教士商立民教和平会。教士、绅士都严查教徒，了解教民的品行，这样在发生民教冲突时，可以公平处理。只有从根本上控制民教冲突，"则外交上之损失，始可挽回"。①

修改传教条约，约束教会和传教士的行为。《申报》指出：修改传教条约的方法有如下几种方式：其一，与法国政府直接交涉。1901 年 7 月 2 日，法国议会通过《反教权法案》，政教关系开始恶化。1905 年法国彻底宣布实行政教分离的政策，天主教在法国权利基本丧失。值此机会，中国应该与法国进行谈判，给予法国相当利益作为报偿，"则第令改订传教条约，减削教士在华之势力"②。其二，与教皇直接交涉。认为目前天主教在华传教条约导致教案频繁发生，这既不利于中国又不利于天主教的自身的发展。教皇出于自身利益的考虑，也应修改传教条约。其三，如果法国与教皇都不愿意修改条约，那么中国就应该将教案问题付诸万国会议仲裁解决。

通过文化启蒙消弭教案。除《大公报》外，《申报》、《外交报》等报刊也对民众的暴力行为进行了批评。《申报》在南昌教案发生之后，连载了《论愚民暴动与中国前途之危险》一文，批评了民众的暴力行为，认为民众的暴力行为只会给国家交涉带来不便，主张对民众进行文化启蒙。《外交报》慨叹道："蚩蚩者流，一摇足，一举手，皆足祸延国家。"因此，现在国人应该"亟图教育之所以普及"③，只有教育普及之后才能消除教案。总体来看，各个报刊基本赞同文化启蒙消除教案这一思路。

---

① 《论内地绅衿宜亟设民教和平会》，《通学报》1906 年总第 10 册。
② 《论天主教在华传教宜速定新约》，《申报》1906 年 3 月 3 日。
③ 《论南昌教案》，《外交报》1906 年总第 137 期。

改善吏治以消除教案。《外交报》、《通学报》、《东方杂志》、《中外日报》都曾经发表评论，主张通过改善吏治来消除教案。他们认为民教不平是产生教案的最重要原因，因此，应该通过改善吏治以消除教案。中国教案如此之多，主要由于"官不能尽心于民事，民不得不托庇于外人，于是争相入教，此为第一原因；及乎入教后，知百姓畏官，官畏教士，于是咸藉外人以抗官。而官亦无知如何，遂不得不见好于教民，而忘夫平民之怀怨，此其第二原因；迨至民教不和，积成冤对，有触必发，如响斯应，遂为官吏不治之结果。"① 基于此原因，主张通过整顿吏治来消除教案。

清末报刊对南昌教案的不同言说，表现出对政府处理教案的不同认识，代表了两种思考的路向：即国家主权与文化启蒙。清末中国国民意识的觉醒以及主权意识的变化，必然影响着中国国人对此问题的思索。20 世纪初年，西方政治学说的传入，使中国思想界发生了深刻变化，表现出对民主政治的向往与追求。民办报刊大量崛起，不仅可以为社会大众提供更多国家政治方面的信息，而且也为国人发表政见提供了广阔空间。中国人基于国家衰亡的现实，其必然从维护国家主权的视角评说南昌教案。《申报》、《时报》、《通学报》、《京报》等体现了中国知识界的这一思考。同样，清末是中国人对下层民众启蒙非常关注的年代。有感于义和团运动的蒙昧主义色彩，为了开启一般民众的智慧，知识分子将开启民智作为挽救中国主权的重要方法。义和团运动之后清政府与西方签订的屈辱条约也使中国人对教案的危害性有更加清醒的认识。因此，中国人想要通过文化启蒙开通民智来消弭教案，从而维护国家主权，《大公报》体现了这一思考路向。

三、报刊舆论与清朝官员观点之比较

除报刊关注南昌教案外，清政府官员中也有很多人关注此案。为了对报刊的观点有更加清楚的认识与定位，笔者拟对报刊与清政府官员观点做一比较。如何与法、英处理南昌教案，清廷官员的态度主要分为两种：处理南昌教案的官员态度比较软弱，而置身事外的官员则比较强硬。

湖广总督张之洞、御使王步瀛、蔡金台、杜彤、张瑞荫、兵部给事中左绍佐、江西籍京官熊方燧、翰林院侍读学士恽毓鼎、办理商约事务大臣吕海寰等都在南昌教案交涉期间发表了见解，其激烈程度并不亚于民间知识分子。法国传教

---

① 《欲弭教案宜讲求吏治》，《东方杂志》1906 年第 7 期。

士竟然杀害地方官员，这一暴行深深激怒了中国官员。他们与南昌县令江召棠一样，身为朝廷官员，又都深受中国传统儒家思想的浸润，中国民族文化的认同与官员身份认同交织在一起，使他们格外关注这一案件的交涉情况。他们站在死难官员江召棠的立场上，对法国教士的不法行径表示愤慨，规劝清廷采取强硬态度，维护清王朝的主权。

湖广总督张之洞在南昌教案交涉过程中态度最为强硬，屡次提出解决南昌教案的办法。他于1906年4月28日致电军机处："江西教案无论与法人如何议结，总不能归咎江令，虽不能责抵偿于外人，尚可存论于中国。"① 不能将过错归咎于江召棠。

御使王步瀛在南昌教案还未开议之前便上奏："请饬外务部认真办理，以尊主权而定人心。"② 认为南昌教案"推原祸始，盖在彼人。倘使希图速结，少出偿款，而置江令受伤于不问，惟知归狱于巡抚一人，教益藐官，官率媚外，其如后事何？其如大局者何？此不可不深长思也。"③ 认为教案起因完全在于法国天主教士，主张对法国采取强硬态度。

翰林院侍读学士恽毓鼎于3月7日指出：南昌教案"实为我国自有教案以来所未见，亦为各国自有交涉以来所未闻，若再办官吏，杀良民，以讨罪雪耻所当行，反为息事求和之迁就，辱国体，失民心，臣不知国将何以为国也！"④ 义愤之情渗透于字里行间。

御使蔡金台于3月8日奏道："今以区区一神甫，公然戕我命官，为自来教案所未有，实凡有血气所不容。是大曲在彼，铁案昭然。执此与之力争，彼欲我惩滋事之凶徒，必先自惩肇事之神甫。"⑤ 法国传教士杀害中国官员，实为公理所不容，因此，对法国绝不能妥协退让。对英国则应该采取温和的态度，"法无礼而我用刚，英无辜而我用柔。"⑥

江西籍京官熊方燧、赵惟熙、刘廷琛等人上呈文提出中国应该采取的措施：一、惩从犯。严惩杀害江县令的从犯。二、评公理。外务部应该将此案详细情形

---

① 中国第一历史档案馆、福建师范大学历史系合编：《清末教案》（3），第860页。
② 中国第一历史档案馆、福建师范大学历史系合编：《清末教案》（3），第814页。
③ 中国第一历史档案馆、福建师范大学历史系合编：《清末教案》（3），第815页。
④ 中国第一历史档案馆、福建师范大学历史系合编：《清末教案》（3），第816页。
⑤ 中国第一历史档案馆、福建师范大学历史系合编：《清末教案》（3），第818页。
⑥ 中国第一历史档案馆、福建师范大学历史系合编：《清末教案》（3），第819页。

照会英美各国及海牙公会评论。三、安他教。认为耶稣教向来比较平和,主张对其应酌情给予抚恤。四、弭后患。主张改订传教专条,以弭后患。①

由上看出,上述官员与民间知识分子的观点有着一致性。置身事外的官员与民间知识分子大都比较强硬,其激烈的态度几乎贯穿于整个交涉过程中。他们都主张对法国采取强硬态度,同时都对政府办理南昌教案的结果不满。

对教案交涉的思索是清末国人外交思想不可或缺的一部分。通过分析报刊有关南昌教案的评论,我们可以看到清末国人关于教案交涉的思想和观念。近代以来,西方列强强迫中国签订了许多不平等条约,这些条约赋予了外国传教士许多特权,使传教士和教民成为独立于中国主权和司法之外的特权阶层。传教士由于受到了西方列强的保护,在某种程度上体现出传教利益和西方列强在华政治和经济利益的同一性,基督教呈现出侵略性的一面。外国传教士与西方列强在处理教案中形成了一种紧密的关系:外国传教士依赖各国炮舰政策的支持和保护,而各国政府则利用教案进行交涉,从中谋求更多的侵略权益。正是由于此原因,教案成了困扰中国外交的一个重要问题。在 1906 年南昌教案交涉过程中,清末报刊对南昌教案充分关注,表明国人对教案交涉的重视,也反映出国人的外交观念中鲜明的文化启蒙意识。

---

① 中国第一历史档案馆、福建师范大学历史系合编:《清末教案》(3),第 846—848 页。

第六章　清末报刊评论与中国外交观念近代化

清末报刊评论处于封建制度与民主制度激烈交锋的历史背景下，清末报刊评论中的外交观念表现出鲜明的时代特征，展现了知识分子对外交民主化的诉求。他们通过报刊评论这一大众传媒方式，将自己的观念为大众所了解并接受，推动了中国外交观念近代化的进程。为了揭示报刊评论在中国外交观念转型中作用，笔者拟从以下三个方面进行论述：报刊评论中所传播的外交观念的特点、报刊评论传播网络以及影响、报刊评论与中国外交观念近代化。

第一节　报刊评论中外交观念的特点

清末中国面临着异常严峻的国际形势，在此历史背景下，报刊评论中的外交思想也表现出鲜明的时代特征。从报刊评论可以看出，清末知识分子的外交思想表现出浓郁的民族主义和爱国主义情结，他们正是从国民的角色定位来言说中国外交，呼吁进行外交思想启蒙。

一、浓郁的民族主义与爱国主义情结

清末报刊评论中的外交思想表现出浓郁的民族主义和爱国主义情结。民族主义与爱国主义最主要特征是反抗外来侵略，维护国家主权独立，清末报刊中的外交思想正体现了这一特征。

民族主义构建于本民族共同的历史记忆、现实利益和未来命运之上，对民族成员具有强大的精神感召力，在民族危亡之际比任何其他的意识形态都具有更有效的社会动员力量。民族主义作为 18 世纪以来最具有号召力的思潮之一，对各国产生了深远的影响。清末中国民族主义最集中的表现是反对外来压迫，维护国家主权独立。经历了八国联军侵华战争之后，中国面临着非常险恶的国际局势，这一国际局势激起了人们强烈的民族意识。有人对民族主义进行了诠释："以一国为人人所共有，人各有其权力之一分，人各尽其义务之一分，即人各有其利益

之一分，而不容有言语不同，思想不同之外族染指其间。"① 不难看出，清末国人的民族意识包含权利和义务两个内核，表现出浓厚的爱国主义色彩。国人外交思想的民族主义和爱国主义情结主要表现在以下两个方面：强烈的国家主权意识、外交参与意识和责任感。

20 世纪初年，进步知识分子将民族主义作为挽救本民族命运的武器，同样他们也将民族主义作为挽救中国外交的出路之一。近代民族主义构建于民族国家的基础之上，以维护国家主权与民族独立为诉求。纵观清末报刊对外交的评论，到处充溢着国人强烈的国家主权意识，爱国主义情怀得到了充分张扬。国人对国际形势、中国外交现状、外交策略以及如何改善外交等问题进行了思索，字里行间凝聚着强烈的国家主权意识。在传统民族主义观念支配之下，民族认同的符号并非是国家，往往是政权、宗教或者宗法等因素。王立新认为，传统民族主义对中国的危害主要表现为缺乏近代主权观念，这对中国外交造成了非常不利的影响。② 自从鸦片战争以来，清政府在外交上一直处于预势，每次交涉几乎都以失败而告终。清末中外交涉更加频繁，列强往往通过外交手段向中国提出要挟。在日益高涨的救亡呼声中，国人的外交思想自然彰显出强烈的民族意识。他们发出了"中国者，中国人之中国"的呼声，反对列强在外交上的勒索，表现出对国家主权更广范围的关注。国人不仅关注领土、政治、经济主权，而且还扩展到对文化教育主权、领水权、渔业权、领空权的全面觉醒。中国近代民族主义最主要的特征是反对外来侵略，反抗列强对中国政治、经济、文化利益的侵害。清末知识分子在报刊上发表了许多研究不平等条约的文章，从国际法理上研究西方强加给中国的不平等条约。如《外交报》在 1908 年以后专门刊登了政法学者的论文，论述了领事裁判权、协定关税、内河航行权等诸多列强强加在中国身上的特权。知识分子希望通过自身的研究与宣传，使国人认识到不平等条约的危害性，从而通过外交手段挽回国家主权。

清末国人外交思想的民族主义特征，还表现于他们强烈的外交参与意识和责任感。民族主义强调国家利益与个人利益的一致性，它的功能在于唤起国民对"国家是国民自己的国家"的觉悟，从而最大限度地调动普通民众的政治热情。清末知识分子存在这样一种普遍认识：列强强大的主要原因在于其能够发挥民族

---

① 《中国民族主义大豪杰冉闵传》，《江苏》1904 年第 11、12 期合本。

② 王立新：《美国对华政策与中国民族主义运动》，中国社会科学出版社 2000 年版，第 6 页。

主义。如《江苏》杂志刊登了一篇文章指出："人莫不亲其种族，此发于自然而无可遏抑者。同民族之人言语同、习俗同、历史同、地理同，以之建国家，则其民与国休戚相关，利害相同，并力一心以御异族，故其国强。"① 在分析世界各国形势的基础上，该评论认为，列强外交胜利的原因在于能够充分发挥民族主义。因此，他们试图通过文化启蒙激发国人的民族主义，从而可以在一定程度上改善中国外交。他们呼吁："民族主义者，国民特立之性质也。得之则存，失之则亡。"② 人们意识到只有发挥民族主义，依靠全国国民的整体力量才能挽救中国外交。民族主义具有强烈的集体主义意识，能够整合社会力量共同为捍卫国家利益而奋斗。清末报刊对国民力量进行了评论，希望通过教育、宣传等途径发掘民族的整体力量，以国民外交代替王朝外交从而达到维护国家主权的目的。

　　清末中国处于濒临危亡的境地，国人的爱国主义精神得以空前的升华和发扬，这在报刊外交评论中表现得非常明显。无论是资产阶级革命派还是改良派，其外交观念都带有浓重的爱国主义情结，这主要表现在他们极度关注外交事件和提倡外交改革。爱国主义是中华民族的优良传统，在不同的时代爱国主义有不同的内涵。清末反对帝国主义侵略，争取民族的生存和解放，成为爱国主义的中心主题。在此前提下，追求国家的进步和富强也是近代爱国主义的重要内容，具体表现为学习西方先进事物，探索救国真理。清末国人为了改善中国外交，积极主张向西方学习，进行外交改革。改革外交行政、进行外交立法、加强外交教育等主张都是国人向西方学习的表现，他们想要通过吸取西方经验达到挽救国家外交的目的。国人爱国主义情怀还体现在对外交事件的充分关注上。清末中外每一外交事件，几乎都有报刊进行评论，无一不是为了维护国家利益和主权完整。他们竭力维护本国的一切权利，反对列强攫取中国主权，想要以爱国主义整合民族资源从而维护国家主权。正是从此观念出发，国人通过报刊评论对清政府的外交展开了激烈的批判，从如何维护国家主权的角度对外交进行了阐释。无论是推翻清政府还是进行宪政改革，国人主要目标是建立强大的国家为外交提供支撑，使国家彻底摆脱外交颓势。

---

① 《中国民族之过去及未来》，《江苏》1903 年第 3 期。
② 《中国对外思想之变迁》，《江苏》1904 年第 9、10 期合本。

二、鲜明的国民意识

清末报刊外交评论透露出浓重的国民意识。国民意识包括两个方面，国民参与国家事务的权利和承担国家发展的义务。从报刊评论中可以看出，清末国人的外交思想渗透着浓重的权利意识和责任感。人们依据西方政治学理论提出了外交参与权、外交监督权、外交决定权等权利要求；同时还呼吁国民必须有强烈的责任感，积极参与国家外交，为外交提供民力支撑。

清末知识分子将改造中国人的国民性作为救国的重要手段之一。他们认识到"欧洲所以有今日之文明者"，主要来自"君民间之革命"，而"革命的原动力则卢梭之民约论是也"。[①] 在他们看来，法国启蒙思想家卢梭的政治学说造就了资本主义近代文明。卢梭从自然法和社会契约的角度，提出"主权在民"、"天赋人权"的主张，强调国家权力来自全体人民；国家的任务不是为了保护少数人的利益，而是保障所有国民的利益。国民应该将国家的兴衰与个人联系起来。启蒙思想家这一"人民主权"思想，大大激发起人们的政治参与意识。知识分子正是依据主权在民思想提出了对外交权的诉求，这是清末外交思想的一大特点。从国民的角色定位出发，他们意识到自身应该享有的外交权利和肩负的责任感，从而在外交思想上表现出鲜明的国民意识。清末报刊的创办者及其撰写文论者大都深受近代西方政治学说浸润，他们都从国民的身份定位讨论外交问题。清末中国极度衰弱的地位，使得国人日渐意识到国民享有参政权对于国家发展的重要作用。保障国民对内政治权利的公共性是国家实现自强的根本之策，国家只有尊重民意，扩大政治参与才能更大程度上吸纳民众对政权的支持。在国人日渐高涨的宪政运动中，知识分子凭借报刊这一大众传媒，提出了对外交权的诉求。他们认为国民有外交参与权，这一权利应该通过立法的形式固定下来。只有明确了国民的外交权利范围，才会从根本上牵制君主或者官吏的独断专行，从而实现外交从以王朝利益为旨归向以国家利益为宗旨的根本转变。中国古代向有"人臣无外交"之说，外交大事由君主决定，普通民众根本没有外交决定权。中国古代儒生虽然有治国平天下的理想，但其政治参与非常有限，基本上是在体制内参与国家统治。而清末知识分子则表现出更多的叛逆精神，对国家外交事务给予了更多的关注与批判，也提出了更多的权利要求。他们对外交参与权、监督权的要求是其国

---

① 马君武：《弥勒约翰之学说》，《新民丛报》1903 年总第 30 号。

民意识高涨的必然结果。春秋战国时期有不少士人为了国家外交奔走于各国之间，但此传统随着大一统封建王朝的建立而逐渐消失。中国凭借发达的儒家文明构筑了朝贡体系，长期以来中国只习惯于接受各朝贡国的朝拜。中国的这一中心地位，使人们将外交问题想当然地视为朝贡与接受朝贡的关系，很少对其进行深入考虑。鸦片战争之后，在中国融入世界国际体系的过程中，外交问题也逐渐成为知识分子考虑的重要问题之一。随着参政意识的增强，他们日渐意识到国民享有外交权对国家外交成败至关重要。国民参与外交事务，可以在更大程度上维护国家主权，抵制列强的侵略。因为列强往往通过外交讹诈的方式侵略中国，在国力衰弱的情形下，中国应该注重利用民众力量抵制列强的侵略。

　　清末国人外交思想的国民意识还表现在他们具有强烈的责任感，认识到国民对国家外交应承担的责任。清末报刊评论字里行间渗透着强烈的责任感，认为国民对国家外交成败负有责任。清末国人对国民的责任有清晰的认识，如有人指出挽救中国的动力有两个方面："一在政府，一在国民"①。他们将国民与国家兴衰密切联系起来，"民强斯国强，民弱则斯国弱。"② 应该充分发挥国民的主动精神参与外交，只有这样外交才会有坚实的民众支撑。清末知识分子指出："吾人观之外交之所以失败者，岂徒政府之罪哉？盖吾国民亦不能不任其咎。"③ 他们认为政府应该开诚布公，"国民必大感激，方且同心共济以御外辱。"④ 正是基于此种强烈的责任感，清末知识分子才提出了国民外交思想。国民外交思想是近代才出现的观念，是国民意识高涨的必然结果。中国报刊对清政府的外交给予了充分关注，他们站在民众的立场上对其进行评论，呼吁国民干预政府外交。由于普通民众的素质还远未达到知识分子所期望的标准，因此，他们希望对民众进行文化启蒙。清末报刊刊登文章曰："夫一国之进步与否，必以国民之强弱为断，而国民之强弱实胚胎于教育。"⑤ 希望通过教育使国民意识到自己自身承担的责任，从而发挥每个国民的力量以支持国家外交。

　　由上不难看出，清末报刊评论中的外交思想表现出鲜明的国民意识，主要表现在对自身权利和责任的深刻认识，这是清末国人外交思想的重要特点。西方政

---

① 《论中国改革之难》，《东方杂志》1904 年第 4 期。
② 《论中国民气之可用》，《东方杂志》1904 年第 1 期。
③ 《外交与宪法之关系》，《民立报》1911 年 3 月 24 日。
④ 《论日本对满洲外交之深险》，《民吁日报》1909 年 10 月 29 日。
⑤ 《论军国民教育为今日救国良策》，《民立报》1911 年 4 月 2 日。

治学说的传入带给中国的不仅仅是其民权、宪政等具体的理论体系，更重要的是给中国传统文化注入了新的活力。中国传统的外交思想笼罩在皇权的阴影之下，外交的着眼点是王朝的利益。随着中西方接触的增多，国人外交思想的皇权色彩逐渐剥落，国民意识得以凸显。与20世纪之前相比，清末国人外交思想的国民意识得到很大张扬，表现出鲜明的近代特征。

三、强烈的文化启蒙色彩

清末报刊评论中的外交思想表现出强烈的启蒙色彩。外交思想启蒙是指将国民的外交思想从皇权意识和蒙昧主义中剥离出来，赋以科学和理性的精神。清末知识分子外交思想显示出了强烈的思想启蒙意识，主要表现在他们主张把外交建立在科学、理性的基础上和对民众进行外交教育。

清末知识分子将文化启蒙作为救亡的重要任务之一。在这一历史背景下，他们的外交思想表现出更多的启蒙色彩。为了挽回外交颓势，避免国人出现暴力排外的事件，他们提倡对国民进行思想启蒙使其明了国际规则。中国长期以来处于与西方迥异的外交圈中，在外交观念上存在着诸多差异。近代以来，由于西方的强势地位，中国被迫放弃自身的国际原则适合西方的外交理念。由于中西国际规则存在很大的差异，中国人必然经历较长的时间才能适应西方外交规则。虽然早在20世纪之前，国际法就已经被翻译介绍到中国，但一部分官员以及普通民众对国际法等外交知识仍然没有太多了解。经历了八国联军侵华战争之后，知识分子清晰地认识到国民素质对于外交的重要作用，因此，他们提倡对民众进行外交启蒙教育。国人撰写了不少评论介绍国际形势、品评外交事件的文章，以期国民增进外交知识。《外交报》的价值取向就代表了当时大批知识分子外交启蒙的心态。《外交报·叙例》云："各国多有外交专门报，我乃无之，欲以鉴覆辙于前车，资识途于老马，其道无由，同人戚焉！"① 《外交报》的宗旨是评论外交问题，为国民提供借鉴，达到文明排外的目的。《外交报》不仅评论本国外交问题，而且关注世界外交动态并将其翻译介绍给国民，希望能够通过报刊传媒将外交知识传递给普通民众。为了使民众了解中国与西方缔结的条约，《外交报》还于1908年专门聘请政法类专业的学生，对民众最关注的外交问题进行解析。可以说，《外交报》清晰地诠释了清末外交思想的启蒙特征。知识分子外交思想启蒙

---

① 《〈外交报〉叙例》，《外交报》1902年总第1期。

色彩还表现在，他们对外交问题的密切关注和广泛宣传上。20世纪初年，民办报刊大量创刊，许多刊物的创办宗旨并非为了盈利，而是为了国民素质的总体提升。如《政法学报》在《江苏》第2期刊登了一则广告："务使全国国民触目惊心，为唤起爱国心之助为本报之第五特色。"① 表明其创办杂志的主要目的是激发国民的爱国意识。利用报刊向民众详细介绍外交事件的始末，是当时知识分子传播外交知识的重要途径。他们希望通过大众传媒，使民众了解国家外交并参与外交从而维护国家主权。

清末报刊评论中外交思想的启蒙色彩，还表现在其所传递出的文明、理性精神。清末报刊评论传播了科学、理性的精神，希望国家能够形成科学合理的外交运行机制，民众的行为也限定在文明理性的范围内。中国外交传统与西方存在很大差异，在中国外交从传统向近代过渡过程中，必然面临对外交传统的批判和对西方外交观念的接受。西方资本主义国家的外交运行机制远比封建专制国家优越，因此，清末知识分子希望国人能够学习西方外交中科学理性精神。中国报刊对西方的外交立法、外交决策、外交行政等进行了介绍，希望国家形成科学理性的外交运行机制。知识分子意识到外交的成功还需要国民积极支持与参与，因此，他们在希望国家形成科学理性的外交运行机制时，也希望国民能够以文明理性的方式参与外交。由于中国近代教育落后，普通民众对国际法、各国政治法律、国际形势等并不了解，因此民众往往采取暴力行为抵制西方的侵略。清末报刊也非常注重向国民宣传文明理性精神，以期国民能够更好地发挥自身的力量支持国家外交。

清末报刊评论中外交思想的启蒙色彩，代表了当时中国外交思想的发展趋势，表明了国人希望把外交建立在科学、理性基础上的追求。清末外交思想的启蒙特点是西方政治学说传播的必然结果，也是清末国际局势的刺激使然。

第二节　报刊评论的传播网络与影响

报刊评论重要的功能是导向功能，它能够以清晰的说理引导受众接受作者的观点。因此，在清末知识分子介入外交时，便充分注重报刊评论在舆论宣传中的

---

① 《江苏》封面广告，1903年第2期。

作用。清末报刊评论，在影响和监督政府外交和促进新的外交思想形成方面起了很大的作用。

一、报刊评论的传播网络以及对普通民众的影响

大众传媒的主要功能在于其告知作用和教育作用，特别是在社会变革时期，大众传媒的教育功能，往往被突出到一个主导位置。清末报刊评论通过导向性很强的说理与分析，向普通民众传播了现代外交理念。

清末中国报刊发行区域扩大，读者对象也开始逐渐下移。中国新式报刊兴起于维新运动时期，当时主要读者是政府官吏、士大夫。辛亥革命时期，报刊的读者层开始下移，许多报刊的读者群已经扩大到一部分下层劳动人民。但总体来看，清末十年报刊的主要受众仍然为官绅和知识界。清末刊登外交评论影响较大的报刊主要有以下几种：《外交报》、《申报》、《大公报》、《新民丛报》、《政法学报》、《民报》。由于评论刊登在报刊最醒目的位置，阅读者自然会首先注意到论说。考察清末报刊外交评论对民众产生的影响，不能不首先考察报刊的发行范围和销量。下面便以上述几种报刊为主，考察其发行范围和销量。

《外交报》作为当时外交类的报刊，发行区域几乎覆盖了整个中国。《外交报》是外务部批准创办的旬刊。《外交报》共出版 300 期，发表的外交评论居当时报刊之首。由于官方的支持，所以发行比较固定，销量持续上升。《外交报》在最初创刊时，只在上海、浙江、北京、江苏、江西、广州、北京有代售点。到1908 年时，除内蒙古和新疆之外，发行网络已经覆盖了全国，在国内设立了 223个销售点。甚至在美国旧金山、槟榔屿，日本东京，越南的河内，缅甸仰光还开设了发行处，这表明《外交报》发行范围相当之广。① 《外交报》发行范围遍及国内，甚至在国外有一定影响，除了官员支持外，丰富的信息量和商务印书馆雄厚的财力支撑也是重要的因素。从《外交报》所刊登的广告来看，除了图书广告之外，还有一部分商业广告和文章广告，这表明读者除了官员、知识分子外，还有一部分商人。②

《申报》是清末发行量很大的一份日报，发行范围几乎遍及整个中国，属于

---

① 《外交报》广告，1910 年总第 291 期。
② 《武汉报纸销数调查》，《警钟日报》1904 年 11 月 31 日。

全国性的报纸。① 虽然外交评论在《申报》中只占一部分，但由于《申报》为日报，因此清末十年间外交评论的总体数量也比较大。《申报》能对当时的外交事件快速做出评论，清末几乎每件外交大事《申报》都发表过相关的评论。据笔者粗略统计，《申报》在清末十年间共刊登了 261 篇有关外交的评论。《申报》的读者主要为官绅、新式知识分子，但也有一部分下层劳动民众。据胡道静统计，从 1877—1912 年，《申报》的日平均销量为 7000 份。② 1904—1905 年，《警钟日报》对报刊销量做了一次调查，涉及武汉、镇江、泰州、宁垣、泰兴 5 个地方。此次调查数字显示，《申报》在各地阅读数量居于前列，现将统计数字罗列如下：武汉：销量 300 份；读者群为官商及学堂。镇江：销量 200 份；读者为官商。泰州：销量 200 份；读者为商人及科举之士。宁垣：销量 450 份；读者为官商。泰兴：销量 150 份；读者为商人及科举之士。③ 由此可见，《申报》在清末销量很大，且拥有广泛的读者。

《大公报》也是清末一份很有影响的报刊。《大公报》在国内大中城市和南洋、日本、美洲等地有代办处、代销点。《大公报》最初日印 3800 份，三个月后增至 5000 份，成为华北地区最令人注目的大型日报，由此《大公报》成为堪与《申报》匹敌的"京津第一报"④。《大公报》与《申报》同为日报，外交评论在数量上也相当可观，据笔者粗略统计，从创刊到 1911 年共发表外交类评论 135篇。从读者来信来看，《大公报》的读者主要为官绅与新式知识分子。

《新民丛报》在日本横滨编辑出版，创刊后销路很广，风行海内外。《新民丛报》最初发行数仅 2000 份，至 22 期时增到 9000 份。⑤ 仅国内的销售点就达49 个县市、97 处之多，发行量最高达 14000 份。《新民丛报》一出版，内地就有人一再翻印。清政府虽然严禁，读者仍是争相传阅，《新民丛报》再版或翻印次数达十几次。《新民丛报》的重要价值在其思想启蒙方面，但也发表了一定数量的外交评论，在当时新式知识分子中间有着一定的影响。

---

① 姚公鹤：《上海报纸小史》，杨光晖等编：《中国近代报刊发展概况》，新华出版社 1986 年版，第267 页。

② 胡道静：《〈申报〉六十六年史》，《报坛逸话》，世界书局 1940 年版，第 102—103 页。

③ 《武汉报纸销数调查》，《警钟日报》1904 年 4 月 11 日。《镇江各报销路调查表》，《警钟日报》1904 年 12 月 8 日。《宁垣各种报纸销数表》，《警钟日报》1905 年 1 月 18 日。《泰兴报纸销数调查》，《警钟日报》1904 年 10 月 21 日。《泰州报纸销数调查》，《警钟日报》1904 年 11 月 17 日。

④ 《试金石》，《大公报》1909 年 7 月 29 日。

⑤ 《〈新民丛报〉第二十五号以后改良告白》，《新民丛报》1902 年总第 22 号。

革命报刊和带有革命色彩的报刊遭到政府的禁止，常常处于半秘密状态，旋办旋停，存在时间不长，这必然影响其传播效果。但是，这些报刊仍然在新式知识分子中间有很大的影响力。如《民报》通过采取伪装封面公开附邮的方式或者秘密捎带等多种方式，在国内外大量发行。有的学校成了《民报》的秘密发行和传阅中心，如武昌革命团体日知会曾托人在北京购几千册发给会员。据《民报》第 11 期所刊广告称：创刊号已经刊印第 7 版，2、3 期印 5 版，4、5 期印 4 版，6 期 3 版，7、8 期再版，9、10 期 4 版，发行量最高的一期达 17000 余份。阅读《民报》者被其激烈民主革命言论所吸引，在此过程中自然对其外交评论有一定的阅读。

知识分子为了扩大报刊评论的影响力，还在报刊上刊登广告进行宣传。如梁启超《中国外交方针私议》一文，曾经在《外交报》连续刊登了广告，对该文内容进行了初步介绍，以期扩大读者群。《中国外交方针私议》一文刊登于《国风报》第 24、25 号，由于《国风报》处于创办初期，远没有《外交报》影响大。为了扩大该评论的影响，梁启超在《外交报》刊登了广告："自日俄新协约发布以后，朝鲜沦亡，满洲、蒙古、西藏皆蒙其影响，外交方针实惟今日保国之要图。中美同盟、中德同盟之说大盛于朝野，实为国家前途安危之所系。沧江先生外察世界大势，内考本国情形，著为此篇，凡二万余言，分录于《国风报》第二十四、二十五两号，真天地之大文也。"① 通过广告宣传扩大文章的影响，无疑会增加读者数量。

报纸销量、发行范围、文章宣传方式只能在一定程度上说明问题，要进一步分析报刊评论对国人的影响还需要进一步考察。文明排外是清末中国报刊宣传的主要观点之一，确实对普通民众产生了影响，使其行为发生了一定的变化。《东方杂志》评论道："今年吾社会思想似大有文明进步：一见于争粤汉铁路；一见于争俄舰留沪；一见于汉口礼和瑞记之案；一见于上海周生有被戕之案，皆俱持抗拒主义，而出于文明思想。"② 可见报刊宣传起了一定实效，对民众的行为产生了很大的影响。报刊在外交方面的评论引起了清政府的恐慌，其出台报律企图限制报刊评论外交。《新闻报》针对外务部催促农工商部、民政部订立报刊律例指出："报律之定不定，与外部无涉，与农工商部无涉，且与民政部也无涉。而

---

① 《外交报》广告，《外交报》1910 年总第 293 期。
② 《综论甲辰年大事》，《东方杂志》1905 年第 2 号。

外部则贸然催令之民政部、农工商部且贸然承诺之，其用意所在，直曰：朝廷方注重外交，而交涉之兴，公使之派，约章之订，国权之卖，何物报馆乃辄拾而评隲之，实与乃公有不利焉。"① 外务部限制报刊评论外交事件，从另一侧面表明了报刊在民众间产生了很大影响，以致引起了外务部的侧目。清政府于 1907 年 9 月公布了《报馆暂行条规》，限制报刊评论外交事件。针对清政府公布的报律，《中外日报》与《通学报》评论道："前者政府与外人所立契约，若喀西尼之约，若福公司之约，若滇粤铁路之约，若广九铁路之约，部臣未经发表而各报争相登载，实为于理不合。又如部臣方有所商议不欲使人闻知，而吾辈宣之于众欲先事而阻之，尤为犯人所忌，须知诸公所为，即使日后国家受其害，地方受其害，而当局既秘而不宣，国人方犹然不觉，未尝不可得过且过。"② 对清政府限制报馆刊登外交之事表示愤慨。评论作为民众表达意愿的重要方式，在国民干预政府外交中有着不可替代的作用。正是由于报刊评论外交事件时笔锋犀利，导致清末十年清廷与列强迫害报馆之事屡见不鲜，报刊外交评论的影响由此可见一斑。

清末十年中国报刊的读者群比维新时期大大地拓展了，除了知识界、政府官员、商人之外，甚至还有一部分下层民众。如《大公报》、《京报》等报刊为了开启民智，使普通民众能够了解国家大事，还开设了讲报处，派人宣讲报刊内容。通过此种方式，一部分下层民众也可以接收到报刊所传播的思想。清末报刊具有强烈的民族主义色彩，一遇到中外交涉事件发生，所有的报刊往往在短时期内对其进行集中评论，一时间形成强大的舆论力量。报刊由于有比较固定的销售系统和传播网络，在民众中间容易产生巨大的影响力，此种影响力又进一步推动了民间集会、散发传单、演说等抵制外国侵略活动的进展。美国传播学者丹尼尔·勒纳认为：大众传播在发展中充当了"伟大的倍增器"的作用，是能够把社会发展所需要的知识和态度传播得更快更远的一种工具③。清末报刊评论通过导向性鲜明的语言、明晰的观点，对民众的观念产生了深远的影响。

二、报刊评论对清末外交界的影响

报刊评论是报纸的灵魂与核心，其通过倾向性鲜明的话语鼓动民众参与外

---

① 《论外部催农工商部民政部拟定报律》，《新闻报》1907 年 4 月 6 号。
② 《谨告全国报馆》，《通学报》1907 年总第 63 册。
③ 韦尔伯·施拉姆著，金燕宇等译：《大众传播媒介与社会发展》，华夏出版社 1990 年版，第 47 页。

交，造成声势浩大的社会舆论从而干预外交。报刊作为 20 世纪初年主要的大众传媒，在舆论宣传中有着不可替代的作用，自然成为民间力量介入政府外交所依赖的重要手段，对清末外交界产生了很大影响。

清末不少报刊都配合时事刊载有关外交的评论，鼓动民众参与外交、抵制列强的侵略。报刊对外交界的影响主要体现在两个方面：一是对本国官吏的影响，一是对列强的影响。政府官员是报刊的重要读者群。研究表明，清政府有不少官员经常通过报纸了解各国时事动态。① 《申报》最初的读者群主要为商人阶层。19 世纪 70 年代以后，《申报》的读者群逐渐开始发生了变化，看《申报》者多为官绅。翁同龢从 80 年代以来，就通过《申报》了解中外时事，发生外交大事时，他几乎是逐日翻阅《申报》。② 到 20 世纪初年，官吏中阅读《申报》者为数不少，读《外交报》者也不乏其人，如直隶总督袁世凯通饬各衙所，购阅《外交报》。③ 冯友兰儿时在湖北崇阳县衙生活时："在签押房总是趴在床上翻看那些新、旧书籍。当时有一种刊物，叫《外交报》，其中发表的文章，都是讲世界知识和国际情况，这些文章我很爱看。"④ 可见《外交报》基本能够传播到各个县衙，成为中国官员了解世界大事的窗口。《外交报》在刊物封面上刊登了官员对刊物的评价，认为其"采译西书颇得精要，间附议论亦极平正，不特于交涉事宜大有裨益，即课吏造士均足为考镜之资"。⑤ 官员在阅读报刊的过程中，报刊观点自然会对其产生影响，使他们在决策外交大事时，必然会考虑民间舆论的影响。除了影响本国官员外，报刊还会对列强产生一定压力，迫使其在一定程度上调整外交政策。报刊评论通过导向性鲜明的语言，在民间造成强大的舆论从而对列强造成压力，进而使其放弃一部分侵略要求。

报刊干预政府外交最先在中俄东三省交涉中体现出来，其后在中美工约交涉与收回路矿权运动中达到高潮。为了考察报刊外交评论对清末外交界的影响，笔者以 1905 年中美工约交涉为例进行分析。

1904 年 12 月 17 日，《中美会订限禁华工、保护华民条约》即将期满。清政

---

① 潘贤模：《上海开埠初期的重要报刊》，中国社会科学院新闻研究所编：《新闻研究资料》第 16 辑，第 226 页。

② 陈义杰编：《翁同龢日记》第 4 册，中华书局 1982 年版，第 1912、2309 页。

③ 戈公振：《中国报学史》，中国新闻出版社 1985 年版，第 139 页。

④ 冯友兰：《冯友兰自述》，中国人民大学出版社 2005 年第 4 版，第 17 页。

⑤ 《外交报》刊首，《外交报》1902 年总第 3 期。

府在旅美华侨的坚决要求下，向美国政府提出修约要求，希望美国政府放宽对华人入美的限制。但谈判并未有结果，美国政府仍以各种理由继续实行排华政策。1905 年 5 月 10 日，上海总商会发起了抵制美货运动，在为时一年多的运动中，报刊在舆论宣传中发挥了很重要的作用。正是在舆论的推动下，清政府在交涉前期对美国的态度比较强硬，各地方官员表现出对抵制美货运动的同情和默许。如张学华、梁诚等人还提出乘国民抵制之机与美国周旋。

　　在中美华工交涉过程中，中国报刊在短时期内形成了强大的舆论力量。美国对中国报刊的倾向是非常敏感的。如美国驻华公使柔克义指出："目前公众舆论与民族报业正在中国兴起，尽管其发展尚未成熟……但公众舆论与传媒正在培养一种民族精神，激励各省人民的热情""并通过各种方式鼓吹'中国是中国人的中国'"①。报刊评论表现出强烈的民族主义意识，对美国外交当局产生了压力。一方面，美国政府通过外交途径要求清政府严禁中国报刊宣传抵制美货。美国驻广州领事抱怨说："如不准广州的报纸刊登煽动性文章，抵制运动将自行消亡"②。因此，美国领事函请广东总督岑春煊禁止报馆刊登有关中美工约交涉之事。针对美国的要求，《大公报》评论道：报馆的职责"阐发公理也；激扬公论也；开通民智也；维持国力也。"③ 报馆提倡用和平方式抵制美国虐待华人合情合理，美国没有干涉的理由。《大公报》由于在抵制美货中宣传非常积极，因此，美国驻天津领事要求清政府严禁人民翻阅《大公报》。④ 由此可见，中国报刊对美国当局产生了巨大影响，迫使其采取外交手段对中国报刊进行压制。另一方面，美国政府迫于中国民众强大的舆论压力，不得不在一定程度上调整了对待华人的政策。如在中国的抵制运动开始之后，美国总统罗斯福曾几次下令要求商工部公正对待来美华人。1905 年 10 月 20 日，罗斯福在美国亚特兰大发表演讲，要求国会通过法令限制美国的排华活动。他指出："我们不能希望中国公正地对待我们，除非我们公正地对待中国。导致中国抵制我们的产品的主要原因是我们对来到这个国家的中国人的态度。……我正在尽快革除多年来在执行排华法律过程

---

　　① Michael H. Hunt, *Frontier Defense and the Open Door : Manchuria in Chinese - American Relations* , 1895—1911 , Yale University Press, pp. 95.

　　② Margaret Field, *"The Chinese Boycott of 1905 "*, Papers on China, No. 11 (1957), pp. 63—98.

　　③ 《论驻粤美领事函请岑督封禁报馆事》，《大公报》1905 年 11 月 26 日。

　　④ 戈公振：《中国报学史》，第 142 页。

中的弊端，即使没有国会的行动，我也要努力去做，而且继续做下去。"① 正是在中国国内强大的舆论压力下，美国政府做出了改善华人待遇的承诺，并撤换了商务和劳工部长，移民局也出台了缓解国内排华气氛的新规则。② 中国虽然没有达到废除苛约的目的，但也取得了一定的成就，这与报刊的大力宣传有着密不可分的关系。

清末报刊对社会舆论有着很大的影响，这使得清政府在交涉中对民众舆论不得不有所顾忌。日本《时事新报》曾评论道："政府当局者，今方渴欲反压民论，于外交方面，假装强硬态度，以避国内民论之锋。"③ 这证明国民的舆论宣传对清政府产生了一定的影响，使得清政府在外交谈判中不得不将民意作为一个重要的因素来考虑。正是在报刊的舆论鼓动与国民的参与下，清末国民影响了中外商约谈判、中美华工禁约交涉和中外路矿权的谈判。

三、报刊评论对民国外交观念的影响

清末报刊评论中的外交观念对民国外交也产生了一定影响。清末报刊评论所提倡的国民外交、文明排外思想对民国时期的外交产生了很大影响。翻阅民国报刊，从时人的评论与著作中不难看出清末外交观念的印记。

文明理性的外交手段与外交民主化仍然是民国知识界的诉求。"国民外交"一词在 20 世纪初年才开始出现，在立宪运动中广泛流传，民国时期成为国人外交观念中的主流。民国初年"国民外交"一词在各大报刊上比较流行，《晨报》、《申报》、《东方杂志》、《民国日报》等报刊"国民外交"一词出现频繁，表明了国人的国民外交意识大大增强。民国时期报刊上刊登的国民外交文章为数不少。仅就《东方杂志》而言，在民初就有如下几篇：

《论时局与民意》，第 12 卷第 5 号；

《政治与民意》，第 16 卷第 11 号；

《国民之外交教育》，第 17 卷第 1 号；

《国民外交》，第 18 卷第 15 号；

《废止二十一条的中国国民外交》，第 20 卷第 7 号；

---

① The Works of Theodore Roosevelt: Presidential Addresses and State Papers（New York, 1909）rt4, pp. 498—500.

② 中国社会科学院：《国外中国近代史研究》第 17 辑，中国社会科学出版社 1990 年版，第 94 页。

③ 《对中国国民之外交》，《外交报》1910 年总第 286 期。

《民众外交之方式》，第 22 卷第 17 号；

《国民外交与国际时事研究》，第 23 卷第 1 号；

《华盛顿会议与中国之命运》，第 18 卷第 15 号；

《为太平洋会议告全国上下》，第 18 卷第 15 号；

《民众运动的方式及要素》，第 20 卷第 13 号。

从这些报刊所发表的文章来看，它们的观点与清末并无本质的不同，其主旨仍然是要求国民有参与外交、监督外交的权利。《国民外交》一文中强调："国民对于政府之外交政策，须积极监督。对于条约之缔结、国际谈判之进行、外交代表之派出，须使国民有容喙权，全国舆论对于外交须有一致之主张，留外学生对于驻使行动，更须为严重之监视，由是则政府遇外交事项，始不敢颟顸将事矣。二是，吾民对外须施有实力之宣传运动，不仅发数通空洞之电报而已，尤必结合国内公团，组织国民对外宣传机关，广刊西文杂志、报章及小册子等，以宣达吾国之民意，解释友邦之误会。"① 由上材料不难看出，民国时期国人国民外交观念与清末国人观念基本相同，主张国民应参与外交、监督政府外交、对国家外交应该有强烈的责任感，同时也强调国民在参与外交时采取文明理性的行为。

钱基博在 1919 年出版了《国民外交常识》一书，论述了国民外交的产生、常识，鸦片战争以来中国的外交状况，外国人的地位等问题。第一章对民众外交参与的原因、如何参与进行了阐述。他认为政府要鼓励民众参与外交，虽然交涉谈判之事无须一一向国民公布，但要向国民宣布外交方针。政府应该向国民宣布重大的外交事件，与国民和衷共济，则一旦有事时便可以国民为后盾。政府要提倡、鼓励人民设立研究外交问题的学会。学会不仅可以为政府外交提供建议，而且可以影响民间舆论，从而使国人能够通过报刊认清外交问题。此外，国家还应该修订法律增进人民之外交权。对于国民而言，国民欲享有外交权，必须具有相当的外交常识，因此不可不致力于教育。国民外交教育的目标是：培养懂国际礼法、知世界外交大势和外交常识的国民。他指出，在抵制日本运动中发生暴力行为，主要是没有外交知识使然。他认为只有在民众中普及外交常识，才能开展文明、理性的外交活动。② 从该书的主要观点来看，与清末国人提出的国民外交思想没有太大的差异。反对暴力行为、普及国民的外交知识、制定法律规定国民的

---

① 罗罗：《国民外交》，《东方杂志》第 18 卷第 15 号。

② 钱基博：《国民外交常识》，上海商务印书馆 1919 年版，第 1—7 页。

外交权利、公开外交。这些观点清末国人都曾在报刊评论过，只不过该书更加系统和深入。

清末报刊评论开启了民国时期国人的外交思路，使国民外交在清末的基础上进一步发展。民国初年，一部分清末报人继续发挥着重要的影响，如梁启超、杜亚泉等人，他们都积极提倡国民外交。他们在继续参与新闻媒介编撰工作的同时，也在积极进行外交组织的组成和运作。1917年3月3日，梁启超在国民外交后援会成立大会上发表演说：称赞"外交后援会之发起能唤起国民责任心，其他姑不必论，就此一事，对于全国，对于世界，始知国人自觉心之表现，其利益已非浅鲜"①。对外交后援会的成立表示了极大的赞同与支持。民国时期国民不仅发表国民外交的言论，而且还组织了国民外交的社团与学会，如外交后援会、国民外交协会等组织。国人并未局限于向政府表示民意，而且还直接走上外交的前台，通过电报或信函向巴黎和会表达自己的要求和主张。巴黎和会中国外交失败之后，更让国人觉得"实行国民外交与平民主义之外交，是刻不容缓之事"。②只有依靠国民自己开展外交斗争，才能挽救国权。北京国民自决会发表宣言称：日本"劫持和会，攘夺我山东，政府懦不可恃，国民若不急图自决，国亡旋踵，同人等组织国民自决会共同挽救，宣誓即日与日本断绝工商业并各友谊的关系。"③ 表明了与日本决裂的态度。民国时期国民参与外交的意识比清末时有所增强，而且参与者数量也有了增长。之所以有如此变化，除了封建专制的没落和工人阶级开始发展壮大这两个因素外，清末外交思想启蒙也功不可没。

清末报刊评论不仅影响了当时的外交活动，而且发挥了外交思想启蒙的作用。可以说，清末报刊对外交权、外交主体、外交后盾等问题的评论为民国时期外交观念发展奠定了思想基础，并对民国时期国民外交运动产生了深远影响。

第三节　报刊评论与中国外交观念近代化

清末报刊评论所蕴含的外交观念具有广泛的代表性，通过对其进行分析，我

---

① 《昨日国民外交后援会成立大会纪盛》，《晨钟报》1917年3月4日。
② 蔡晓舟、杨量工合编：《五四》，北京后门三眼井15号蔡寓1919年印行，第6页。
③ 《国民自决会之崛起》，《民国日报》1919年5月6日。

们基本可以看到当时中国外交观念的整体面貌。在中国社会大变革的背景下，清末国人的外交观念有着自己特定的时代内容，表现出浓郁的国民意识与民族主义情结。处于封建制度与民主政治激烈交锋的历史背景下，他们的外交观念展示了对外交民主化的诉求，推动了中国外交观念的近代化进程，在中国外交观念的转型过程中占有重要的历史地位。

清末外交评论推动了中国外交从传统向近代的转型。主要表现在以下几个方面：

首先，清末报刊评论运用了大量新的外交语汇，向民众传递了一种近代性的外交思维。

清末报刊评论中运用的外交语汇有："国民外交"、"外交主体"、"外交方针"、"外交政策"、"世界政策"、"帝国主义"、"强权"、"联盟"、"协约"、"领海权"、"领空权"、"渔业权"、"文明排外"等。这些词汇向读者传递了近代性的外交理念。西方各国被描述为"列强"、"强权"、"帝国主义"，以前常用的"夷敌"、"泰西"几乎看不到了。用"联盟"、"协约"描述各国之间纵横捭阖的外交关系。"国民外交"的出现传递出强烈的国民意识和对君主外交的否定，表明外交应以国家、国民利益为宗旨，而非以君主、王朝的利益为旨归。"领海权"、"领土权"、"领空权"等语汇则表现出鲜明的主权意识。"文明排外"的盛行又表明了对国际法的重视与运用。"外交方针"、"世界政策"等词汇则要求外交规范化，使外交成为近代国家有机体的一部分。正是这些近代性的外交语汇勾勒出了具有近代理念的外交观念，成为20世纪初年中国外交界的主流话语。这些词汇除了传播了近代的外交观念外，还使外交观念建立在科学思维的基础上，引导了国人对外交的思考。

其次，报刊评论还向民众传递了现代化的外交观念。

清末报刊评论中外交观念的最大变化是外交以国家、国民为主体，而不是以君主、皇权为中心，此种意识的产生使中国外交思想脱离了中世纪的范畴。清末知识分子在报刊评论中提出了国民外交的思想，这表明了中国外交观念的近代化发展趋势。清末国人通过报刊阐释了对外交权的要求，提出了鲜明的国民外交的思想，从而使中国外交观念蜕去了皇权色彩。封建社会王权具有至高无上的特征，皇帝承天而治万民，其权力具有神圣性。外交作为国家政治生活的重要领域，决策权自然属于君主一人，普通民众根本没有参与国家外交的权利。清末国人对外交权利提出了强烈的要求，此种要求通过报刊广为流传，推动了外交民主化思想的发展。近代宪政与封建专制的最大不同在于分权与集权的区别。在宪政制度下，国民通过议会、报刊舆论等方式参与外交，既享有权利又有强烈的责任感。清末报人认为外交应该以国民为主体，以国民的利益为外交的原则。在外交方法与手段上，要依靠国民的力量来援助政府外交，从而增强政府外交的力量。古代外交以君主为外交的中心，缔结条约往往首先考虑的是君主的利益；而近代国家则以国家利益、国民利益为外交的中心与依据，这是近代外交与古代外交显著不同。清末国人对外交权利的要求以及国民作用的充分认识，表明了国人外交观念上的近代化转变，这一变化适应了历史发展趋向。

再次，国家主权在外交活动中应受到充分的重视。

中国古代长期以来实行以宗藩体制为核心的朝贡制度，在外交上并不注重实际利益，而强调天朝的尊严与礼制。鸦片战争以后，这种外交观念极大地损害了中国的国家主权。如在《望厦条约》的签订中，美国特使顾盛以进京——这一违反天朝体制的条件为要挟，换取了清政府在谈判上的让步。随着国际法的传入，国人渐渐萌生了主权观念。但在20世纪之前，国人的主权观念还有很大的局限性，领海权、领空权、教育权等并未引起国人的充分重视，也没有清晰地从近代国家意义上表述主权观念。翻检清末报刊，我们不难看到，报刊评论通过导向性非常鲜明的论说，向普通民众传播了近代意义上的国家主权意识。清末报刊刊登了许多阐释主权问题的文章。

《中国灭亡论》，《国民报》，1901年第2期；

《铁路宜握主权》，《东方杂志》，1904年第4期；

《论保守土地主权及路矿利权为国民惟一之天职》，《东方杂志》，1904年第11期；

《国耻篇》，《东方杂志》，1904年第10期；

《国际法上之国家》，《二十世纪之支那》，1905年第1期；

《主权观念慨言》，《广益丛报》，1906年第19期；

《关税权问题》，《新民丛报》，1906年总第81号；

《论外人谋我教育权之可危》，《外交报》，1907年总第185期；

《论渤海湾渔业权》，《外交报》，1910年总第283期；

《论国家对于海洋之主权》，《外交报》，1908年总第231期；

《铁路宜握主权》，《东方杂志》，1904年第7期；

《论当道亟宜划清租界权限以保主权》，《现世史》，1908年第4号。

这些文章宣传了近代意义上的国家主权观念。他们已经将主权视为国家的必要属性，国家与主权有着不可分割性。"凡有主权则国存，无主权者则其国亡。"①《东方杂志》也强调："夫国有国权，失其主权，则国不成其国"②《警钟日报》指出："国家者，有自主之权，不可受他国之干涉。国际学之言曰：不可伸己国自主权之故，而侵其他国自主权。"③ 清末报刊之所以如此强调国家主权，主要是由于中国当时面临的生存危机使国人充满了强烈的忧患意识。此刻所谈论的主权，是近代意义上的国家主权。20 世纪之前国人也意识到主权问题，但是几乎没有人清楚地阐述过近代意义上的主权概念，不少人将国家主权与朝廷利益混为一谈。如张之洞便将国家主权和朝廷利益混为一谈，在他思想中的"国"并非近代意义上的国家，而是"完全等同于具体的清王朝的皇室，保国首先要保清朝"。④ 清末报刊评论对国家主权的宣传，使得民众认识到主权是国家主权，应该从国家的整体利益上考虑外交事件。

清末报刊评论通过明晰的观点，在推动中国外交思想走向现代化进程中有着重要的作用。清末报刊向社会大众宣传了国家主权意识、国民外交思想，主张外交应该以国家利益为准绳而非以朝廷利益为旨归；强烈反对王朝外交、君主外交，对中国外交观念的近代转型产生了深远的影响。

但是，不可否认清末报刊评论中的外交观念呈现出一定的局限性：国人外交观念表现出在西方既定国际框架中思考外交问题的特点。西方国际理念有其合理性与优越性，但西方国家在外交中并非总采取文明行为，在对落后国家时常常采用野蛮的手段。清末国人的外交观念基本局限于中西方条约体系许可的范围之内，并不敢超越这一不平等的体系。有人过分肯定文明排外，否定民众的暴力，忽视了下层民众在反侵略斗争中的作用。历史证明，在西方国际框架内无法从根本上谋求国家的独立。

鸦片战争之后，中国遭受了列强的一次次沉重打击。在一次次的惨败之后，知识分子意识到中国无法与列强对抗。因此，他们希望在国际法许可的范围之内谋求国家地位的提升，并不想违反西方既定国际规则。但中国废除不平等条约历

---

① 《中国灭亡论》，《国民报》1901 年第 2 期。

② 《国耻篇》，《东方杂志》1904 年第 10 期。

③ 《论中国人思想之矛盾》，《警钟日报》1904 年 3 月 11 日。

④ 费正清主编，中国社会科学院历史研究所编译室译：《剑桥中国晚清史》下册，中国社会科学出版社 1985 年版，第 354 页。

程证明了，清末中国人试图在西方框架之内达到维护国家主权的目的是一种幻想。当时的中国是帝国主义列强争夺与瓜分的对象，他们不会轻易放弃在中国的特权，这就决定了国家只有强大才能废除西方强加在中国身上的不平等条约。清末国人也认识到了国家实力与外交的关系，也提出了改革内政的主张，但他们没有打破西方既定条约体系的勇气。国人提倡文明排外虽然有着合理性，因为外交崇尚文明与合法。但近代国际社会并非完全按照国际法处理外交事件，西方对中国的外交经常表现出野蛮的特征。国人虽然对西方践踏国际法的行为表示了愤慨，但是，他们却不敢违反列强既定的条约体系。他们希望通过合法谈判的手段与西方进行外交协商与谈判从而挽救国家的地位。无论资产阶级革命派还是改良派，都认为谋求国家主权完整应该在西方条约许可的范围内进行。此外，日本修约成功进入强国之列的事实，也助长了国人依据国际法谋求国家地位改变的思想。日本与中国一样也曾与西方订立了不平等条约，但他们积极学习西方进行内政改革，最终进入世界强国之列，这为中国提供了典型的范例。因此，国人也希望学习日本，在国际法许可的范围废除不平等条约，最终提升国家的国际地位。

　　总体来看，清末知识分子凭借报刊向国民传递了现代化的外交观念，推动了中国外交观念的转型。清末知识分子提出了国民外交、公开外交的思想，要求外交以国家利益为宗旨，将外交思想从君权的阴影下剥离出来。中世纪外交观念与现代外交观念的一个重要分野是：外交以国家利益为依归还是以王权利益为准绳。清末报刊评论对国家主权意识、以国家、国民为外交主体而不是以君主为主体的宣传，在推动国人外交观念的转变中有着重要的作用。

结　语

报刊传媒的崛起是中国近代社会文化生活中的一大变化。报刊作为 20 世纪初年主要的大众传媒，在舆论宣传中有着不可替代的作用，成为民间力量介入政府外交所倚赖的重要手段，对清末外交产生了很大影响。清末知识分子在报刊刊登有关外交的消息、评论，通过导向性很强的说理与分析，引导民众采取相应的对策影响中外交涉。清末中国报刊，尤其是各种民办报刊，具有强烈的民族主义色彩，一遇到中外交涉事件发生，所有的报刊往往在短时期内对其进行集中评论，一时间在社会上形成很大的影响。20 世纪初年，中国民办报刊大量涌现，报刊受众开始由以官吏为主转向以社会公众为主，这无疑增加了报刊的影响范围。报刊由于有比较固定的销售系统和传播网络，在民众中间容易产生巨大的影响力，这些都为国人评议政府外交提供了现实基础。通过报刊评论臧否时政，是近代社会才有的政治文化现象。中国古代知识分子实现政治参与主要通过清议、著书立说、讲学等方式，影响范围非常有限，无法与近代大众传媒相比肩。大众传媒承载的信息量较大，不仅发行区域广泛，而且读者众多，对社会有较大的影响。封建专制制度下，国家内政外交的决策权在君主一人，民众不可能得知政治事件的内幕。近代社会通讯技术有了大发展，国人获取信息的渠道和来源日益多样化，政府已经无法垄断所有的国家政治信息。清末民办报刊大量崛起，不仅可以为社会大众提供更多国家政治方面的信息，而且也为国人发表政见提供了广阔空间。报刊评论是报刊的核心与灵魂，是知识分子发表政治主张的主要凭借。清末知识分子通过报刊评论系统陈述自己对内政外交的看法，通过报刊媒介引导社会舆论干预国家政治。清末报刊评论的繁荣是近代文化发展的必然，是知识分子群体意识觉醒的表征之一。

报刊评论是知识分子阐述其政治思想的重要凭借，通过分析报刊评论我们可以了解到当时社会观念的现状。笔者选择清末报刊外交评论进行分析，主要目的就是为了考察清末中国人外交观念的基本状况。清末报刊外交评论涉及内容广泛，主要有以下几个方面：关注当时国内外外交事件及国际局势的变动、反思中国外交失败的原因、探讨如何改善中国外交。清末报刊评论体现了中国人对外交的思索与看法，蕴含着非常丰富的外交思想。清末报刊评论中的外交观念在中国历史上居于什么样的地位呢？回答这一问题需要从两个方面考虑：一，报刊评论中的外交观念在清末所占的地位；二，报刊评论中的外交观念在整个中国外交思想史上所占的历史地位。

欲要回答第一个问题，必须首先考察报刊在清末政治生活中的角色定位。列入考察范围的报刊可谓政治态度迥异，但发表在报刊上的评论所体现出来的外交观念有着很多一致性，带有浓厚的民间色彩，是作为政府的对立物而存在的。通过将报刊舆论与政府官员观点相比较，我们也不难发现，二者在外交交涉中的具体主张都有一些共同之处。由此不难断定，清末报刊评论中所表现出来的外交观念在当时有着相当普遍性，代表了当时社会上的主流观念。

那么，从历史发展的角度来看，清末报刊评论中的外交观念又占有什么样的地位呢？中国人的外交观念是在传统外交思想的基础上吸收西方观念形成的，从传统外交观念到现代外交观念经历了一个长期的发展过程。清末是中国人大规模引进现代外交理念的时期。在此时期内，西方的原则在国人外交观念中开始居于主导地位，国人的外交观念表现出更多的现代特征。

通过分析报刊评论可以发现，清末国人外交思想最重要的变化是国民外交思想的提出。国民外交思想的产生有其特定的历史背景，是清末社会变革的产物。1901 年之后，清政府为了挽救统治危机，采取了改革官制、编练新军、废除科举、发展新式教育、奖励资本主义工商业等一系列举措。1906 年之后，清政府又宣布仿行宪政，并于 1909 年成立了资政院和咨议局。清政府的改革举措对当时社会产生了很大的影响。废科举、提倡新式教育政策的实行，使中国新式知识分子大量增加。新式知识分子接受近代教育，受到西方民主政治思想的影响，产生了对清王朝的离心力。他们为了挽救中国危亡，大规模翻译、介绍西方政治学说，仅仅 1901—1904 年间就翻译西方政治学专著共 66 部①。西方政治学说的广泛传播，使中国思想界发生了深刻变化，表现出对民主政治的向往与追求。清末资产阶级革命派和改良派不仅致力于民主政治的宣传工作，而且，还以实际行动推动中国民主政治的发展。改良派发动了大规模的国会请愿运动，资产阶级革命派则发动了旨在推翻清政府的一次次的武装革命。正是在国人要求政治民主化的

---

①　宝成关：《论辛亥时期西方政治学说的引进与传播》，中华书局编辑部编：《辛亥革命与近代中国：纪念辛亥革命 80 周年国际学术讨论会论文集》下册，中华书局 1994 年版，第 1024 页。

背景下，国民外交思想应运而生。

　　除了国民外交思想外，清末国人的外交思想在诸多方面都表现出了近代特征：其主旨是要求外交建立在科学、理性的基础上，表现出强烈的爱国主义色彩。通过对清末报刊评论分析，可以发现，西方观念与原则在国人外交观念中处于主流地位，这与中国在国际中的地位以及所遭受的打击有着很大的关系，中西方实力的巨大差距决定了中国必须接受西方原则。在接受西方外交观念的过程中，中国人曾经用中国传统来解释西方外交观念，这是近代国人会通中西外交观念的一个特点。清末用传统解释西方外交观念虽然还存在，但是已经退居边缘地位，国人外交观念的理论来源主要来自西方政治学说。这反映出清末国人的外交观念基本实现了从传统到近代的重要转变。清末国人在国际观念、外交观念上表现出鲜明的近代特征，并非意味着对中国传统的彻底抛弃。民族思想文化有着很大的传承性，新观念的形成必然立足于本国文化传统。清末国人的外交观念亦然，虽然表现出较多的现代特征，但在国际观念方面仍然凝聚着中国传统的价值观念。近代是中西外交观念激烈冲突时期，经过艰难的选择之后，西方外交观念到清末开始占据主流地位。在这一历史阶段之内，国人比较热衷于西方外交理念、外交经验的介绍和学习。虽然他们也从中国传统中汲取一定的历史经验，但基本在西方政治学理论基础上构建外交观念，在外交政策、外交行政、外交策略等方面表现出鲜明的近代特征。为什么清末国人外交观念会出现这样的特点呢？清末在中国的历史发展进程中是一个比较特殊的历史时期。从 1901 年之后，清政府实行新政，在政治、经济、教育等方面进行改革，中国社会发生了很大的变化，新式知识分子数量大幅度地增加。在内忧外患的时代背景下，他们热衷于学习西方，对中国旧传统展开了猛烈的批判，从中国传统文化根源上寻找中国外交失败的根源。正是在这一价值倾向下，国人外交观念表现出更多的现代特征。虽然国人也曾对西方国际秩序感到怀疑，但更多的是赞许与趋同。21 世纪伊始，回望中国外交观念在一个半世纪内的艰难发展历程，可以说当代外交观念是在批判传统和接受西方原则的基础上形成的。清末正处于对中国传统的猛烈批判时期，研究此历史时期的外交观念，我们可以看出国人是如何形成现代外交观念的。

　　随着中国日益成为有国际影响力的大国，我们亟需对中国外交思想进行整理，不仅要研究近代外交思想，而且也需要对传统外交思想进行整理。在鸦片战争之前，中国处于东亚朝贡秩序中，在外交理念上与西方有着巨大的不同。东亚朝贡秩序建立在儒家的思想文化基础之上，在这一国际秩序中，"夷夏"理念和宗藩观念是处理国际关系的思想准则。在东亚外交圈中，中国一直占据优越的地位，这助长了中国人的华夷观念。华夷观念虽然存在一些虚骄的成分，但它的产生确有其历史情境。中华文明的长期繁荣使得华夷观念沉淀成一种文化传统，深刻影响了中国对外观念。中国最初与西方相遇时，对西方外交观念表现出更多的不适应。随着中国开放程度的加大和与西方接触的增多，中国外交思想的传统色彩在逐渐淡化，逐步让位于西方的原则与理念。思想文化的研究不能割裂传统，研究近代外交思想应该对古代外交思想有所认识和把握。但就目前而言，还未有系统的古代外交思想研究著作问世。北京大学国际关系学院叶自成教授认为："在国际关系历史的研究方面有必要认真研究中国历史上对外关系的思想与实践；在国际关系理论研究方面有必要挖掘中国思想家们这一方面的内容。"[①] 这不仅是摆在国际关系学面前的研究任务，而且也是历史学界应该尽力去完成的课题。但从目前中国外交思想史研究现状来看，我们需要走的路还很长，中国外交思想史研究还任重而道远。

---

① 叶自成：《国际研究中的中国视野》，《外交评论》2005 年第 6 期。

参考文献

一、报刊资料

《申报》、《新闻报》、《清议报》、《外交报》、《新民丛报》、《大公报》、《国风报》、《政论》、《时报》、《东方杂志》、《中国日报》、《浙江潮》、《游学译编》、《童子世界》、《政法学报》、《湖北学生界》、《鹃声》、《江苏》、《苏报》、《大陆》、《国民日日报》、《警钟日报》、《俄事警闻》、《国民报》、《民报》、《民呼日报》、《民吁日报》、《民立报》、《安徽俗话报》、《关陇》、《夏声》、《大陆报》、《大同报》、《二十世纪之支那》、《通学报》。

二、文献资料

朱寿朋：《光绪朝东华录》，中华书局 1958 年版。

葛士濬：《皇朝经世文续编》，台湾文海出版社 1972 年版。

贾桢：《筹办夷务始末》（咸丰朝），中华书局 1979 年版。

中国社会科学院近代史研究所近代史资料编辑组编：《杨儒庚辛存稿》，中国社会科学出版社 1980 年版。

"中央"研究院近代史研究所编：《教务教案档》第 7 辑，"中央"研究院近代史研究所 1981 年版。

王铁崖等编：《国际法资料选编》，北京法律出版社 1981 年版。

王铁崖编：《中外旧约章汇编》，三联书店 1982 年版。

中国第一历史档案馆、福建师范大学历史系合编：《清末教案》（3），中华书局 1998 年版。

中国史学会主编：《戊戌变法》，上海书店出版社 2000 年版。

中国史学会主编：《辛亥革命》，上海人民出版社 2000 年版。

上海图书馆编：《中国近代期刊篇目汇录》，上海人民出版社 1965—1984 年版。

张枬、王忍之编：《辛亥革命前十年间时论选集》，三联书店 1978 年第 2 版。

丁守和主编：《辛亥革命时期期刊介绍》（1—5）集，人民出版社 1982—

1987 年版。

杨光晖等编：《中国近代报刊发展概况》，新华出版社 1986 年版。

徐载平、徐瑞方：《清末四十年申报史料》，新华出版社 1988 年版。

包天笑：《钏影楼回忆录》，香港大华出版社 1971—1973 年版。

张泰谷编：《笔名引得》，台湾文海出版社 1971 年版。

冯自由：《革命逸史》，中华书局 1981 年版。

夏东元编：《郑观应集》上册，上海人民出版社 1982 年版。

王栻主编：《严复集》，中华书局 1986 年版。

丁凤麟编：《薛福成选集》，上海人民出版社 1987 年版。

梁启超：《饮冰室合集》，中华书局 1989 年版。

陈义杰编：《翁同龢日记》，中华书局 1992 年版。

王韬：《弢园文录外编》，上海书店出版社 2002 年版。

朱熹：《四书集注》，岳麓书社 1985 年版。

苏绍柄编：《山钟集》，上海 1906 年油印本。

阿英编：《反美华工禁约文学集》，中华书局 1960 年版。

李延寿：《北史》，中华书局 1974 年版。

张廷玉：《明史》，中华书局 1974 年版。

司马迁：《史记》，中华书局 1974 年版。

钱基博：《国民外交常识》，上海商务印书馆 1919 年版。

杨振先：《外交学原理》，商务印书馆 1936 年版。

（美）惠栋著，（美）丁韪良译：《万国公法》，上海书店出版社 2002 年版。

三、近人著作

戈公振：《中国报学史》，三联书店 1955 年版。

方汉奇：《中国近代报刊史》，山西人民出版社 1982 年版。

方汉奇主编：《中国新闻事业通史》（第一卷），中国人民大学出版社 1992 年版。

曾建雄：《中国报刊评论发展史》（近代部分），广西师范大学出版社 1996 年版。

威罗贝：《外人在华特权和利益》，三联书店 1957 年版。

李恩涵：《晚清的收回矿权运动》，"中央"研究院近代史研究所 1978 年版。

张存武著：《光绪三十一年中美工约风潮》，"中央"研究院近代史研究所1982年版。

刘培华：《近代中外关系史》，北京大学出版社1986年版。

王立诚：《中国近代外交制度史》，甘肃人民出版社1992年版。

李定一：《中美早期外交史》，北京大学出版社1997年版。

黎虎：《汉唐外交制度史》，兰州大学出版社1998年版。

王立新：《美国对华政策与中国民族主义运动》，中国社会科学出版社2000年版。

田涛：《国际法输入与晚清中国》，济南出版社2001年版。

杨天宏：《口岸开放与社会变革——近代中国自开商埠研究》，中华书局2002年版。

孙建民：《中国传统治边理念研究》，国防大学出版社2003年版。

钟叔河：《走向世界：近代知识分子考察西方的历史》，中华书局1993年版。

刘泽华：《中国的王权主义》，上海人民出版社2000年版。

韦尔伯·施拉姆：《大众传播媒介与社会发展》，华夏出版社1990年版。

冯特君、宋新宁主编：《国际政治概论》，中国人民大学出版社1992年版。

（日）山本吉宣编，王志安译：《国际政治理论》，三联书店1993年版。

（美）汉斯·摩根索：《国际纵横策论——争强权，求和平》，上海译文出版社1995年版。

卢明华：《当代国际关系理论和实践》，南京大学出版社1998年版。

刘继南主编：《大众传媒与国际关系》，北京广播学院出版社1999年版。

俞正梁：《全球化时代的国际关系》，复旦大学出版社2000年版。

赵晓春：《发达国家外交决策制度》，时事出版社2001年版。

（英）戴维·赫尔德等著，杨雪冬等译：《全球大变革——全球化时代的政治、经济与文化》，社会科学文献出版社2001年版。

熊玠著，余逊达、张铁军译：《无政府状态与世界秩序》，浙江人民出版社2001年版。

时殷弘：《国际政治——理论探究·历史概观·战略思考》，当代世界出版社2002年版。

李恩涵：《曾纪泽的外交》，"中央"研究院近代史研究所1982年版。

李国祁：《张之洞的外交政策》，"中央"研究院近代史研究所1984年版。

王尔敏：《晚清政治思想史论》，台湾华世出版社 1980 年第 3 版。

王尔敏：《中国近代思想史论》，社会科学文献出版社 2003 年版。

王尔敏：《中国近代思想史论续集》，社会科学文献出版社 2005 年版。

中华书局编辑部编：《辛亥革命与近代中国：纪念辛亥革命 80 周年国际学术讨论会论文集》（下），中华书局 1994 年版。

王晓秋：《戊戌维新与清末新政》，北京大学出版社 1998 年版。

中国社会科学院：《国外中国近代史研究》第 17 辑，中国社会科学出版社 1990 年版。

中华文化复兴运动推行委员会主编：《中国近代现代史论集·清季对外交涉》(15)，台北商务印书馆 1986 年版。

费正清主编，中国社会科学院历史研究所编译室译：《剑桥中国晚清史》，中国社会科学出版社 1985 年版。

梁景和：《清末国民意识与参政意识研究》，湖南教育出版社 1999 年版。

桑兵：《晚清学堂学生与社会变迁》，学林出版社 1995 年版。

赵树好：《教案与晚清社会》，中国文联出版社 2001 年版。

李孝悌：《清末的下层社会启蒙运动：1901—1911》，河北教育出版社 2001 年版。

四、论文：

黄兴涛：《近代中国新名词的思想史意义发微——兼谈对于"一般思想史"之认识》，《开放时代》2003 年第 4 期。

叶自成：《自律、和谐、有序：关于老子无政府状态高级形式的假设》，《国际政治研究》2002 年第 1 期。

袁丁：《1901—1905 年间中美关于华工禁约的交涉》，《中山大学学报》1994 年第 3 期。

桑兵：《清末民初传播业的民间化与社会变迁》，《近代史研究》1991 年第 1 期。

叶自成：《国际研究中的中国视野》，《外交评论》2005 年第 6 期。

徐鼎新：《旧中国商会溯源》，《中国社会经济史研究》1983 年第 1 期。

张荣华：《引导舆论与权力制衡的追求——张元济与〈外交报〉》，《编辑学刊》1996 年第 6 期。

王建朗：《50 年来的近代中外关系史研究》，《近代史研究》1999 年第 5 期。

刘增合：《1840—1884 年晚清外交观念的演进》，《社会科学战线》1998 年第 1 期。

王存奎：《略论中国近代外交思想中的均势观》，《安徽史学》2003 年第 4 期。

田涛：《均势观和洋务时期的对外理念》，《社会科学研究》2002 年第 4 期。

陈双燕：《经世致用与中国近代外交观念的产生》，《学术月刊》2000 年第 1 期。

五、未刊学位论文：

蔡永明：博士论文《洋务思想家与晚清外交观念的近代化》，藏于厦门大学图书馆。

刘新华：硕士论文《试述梁启超的外交思想》，藏于湖南师范大学图书馆。

孙晓飞：硕士论文《试论伍廷芳的外交思想》，藏于湖南师范大学图书馆。

谭艳萍：硕士论文《丁日昌的外交思想与实践》，藏于湖南师范大学图书馆。

熊剑峰：硕士论文《试论清末袁世凯的外交思想与实践》，藏于湖南师范大学图书馆。

胡门祥：硕士论文《试析薛福成的外交思想》，藏于湖南师范大学图书馆。

蒋跃波：硕士论文《试论曾纪泽的近代外交思想》，藏于湖南大学图书馆。

后 记

　　毕业四年之后，这本博士论文终于要出版了。改完书稿之后，心中顿觉轻松。看着密密麻麻改写过的毕业论文，博士三年的生活又浮现在眼前，北师大 C 座 1104 宿舍留下了我撰写论文的一点一滴，选题时的绞尽脑汁、编排提纲时的苦苦思索、撰写论文时的艰难困苦、成稿之后的如释重负都历历在目。合上眼睛，仿佛又回到了北师大的博士生涯。那时宿舍正对着大操场，写作之余站在窗前便可以看到操场上运动的学生，在微风中飞扬的头发与五颜六色的运动衣，让人感受到无穷的青春活力，顿时会让我忘记撰写论文的艰辛。操场中间的大钟在悠然地走着，每天早晨 8 点、下午 2 点都会准时响起，我们便赶紧从床上爬起来在电脑前工作，很少有懈怠的时候。毕业论文写作之初，我坚信其作始也简，其将毕也必巨，但动手写作之后发现自己力不从心，成稿之后和预期并不相同，不禁慨叹学术之路漫漫其修远兮，还需不断努力。

　　该书的出版，我首先要感谢我的两位导师史革新教授与刘敬忠教授。从定题到成稿，该书的写作得到了我的博士导师史革新教授的悉心指导。2003 年秋我师从史老师攻读博士学位，在博士论文写作过程中，老师不仅帮助修改提纲，而且还通读了两稿论文，至今我还珍藏着留着史老师字迹的博士论文初稿。毕业后老师总是催促我修改论文早点出版，当时手边的工作千头万绪，并没有在意此事。而今老师已经谢世，我再也没有机会请他为我作序，也不能再告诉他这个消息，想到此事，不禁心痛。虽然生老病死是世间常态，但我一直总在幻想他仍然健在，能够听到我的消息……我的硕士导师刘敬忠教授虽然没有直接指导本书的写作，但他是带我进入学术殿堂的第一位老师。刘老师学识渊博、睿智、风趣，常有不俗之论，让我受益匪浅。刘老师不仅指导论文认真细心，而且善于培养学生的学术兴趣与自信，引导学生自己选题，然后给出指导意见，每次与他交流总会有思想上的启迪。从硕士阶段，我便在刘老师的指导下进行中国外交近代化的研究，这为本书的写作积累了丰厚学术基础。在此，向刘老师表示深深的谢意。

　　书稿能够出版，是一件值得欣慰的事情。本书的出版得到了南昌航空大学马克思主义学院李康平院长及科技处的大力支持与资助，在此向他们表示感谢！

任云仙

2010 年 10 月 10 日于南昌

责任编辑:邵永忠

图书在版编目(CIP)数据

清末报刊评论与中国外交观念近代化/任云仙著.
-北京:人民出版社,2010.12
ISBN 978-7-01-009397-0

Ⅰ.①清…　Ⅱ.①任…　Ⅲ.①外交史-研究-中国-清后期　Ⅳ.①D829

中国版本图书馆 CIP 数据核字(2010)第 212014 号

清末报刊评论与中国外交观念近代化
QINGMO BAOKAN PINGLUN YU ZHONGGUO WAIJIAO GUANNIAN JINDAI HUA

任云仙　著

人民出版社 出版发行
(100706　北京朝阳门内大街 166 号)

北京瑞古冠中印刷厂印刷　新华书店经销

2010 年 12 月第 1 版　2010 年 12 月北京第 1 次印刷
开本:710 毫米×1000 毫米 1/16　印张:13.25
字数:230 千字　印数:0,001-2,000 册

ISBN 978-7-01-009397-0　定价:28.00 元

邮购地址 100706　北京朝阳门内大街 166 号
人民东方图书销售中心　电话 (010)65250042　65289539